# BF.-L. - ROMANE

D1666674

Weitere Titel der Autorin Birgit Furrer-Linse
(Birgit Furrer)

- Ich, al Mansur, Herr über Cordoba
- Die Ägypter gaben ihr den Namen Nofretete
- Die Kurtisane von Rom
- Steppenbrand – Die Erben des Dschingis Khan
- Härter als Krebs

Birgit Furrer-Linse

# …denn der einzige wahre Gott Ägyptens ist der Nil

Roman aus der Zeit Ramses II.

# **BF.-L. - ROMANE**

Deutsche Erstausgabe
Deutscher Literaturverlag Hamburg
1989

Herstellung und Verlag:
BoD - Books on Demand, Norderstedt

ISBN: 9783746074191

Covergestaltung: Torsten Furrer

Ramses ist tot.

Der Mann, der schon zu seinen Lebzeiten eine Legende wurde, ist nicht mehr. 67 Jahre lang lenkte er die Geschicke Ägyptens. 67 Jahre lang wich das Glück nicht von seiner Seite. Alles, was er begann, gelang ihm. Er führte Ägypten zum Gipfel der Macht. Ramses war Ägypten geworden und Ägypten Ramses. Das eine ließ sich vom anderen nicht mehr trennen. Kein Mensch in diesem Land zweifelte mehr an der Göttlichkeit und Unsterblichkeit seines Pharaos. Wie sollte das einfache Volk dies auch? Wo immer man in diesem Land seinen Fuß heute hinsetzt, erblickt man das Bild des Pharaos – Ramses, übergroß, jung, majestätisch.

Nur wenige wissen, wie es mit dem Pharao in den letzten Jahren wirklich stand. Die Kraft und Schönheit der Jugend war von ihm gewichen. Eine hagere, klapprige Gestalt, deren Geist sich mit zunehmendem Alter immer mehr vernebelte, saß auf dem Thron des Horus. Nachts im Bett, wenn irgendeine junge Sklavin seinen knochigen Körper mit dem ihrigen wärmte, sprach er von Nofretari, der einzigen Frau, die Ramses wohl jemals geliebt haben mag. Dann rief er nach seinen Söhnen, die schon so lange nicht mehr lebten. In den wenigen Stunden, in denen sein Geist aufklarte, wurde er sich der tiefen Einsamkeit bewusst, die ihn umschlungen hielt. Wer war übrig geblieben von denen, die ihn am

Tag seiner Krönung begleiteten? Keiner. Alle waren gestorben, nur er, der greise Gott, er lebte immer noch.

Wenn ich heute noch fähig wäre, an einen Gott zu glauben, so wäre das lange Leben des Ramses in meinen Augen eine Strafe dieses Gottes für all das Unrecht, das Ramses in seinem Leben beging. Ramses liebte nur sich selbst. Diese Eigenliebe war es, die ihn blind machte, die sein Herz vor der Not der anderen verhärtete. Doch ich kann an keinen Gott mehr glauben, weder an den Gott meines Volkes noch an die Götter Ägyptens. Mein Herz ist voll Bitterkeit. Ich bin alt geworden und jetzt, da Ramses tot ist, weiß ich, dass auch meine Stunden gezählt sind. Wenn ich sterbe, so tue ich dies in der Gewissheit, dass der Tod meiner Seele endlich den Frieden bringen wird, der mir zu Lebzeiten nicht vergönnt war.

Mein Leben… Wenn ich heute darauf zurückschaue, so wird mir vieles klar, was ich früher nicht verstanden habe.

Ramses ist tot. Dies gibt mir die Gewissheit, dass mein Schicksal sich erfüllt hat und ich endlich das Tal des Jammers verlassen darf, um meinen Frieden zu finden.

Ich bin froh, dass mein Leben sich seinem Ende nähert und ich das, was nun kommen wird, nicht mehr miterleben muss.

Die Zukunft gehört Pharao Merenptah, dem 13. Sohn des Ramses. Er wird es nicht leicht haben, soviel ist sicher. Ägypten lebt schon seit langem nur noch von dem Ruhm und nicht von den Taten des Pharaos. Jetzt, da Ramses durch sein Sterben seine Menschlichkeit bewiesen hat, ist der Zauber gebrochen, der dieses große Imperium zusammenhielt.

Man hat mir erzählt, dass Moses zurückgekehrt ist. Er ist gekommen, um mein Volk aus der Knechtschaft Ägyptens zu befreien. Mein Volk... Es ist merkwürdig, dass ich sie immer noch mein Volk nenne, obwohl ich schon lange keine mehr von ihnen bin. Mein Weg hat mich zu weit von ihnen entfernt. Es gibt nichts, was mich noch mit ihnen verbindet. Ich kann nicht mehr an ihre Gesetze, an ihren Gott glauben. Trotzdem hoffe ich, dass es Moses gelingt, sie aus der Knechtschaft zu befreien, in die Pharao Ramses sie gestoßen hat.

Für Ramses war mein Volk nichts weiter als ein Haufen elender Nomaden, auf die er voll Verachtung blickte. Sie waren das Werkzeug, das er brauchte, um seine gigantischen Bauvorhaben durchzuführen.

Welch sonderbare Laune des Schicksals. Ausgerechnet das Leben einer einfachen, hebräischen Sklavin war so unausweichlich mit dem Leben des großen Pharaos verknüpft. Aus dem Unrecht, das er meinem Volk antat, wuchs das Unrecht, das man mir antat. Die Ernte war mein Hass. Aus Hass gedeihen keine guten Früchte.

Heute weiß ich dies. Doch wie ich schon sagte, es war mein Schicksal zu hassen. Alles Wissen dieser Erde hätte mich nicht davor bewahren können, meine Fehler zu machen. Ich habe für meinen Hass bezahlt. Auch Ramses hat für das Unrecht gebüßt, das er dem Volk Israels zufügte. Das Schicksal hat seinen Lauf genommen.

# 1.

Ich wurde am 1. Tag des 3. Peret Monats im Jahre eins der Regierung Ramses II. geboren. Es war der Tag seiner Krönung.

Meine Eltern waren hebräische Nomaden, die im Nildelta, in der Provinz Gosen, ihre Herden hüteten.

Meine Mutter soll eine der schönsten Frauen des Stammes gewesen sein. Jeder mochte sie wegen ihrer sanften, gutmütigen Art. Sie starb kurz nach meiner Geburt im Kindbett. Ihr Tod stürzte meinen Vater in tiefe Verzweiflung. Er hatte meine Mutter über alles geliebt, und in seinem tiefsten Innern überwand er nie das Gefühl, dass ich an ihrem Tod die Schuld trug. Er mied meine Gegenwart, soweit er konnte. Erst viel später, ich war bereits zum jungen Mädchen herangereift, kamen wir einander näher. Oft schaute er mich dann mit seinen dunklen Augen an, die plötzlich einen weichen, sentimentalen Ausdruck erhielten, und sagte: „Du bist deiner Mutter wie aus dem Gesicht geschnitten. Wenn ich dich sehe, glaube ich, sie zu sehen. Nur deine Augen, mein Kind, die sind mir fremd. In ihnen ist nicht die Güte und Herzenswärme deiner Mutter zu finden. In ihnen spiegelt sich eine Wildheit, die mir Angst einjagt."

Die ersten Jahre meines Lebens waren gewiss auch die glücklichsten. Mein Vater gab mir den Namen Sarah und überließ mich der Obhut seiner Schwester Ruth.

Meine Tante war eine alte, gläubige, gottesfürchtige Frau, die früh zur Witwe geworden war und deshalb nie eigene Kinder gehabt hatte. Sie gab sich alle Mühe, auch mich zu einem gottesfürchtigen Menschen zu erziehen. Doch ihre Belehrungen hinterließen bei mir nur wenig Eindruck. Es kümmerte mich nicht, was sie mir von Gott und unserem Volk erzählte. Unruhig rutschte ich auf dem Boden hin und her und konnte es kaum erwarten, das Zelt verlassen zu dürfen, um im Freien zwischen den weidenden Tieren zu spielen.

Mein Bruder Samuel war der erstgeborene Sohn. Er war dreizehn Jahre älter als ich und beteiligte sich nicht mehr an unseren kindlichen Spielen. Er half meinem Vater beim Bewachen der Herden, doch ließ er nie einen Zweifel darüber aufkommen, dass er dies nur ungern tat. Oft hörte ich ihn abends im Zelt mit meinem Vater streiten. Worum es ging, begriff ich damals nicht. Nur an das eine kann ich mich noch erinnern.

Es hatte wieder eine fürchterliche Auseinandersetzung zwischen meinem Vater und meinem Bruder gegeben. Samuel verließ wütend das Zelt meines Vaters und lief mir direkt in die Arme. Der Zorn wich aus seinem Gesicht. Er hob mich zu sich empor und sagte: „Sarah. Mein armes, kleines Schwesterchen." Er machte eine lange Pause, in der er mich anblickte: „Merke dir, was ich dir jetzt sage, denn außer von mir wirst du dies von niemandem mehr hören. Glaub nicht, was sie dir von unserem Gott und dem auserwählten Volk erzählen. Das sind alles nur Märchen, an die sie sich klammern. Schau dir die Wahrheit an, Sarah. Was sind wir in Wirklichkeit? Das auserwählte Volk! Ein Haufen armseliger Nomaden ist es, dem nicht einmal das Land gehört, auf dem es sein Vieh weidet. Heimatlose sind wir, auf die das Volk der Ägypter voll Verachtung blickt. Schau dir die Macht und den Reichtum der Ägypter an. Und dann sieh uns an. Was sind wir gegen sie? Nichts. Wenn deine Zeit gekommen ist, geh auch du von hier fort. Suche dein Glück irgendwo, aber nicht hier. Leb wohl, mein kleines Schwesterchen."

Er drückte mir einen Kuss auf die Stirn, dann setzte er mich wieder auf den Boden und drehte sich um und ging.

„Samuel!" rief ich ihm nach.

Obwohl ich damals erst vier Jahre alt war, begriff ich sofort, dass etwas Schreckliches geschehen würde. Mein über alles geliebter Bruder wollte von uns fort.

„Samuel", schrie ich voll Verzweiflung hinter ihm her, „du darfst nicht fort. Du darfst uns nicht allein lassen." Doch Samuel drehte sich nicht mehr um.

Völlig aufgelöst lief ich zu Tante Ruth. Die Tränen rannen mir über die Wangen. Sanft zog mich die Tante auf ihren Schoß, drückte mich an sich und streichelte mir durchs Haar, bis ich schließlich einschlief.

Noch in derselben Nacht verließ uns Samuel. Er zog nach Memphis, um sich in das Heer des Ptah aufnehmen zu lassen.

Mein Vater erwähnte seinen Namen nie wieder. Erst nach drei Jahren erfuhren wir durch einen Soldaten, dass er in der Schlacht von Kadesch gefallen war. Mein Vater nahm die Nachricht vom Tode seines Sohnes kühl und gelassen auf.

„Das war die Strafe Gottes", sagte er nur. Doch ich glaube, dass sich hinter dieser gezeigten Kälte ein Herz verbarg, das bitter weinte. Mein Bruder hatte ihn durch sein Fortgehen tief enttäuscht, doch in seinem Innern hatte mein Vater ihm längst verziehen und immer gehofft, dass Samuel zurückkommen würde. Er war davon überzeugt gewesen, dass mein Bruder seine Fehler einsehen und bereuen würde.

Auch ich begriff damals nicht, warum mein Bruder uns verließ. Ich wusste nur, dass ich etwas verloren hatte, dass mir lieb und teuer gewesen war. Von diesem Tag an erzählte mir niemand mehr aufregende Geschichten von den Ägyptern, ihren großen Städten mit den palastartigen Häusern und den gigantischen Tempeln, die sie zu Ehren ihrer vielen Götter gebaut hatten.

Meinem Vater und Tante Ruth war dies sehr recht. Wie oft hatte mein Vater Samuel verboten, Jacob und mir von all den Dingen zu erzählen, die er in Memphis gesehen hatte. Wie alle Hebräer mied auch mein Vater die Ägypter, so gut er konnte. Doch von Zeit zu Zeit war es unvermeidlich für ihn gewesen, nach Memphis zu ziehen, um dort Vieh gegen all die Dinge zu tauschen, die wir zum Leben brauchten. Einmal hatte er Samuel auf diese Reise mitgenommen. Seitdem war mein Bruder verändert gewesen. Er hatte begonnen, die Ägypter zu verehren und dem eigenen Volk mit Verachtung zu begegnen. Er muss wohl damals geglaubt haben, durch sein Fortgehen auch seine Herkunft hinter sich lassen zu können. Ich weiß nicht, ob er jemals begriff, dass er einer Fassade hinterhergelaufen war, die zwar schön aber unerreichbar war. Sein

Elternhaus zu verleugnen, hieß nichts anderes, als vor sich selbst zu fliehen. Bestimmt hat auch Samuel dies irgendwann erkannt, doch da war es bereits zu spät. Er opferte sein Leben für ein Volk, das nicht sein Volk war, und für eine Sache, die nicht seine Sache war. Er opferte sein Leben vergeblich.

Um mir über den Verlust des Bruders hinwegzuhelfen, schenkte mir Tante Ruth aus dem Wurf unseres Hirtenhundes eines der Jungen. Es dauerte nicht lange, und wir waren unzertrennliche Freunde geworden. Der kleine Kerl folgte mir auf Schritt und Tritt. Sogar nachts schlief er neben mir auf meiner Matte. Tante Ruth zog ihn zwar jedes Mal wieder herunter, doch kaum hatte sie uns den Rücken gekehrt, da lag das Tier wieder an meiner Seite.

So wuchs ich zusammen mit meinem Bruder Jacob heran, der zwei Jahre älter war als ich. Wir genossen das freie, unbeschwerte Leben, ohne dass irgendeine Sorge unser Dasein trübte. Wie schnell das Schicksal dieses trügerische Glück einholen sollte, wussten wir damals nicht. Keiner ahnte etwas von dem Verhängnis, das über unseren Köpfen schwebte. Das Unglück kam so plötzlich und unerwartet, dass wir erst gar nicht begriffen, was geschah.

Es war an einem heißen Morgen im 1. Erntemonat Schemu. Ich war damals acht Jahre alt. Wie jeden Morgen saß ich bei Tante Ruth und ließ ungeduldig ihren Unterricht über mich ergehen. Jacob wartete bereits in einiger Entfernung auf mich, so dass es mir schwerfiel, noch länger ruhig sitzen zu bleiben. Gelangweilt blickte ich mich in der Gegend um. Plötzlich entdeckte ich etwas am Horizont, das mein Interesse weckte. Eine Staubwolke bewegte sich auf uns zu, kam langsam immer näher. Schließlich wurden Streitwagen sichtbar, die sich unserem Lager näherten. Auch die anderen hatten inzwischen die Soldaten bemerkt. Keiner aus unserem Lager konnte sich hierfür einen Grund denken.

Schließlich hatten sie uns erreicht. Wie eine Mauer standen sie vor unserem kleinen Lager. Einer von ihnen sprang von seinem Wagen und ging auf die bereits versammelten Männer, die beim Anblick der Streitwagen von den Herden fort ins Lager geeilt waren, zu. Der Ägypter blieb vor ihnen stehen.

„Befehl des Pharaos Ramses II. Packt eure Habe zusammen und folgt uns."

Ratlos blickten sich die Männer an. Keiner konnte sich diesen merkwürdigen Befehl erklären.

„Packt eure Sachen zusammen und folgt uns", wiederholte der Ägypter drohend.

„Wohin?" fragte unser Lagerältester.

„Stellt keine Fragen, sondern gehorcht, sonst lasse ich euer Lager von meinen Streitwagen niederwalzen."

„Was wird aus unseren Herden?"

„Dort, wo ihr hingeht, braucht ihr eure Herden nicht mehr. Der Pharao wird für euch sorgen. Und nun beeilt euch." Ungeduldig knallte er mit seiner Offizierspeitsche.

Es blieb uns nichts anderes übrig, als zu gehorchen. Es hätte keinen Sinn gehabt, sich zu widersetzen. Die Übermacht der Ägypter war erdrückend. Also packten wir zusammen, was wir tragen konnten, und folgten den ägyptischen Soldaten, die uns zwischen ihren Streitwagen hertrieben wie eine Herde.

Damals hörte ich zum ersten Mal den Namen Ramses, den Namen des Mannes, der die Macht besaß, uns alles zu rauben, was wir besaßen.

Die Ägypter brachten uns zu einem Platz in einer Ebene, wo sie langsam sämtliche Stämme der Hebräer zusammentrieben. Hier warteten wir voll Furcht auf die Dinge, die nun folgen würden. Niemand wusste etwas Genaues. Das war der beste Nährboden für die unglaublichsten Gerüchte. Die einen behaupteten, man würde uns hier sammeln, um uns dann aus dem Land zu vertreiben. Andere waren davon überzeugt, dass die Ägypter nur darauf warteten, uns alle zusammen zu haben, um uns dann niederzumetzeln. All dieses Gerede trug dazu bei, dass die Unruhe ständig wuchs. Nichts verängstigt einen Menschen mehr als die Ungewissheit.

Endlich sickerte jedoch die Wahrheit über unsere Zukunft durch. Woher sie kam, wusste niemand. Vielleicht hatte irgendein ägyptischer Soldat, der die Nacht nicht allein verbringen wollte, geplaudert. Oder aber die ägyptischen Offiziere hatten aus Angst vor einer ausbrechenden Panik selbst die Wahrheit in Umlauf gebracht. Jedenfalls traf sie uns wie ein Blitzschlag.

Schon lange war bekannt gewesen, dass wir, die Nomaden, den Ägyptern ein Dorn im Auge waren. Als freie Leute lebten wir in ihrem Land, wir leisteten jedoch weder Frondienst noch zahlten wir Steuern. Dies hatte Pharao Ramses beschlossen zu ändern. Da der Pharao ständig mehr Leute brauchte, die auf seinen unzähligen Baustellen arbeiteten, hatte er angeordnet, unserer Freiheit ein Ende zu setzen.

Ich erinnere mich noch heute an den Blick meines Vaters, als er zu uns trat, um uns diese Nachricht zu bringen. Zorn und Ohnmacht sah ich gleichzeitig in seinen Augen schimmern. „Ramses hat beschlossen, uns zu seinen Sklaven zu machen", sagte er mit bebender Stimme zu Ruth.

„Wohin wird man uns bringen?" fragte meine Tante tonlos.

„Es heißt, man werde uns aufteilen. Die meisten braucht der Pharao, um irgendeine neue Stadt zu bauen, die seinen Namen tragen wird. Dort sollen Vorratshäuser entstehen."

Ich sah den verhaltenen Zorn meines Vaters und meiner Tante.

„Wer ist dieser Ramses, dass er so einfach über uns bestimmen kann?" fragte ich in meiner kindlichen Unwissenheit.

„Er ist der Herrscher dieses Landes", erwiderte meine Tante.

„Und das gibt ihm das Recht, uns unsere Herden zu nehmen, um uns für ihn arbeiten zu lassen?" wollte Jacob wissen.

„Das Recht nicht, mein Sohn", antwortete mein Vater betrübt. „Recht ist es nicht, was er tut. Aber er hat die Macht. Dieser Macht sind wir nicht gewachsen. Darum werden wir uns beugen müssen."

„Unser Gott wird das nicht zulassen", gab ich zuversichtlich von mir. „Er ist viel mächtiger als die Götter der Ägypter. Das hast du doch gesagt, Tante Ruth?"

„So darfst du das nicht sehen", erwiderte mein Vater ernst. „Wenn wir in die Knechtschaft der Ägypter gehen, so ist dies der Wille unseres Gottes. Die Wege des Herrn sind für uns Menschen oft nicht zu verstehen, doch es gibt sicher Gründe für das, was uns widerfährt."

Damit war das Thema für meinen Vater erledigt. Was er sagte, musste ich hinnehmen, auch wenn ich es keinesfalls verstand.

Zwei Tage später machten wir uns auf den Weg nach Pithom, begleitet von den Streitwagen der Ägypter, die uns vor sich hertrieben. Es war ein heißer Tag. Die Sonne sengte erbarmungslos auf uns nieder. Schon nach einigen Stunden schmerzten meine Füße, und der Durst schnürte mir die Kehle zu. Auch Hortus, wie ich meinen Hund getauft hatte, war durstig. Schlapp ließ er die Zunge aus dem Maul hängen. Plötzlich ging seine Spürnase in die Höhe. Er hatte Witterung aufgenommen. Nicht weit von uns hatte ein Ägypter gerade seine Wasserflasche hervorgeholt, um seinen Durst zu stillen. Hortus war durch nichts mehr zu halten. Er rannte bellend auf den Ägypter zu. Tante Ruth, die wusste, wie sehr ich an dem Tier hing, begriff wohl sofort, dass dieses riskante Unternehmen für meinen kleinen Freund gefährlich war. Fühlte der Ägypter sich durch den Hund belästigt oder gar bedroht, würde er sicher nicht davor zurückschrecken, das Tier zu töten. Darum sprang sie sofort hinter dem Hund her, um ihn festzuhalten. Was dann geschah, ging so schnell vor sich, dass wir erst später richtig begriffen, wie es dazu gekommen war. Meine Tante war so plötzlich aus der Reihe getreten, dass weder sie den herannahenden Streitwagen sah noch der Lenker des Streitwagens sie. Als sie das Gefährt entdeckte, war es bereits zu spät. Der Mann konnte den Wagen nicht mehr zum Stehen bringen. Meine Tante geriet zuerst unter die Hufe der Pferde, dann rollte der Wagen über sie hinweg.

Entsetzt blieben wir stehen. Mein Vater kniete nieder, hob den leblosen Leib meiner Tante empor. Noch einmal öffnete sie die Augen.

„Pass gut auf die Kinder auf, Benjamin", hauchte sie. Dann schloss sie ihre Augen für immer.

Starr vor Schmerz blickte ich auf den leblosen Körper der Frau, die mir Mutter und Freundin war.

„Nein", schrie ich laut auf. „Nein! Oh Gott! Das darf nicht sein. Das darfst du nicht zulassen."

Wie von Sinnen stürzte ich mich auf den Leichnam, schüttelte ihn, damit er wieder zum Leben erwache. Schließlich legte mein Vater Ruth auf den Boden nieder, zog mich von der Tante fort und drückte mich an sich. Seine Hand streichelte durch mein Haar. Es war das erste Mal, dass er dies tat.

„Weine nicht, Sarah", versuchte er mich zu trösten. „Gott hat sie zu sich genommen. Vielleicht ist das gut so. Wer weiß, was ihr dadurch alles erspart bleibt."

Seine Worte verringerten meinen Kummer zwar nicht, doch seine Zuneigung, die ich zum ersten Mal spürte, gab mir einen gewissen Halt.

Die Ägypter ließen uns kaum Zeit, die Tante zu begraben. Eilig schaufelten mein Vater und zwei andere Männer eine Grube, in die wir die Tote legten. Noch einmal schaute ich auf das mir vertraute, durch den Unfall entstellte Gesicht, ehe der Sand über ihren Körper geschüttet wurde. Kurz sprachen wir ein Gebet, dann ging es weiter.

Damals spürte ich den ersten großen Schmerz meines Lebens. Wer würde sich nun meine kleinen Sorgen anhören, mir meine vielen Fragen beantworten oder mich trösten, wenn ich Kummer hatte? Tante Ruth war immer für mich da gewesen. Auch wenn ich sie manchmal für alt und verschroben gehalten hatte, so hatte ich sie doch über alles geliebt. Besser als sie hätte keine Mutter zu mir sein können. Damals wünschte ich oft, dass ich ihr dies alles noch hätte sagen können. Es hätte sie sicher gefreut. Warum wird einem der Wert eines Menschen immer erst dann deutlich, wenn man ihn verliert?

Tagelang war ich innerlich völlig leer und ausgehöhlt. Ich aß und trank nicht und zog mich völlig in mich selbst zurück. Es kümmerte mich nicht, dass man uns in Pithom zusammen mit einer anderen Familie in eine kleine Unterkunft aus Lehmziegel steckte, mehr Hütte als Haus. Mechanisch mengte ich dem Nilschlamm Wasser und Stroh bei, goss ihn in die Formen und legte sie zum Trocknen aus.

Schließlich konnte mein Vater es nicht mehr länger mit ansehen.

„Sarah", sagte er eines Abends zu mir, als ich die Lauchsuppe wieder von mir schob. „So kann es nicht weitergehen. Ich verstehe deine Trauer, mein Kind. Auch Jacob und ich vermissen Ruth. Aber das Leben geht weiter. Ich weiß sehr gut, was du empfindest. In mir war das gleiche Gefühl, als deine Mutter damals starb. Ich glaubte, das Leben nicht mehr ertragen zu können. Alles schien mir leer und sinnlos. Doch dann legte man mir dich in die Arme, ein kleines, hilfloses Baby. Da wusste ich, dass ich weitermachen musste. Ich durfte nicht nur an mich und meinen Schmerz denken. Ich hatte Pflichten. Auch du hast Pflichten, Sarah. Durch den Verlust Tante Ruths bist du jetzt die einzige Frau in unserer Familie. Dein Bruder und ich brauchen dich. Wer soll unser Essen kochen, unsere Kleider nähen, unsere Unterkunft säubern, wenn nicht du?"

Die Ermahnung meines Vaters rief mich ins Leben zurück. Er hatte Recht mit dem, was er sagte, das wurde mir klar. So begann ich, zusätzlich den Haushalt zu versorgen, so gut ich konnte, und langsam fand ich meinen Frieden wieder. Meine neuen Aufgaben ließen mir kaum noch Zeit, über andere Dinge nachzudenken.

Hortus gab mein Vater mit meiner Einwilligung fort, denn obwohl ich das Tier immer noch liebte, erinnerte er mich doch ständig an den Tod meiner Tante Ruth.

Die nächsten Jahre verliefen fast stets im gleichen Alltagstrott. Ich formte von morgens bis abends den Nilschlamm zu Ziegeln. Wenn ich dann todmüde von der Arbeit heimkehrte, kochte ich unser Essen aus den Lebensmitteln, die wir von den Ägyptern erhielten. Danach säuberte ich die Töpfe und Becher am Kanal, der Pithom mit dem Nil verband. Hernach erledigte ich noch all die vielen Kleinigkeiten, die anfielen, wie unseren Teil des Hauses auszufegen, die Räume auszuräuchern, um das Ungeziefer zu vernichten, oder aber ich führte längst fällige Flickarbeiten aus. Einmal in der Woche ging ich mit den anderen Frauen der Siedlung an den Kanal zum Waschen der Wäsche. Hier erfuhr ich all die Neuigkeiten und Gerüchte, die sich im Lauf der Woche ansammelten. Abends sank ich todmüde in einen tiefen, traumlosen Schlaf.

Jacob hatte Glück. Paya, der Baumeister des Pharaos, der die Bauarbeiten in Pithom beaufsichtigte, entdeckte bei meinem Bruder ein gewisses Talent, den Stein zu beschlagen. Deshalb ließ er ihn zum Steinmetz ausbilden, was Jacob den Vorteil brachte, nicht mehr unter der Aufsicht der hebräischen Aufseher zu stehen, sondern direkt ägyptischen Oberaufsehern unterstellt zu sein. Diese waren oft weniger streng, da sie keine Furcht vor Strafe zu haben brauchten, wenn sie ihr Ziel nicht erreichten. Ihr eigenes Versagen führten sie immer auf die hebräischen Aufseher zurück, die dann aus ihrem eigenen Volk die letzte Kraft herauspressten.

Eines Abends, ich packte gerade das gespülte Geschirr in meinen Binsenkorb, kam Jacob mir entgegen. Er lächelte mich an. „Lass mich das für dich tragen, Sarah."

Er hob den Korb mit dem Geschirr empor, und wir machten uns auf den Heimweg.

„Ich habe heute mit Vater gesprochen, Sarah", begann er nach einiger Zeit das Gespräch. „Ich habe ihm gesagt, dass ich Esther heiraten möchte. Er ist einverstanden. Morgen wird er mit Esthers Mutter reden und alles Nötige wegen der Mitgift und Hochzeit aushandeln."

Mein Bruder strahlte vor Glück. Schon lange war es ein offenes Geheimnis gewesen, dass er Esther liebte. Sie war das einzige Kind Miriams, einer Witwe, die auf den Feldern der Ägypter arbeitete. Ihr Mann war vor Jahren beim Errichten eines Getreidesilos von einem herabstürzenden Stein erschlagen worden.

„Ich freue mich für dich, Jacob. Esther ist ein liebes und nettes Mädchen. Du wirst mit ihr glücklich werden."

Er nickte zustimmend, doch sah ich plötzlich, wie sein Blick finster wurde.

„Ich weiß, dass ich mit ihr glücklich werde, und ich hoffe sehr, dass auch du bald glücklich wirst, Sarah. Du hast in den letzten Jahren zu viel gearbeitet. Es wird Zeit, dass du es ein wenig besser hast. Deswegen will Vater mit dir reden. Er hat mich geschickt, um dir das zu sagen."

Gemeinsam hatten wir das Haus erreicht. Ich nahm Jacob den Korb ab und trat ein. Mein Vater saß auf der Bank. Er hatte bereits auf mich gewartet.

„Setz dich zu mir, mein Kind. Ich will mit dir reden." Ich gehorchte. „Jacob hat dir wahrscheinlich schon erzählt, dass er heiraten will."

Ich nickte.

„Schau mich an, Sarah", sprach mein Vater ernst weiter. „Ich bin ein alter Mann geworden. Meine Arbeit fällt mir zusehends schwerer. Ich weiß nicht, wie lange unser Herrgott mir noch Zeit gibt. Deshalb möchte ich nicht nur Jacob, sondern auch dich versorgt sehen. Du bist jetzt sechzehn, Sarah. Du bist im heiratsfähigen Alter. Und du bist schön. In ganz Pithom ist kein schöneres Mädchen zu finden als du. Das ist in der heutigen Zeit jedoch nicht nur ein Vorteil. Die Ägypter wissen Schönheit zu schätzen. Um dir Leid zu ersparen, finde ich es am besten, wenn du bald heiratest. Elia hat mich um deine Hand gebeten, und ich habe dich ihm versprochen."

Entsetzt starrte ich meinen Vater an.

„Ich weiß, was du sagen willst, mein Kind. Elia hat seine Fehler. Aber er ist Aufseher, und wenn du mit ihm verheiratet bist, brauchst du nicht mehr für die Ägypter zu arbeiten, sondern musst nur noch deinen Haushalt versorgen. Auch wenn du es jetzt noch nicht verstehst, Sarah, glaube mir, es ist das Beste. Du sollst nicht noch länger täglich mit den Ägyptern zusammenkommen. Deine Schönheit fordert sie zu sehr heraus. Du liebst Elia vielleicht nicht, doch glaub mir, wenn du erst ein Kind von ihm in den Armen hältst, wirst du glücklich sein."

Regungslos saß ich da. Noch vor kurzer Zeit schien die Welt für mich in Ordnung zu sein. Nun brach alles zusammen. Elia heiraten. Ich mochte ihn nicht. Er war falsch. Er presste unser Volk bis aufs Blut aus, nur um sich bei den Ägyptern beliebt zu machen.

„Vater", flehte ich. „Ich will ihn nicht heiraten. Er ist mir zuwider."

„Ich habe es so beschlossen. Er hat mein Wort. Wir brauchen uns also nicht mehr darüber zu unterhalten."

Wortlos stand ich auf und lief aus dem Haus. Stundenlang irrte ich ziellos in der Dunkelheit umher, bis mich Jacob schließlich am Ufer sitzend fand.

„Du hast es gewusst?" fragte ich schluchzend.

„Ja", antwortete Jacob.

Er kniete neben mir nieder.

„Ich mag ihn nicht, Sarah. Ich riet Vater ab, aber er ließ sich nicht umstimmen. Komm jetzt, lass uns heimgehen."

„Lässt sich denn da gar nichts machen?" fragte ich Jacob weinend.

Traurig schüttelte er den Kopf. Dann zog er mich empor, nahm mich in den Arm und brachte mich heim.

Kurz darauf feierten wir Jacobs Hochzeit mit Esther. Vater hätte es zwar gern gesehen, wenn aus der Hochzeit gleich eine Doppelhochzeit geworden wäre, doch ich redete mich darauf hinaus, dass meine Aussteuer noch nicht fertig wäre. Ich schob das Unvermeidliche vor mir her und hoffte auf ein Wunder.

Das Wunder kam, aber es offenbarte sich in einer Art und Weise, die ich mir bestimmt nicht gewünscht hätte.

Eines Nachmittags holte mich Elia von der Arbeit ab. Er wollte mir den kleinen Tempel des Osiris zeigen, der kurz vor der Vollendung stand. Jacob arbeitete dort seit Monaten als Steinmetz und hatte mir oft von den vielen seltsamen Figuren und Zeichnungen erzählt, die er dort in die Wand schlug.

Wir waren fast am Tempel angekommen, als eine Sänfte, die von vier Nubiern getragen wurde, neben uns hielt.

„Du bist doch Elia, hebräischer Aufseher."

Elia wandte sein Gesicht dem Mann in der Sänfte zu, einem fettleibigen Priester, der den Vorhang beiseite gezogen hatte. „Du staunst, dass ich deinen Namen kenne?" fragte der Priester grinsend, während er sich den Schweiß mit einem Tuch von der Stirn wischte. „Ich vergesse die Leute nicht, die mir gute Dienste erweisen. Dass dieser Tempel schnell und zügig gebaut wurde, ist schließlich auch dir zu verdanken. Du bist ein guter Aufseher. Bei Gelegenheit werde ich mich an deine Fähigkeiten erinnern."

„Danke, Herr", entgegnete Elia mit einem gewissen Stolz.

„Und in welch angenehmer Gesellschaft du dich befindest", fuhr der Priester fort.

„Das ist Sarah, meine Verlobte, Herr", stellte mich Elia dem Priester vor.

„Tritt näher, Mädchen."

Ich gehorchte, ein gewisses Unbehagen unterdrückend. Elia merkte davon nichts. Er war mit seiner Eitelkeit zu sehr beschäftigt. „Eine reizende Braut hast du."

Der Blick des Priesters streifte mich abschätzend. In seine Augen trat eine Gier, die mir Angst einjagte.

„Wie wäre es, wenn du eine Weile in meine Sänfte stiegest?" fragte er. „Es wird nicht dein Schaden sein."

Plötzlich erwachte Elias aus seinen Träumen. „Aber Herr, sie ist meine Braut."

„Sei doch nicht töricht, Elia. Denk an deine Zukunft und die des Mädchens."

Er zog einen Goldreif vom Arm und spielte damit vor unseren Augen.

„Du weißt, ich bin ein einflussreicher Mann. Was macht es schon aus, ob du bei ihr der Erste warst?"

Ich erwartete, dass Elias sich auf ihn stürzen würde, wütend über solch ein Ansinnen. Doch er stand nur wortlos da und schaute mich ratlos an. Als der Priester ihm schließlich den Goldreif in die Hand drückte, schien er vollends überzeugt.

„Tu ihm den Gefallen, Sarah. Wir werden dadurch bestimmt nur Vorteile haben."

„Aber Elia", schrie ich außer mir. „Bist du verrückt geworden?" Schon packten mich zwei Nubier, um mich in die Sänfte zu zerren. Sicher wäre mein Schicksal besiegelt gewesen, wenn nicht Jacob eingegriffen hätte. Er hatte uns von weitem kommen gesehen und war uns entgegengeeilt. So war er Zeuge des Zwischenfalls geworden. Zornig stieß er die beiden Nubier beiseite und stellte sich schützend vor mich.

„Wer ist dieser Flegel?" fragte der Priester Elia.

„Ihr Bruder."

„Sei nicht dumm", wandte der Priester sich nun an Jacob. „Geh aus dem Weg."

„Wenn Ihr es wagt, Herr, meine Schwester anzurühren, breche ich Euch alle Knochen."

„Du drohst mir", stellte der Priester kühl fest. „Übernimm dich nicht, dreckiger Hebräer."

Eine Totenstille trat ein, in der sich Jacob und der Priester abwägend betrachteten. Inzwischen hatte der Vorfall auch andere aufmerksam werden lassen. Das war wohl der Grund, warum der Priester seine Nubier schließlich zurückrief.

„Zum Tempel", befahl er, während er Elia den Goldreif wieder aus der Hand riss.

Sein Blick traf mich noch einmal für einen kurzen Augenblick. Ein Schauer durchzuckte meinen Körper. Etwas in diesem Blick sagte mir, dass die Sache noch nicht ausgestanden war. Diese Niederlage würde er nicht hinnehmen.

Als er gegangen war, fuhr Elia Jacob an:

„Weißt du, was du eben getan hast? Du hast dir den Oberpriester des Osiris, Wennofer, zum Feind gemacht."

Jacob drehte sich kurz um und schlug Elia links und rechts ins Gesicht.

„Betritt nie wieder unser Haus, sonst bringe ich dich um, du Schwein."

„Das hilft dir auch nichts mehr", zischte Elia ihn an. „In deiner Haut möchte ich jetzt bestimmt nicht stecken."

Jakob nahm mich in den Arm und brachte mich nach Hause. Nachdem er meinem Vater unser Erlebnis geschildert hatte, stimmte auch er der Lösung unserer Verlobung zu.

Esther, die mich ins Bett brachte und mir noch einen Becher Kräutertee zur Beruhigung gab, lächelte mich aufmunternd an. „Du hast ihn ja nicht gewollt. Jetzt bist du ihn los."

„Das ja", antwortete ich zitternd. „Aber…"

Ich überlegte einen Augenblick, ob ich es Esther sagen sollte. Ich wollte ihr keine Angst einjagen. Andererseits musste ich mit jemandem über meine Befürchtungen sprechen. So entschied ich mich dazu, weiterzureden.

„Ich habe Angst, Esther. Wie dieser Priester mich angesehen hat! Der gibt sich nicht geschlagen. Er wird sich an uns rächen."

„Du machst dir zu viele Gedanken", antwortete Esther. „Es wird alles gut, glaub mir. Und jetzt muss ich zu Jacob." Sie strahlte.

„Du weißt doch, dass ich mich seit Tagen nicht wohl fühle. Heute war ich beim Arzt. Er hat mir meine Vermutung bestätigt. Ich erwarte ein Kind."

Ihr Glück munterte mich ein wenig auf.

„Ich freue mich für euch", versicherte ich ihr. Doch meine trüben Gedanken kehrten zurück, nachdem sie gegangen war.

Auch mein Vater und Jacob warteten darauf, dass etwas geschehen würde. Nur Esther machte sich keine Sorgen.

Die Zeit verstrich, aber es ereignete sich nichts. Langsam begannen wir, zuversichtlicher zu werden. Vielleicht waren unsere Befürchtungen doch unbegründet, und der Priester hatte den dummen Vorfall längst vergessen.

Doch ebenso, wie es mein Schicksal war, an jenem verhängnisvollen Nachmittag Wennofer zu begegnen, so war es uns bereits bei unserer Geburt vorausbestimmt, diesen Leidensweg zu beschreiten. Später fragte ich mich oft, ob uns all dies erspart geblieben wäre, wenn ich nicht zum Tempel des Osiris gegangen wäre. Heute weiß ich, dass es unsinnig ist, darüber nachzudenken. Ich sollte den Hohenpriester des Osiris, den Herrn von Abydos, treffen. Die Folgen dieser Begegnung standen bereits lange vor diesem Ereignis fest. Die Ketten des Schicksals zogen sich um uns zusammen, ließen keinen Ausweg, keine Flucht zu.

Drei Monate waren seit jenem Zusammentreffen vergangen. Eines Nachts, wir hatten uns gerade zum Schlafen niedergelegt, kamen sie. Sie traten die Tür unseres Hauses ein, rissen uns von unseren Matten empor und schleiften uns mit sich, Vater, Jacob und mich. Nur Esther ließen sie zurück.

„Was soll das? Was wirft man uns vor? Wohin bringt ihr uns?" Unsere Fragen blieben unbeantwortet. Keiner der Soldaten Pharaos würdigte uns eines klärenden Wortes.

Sie brachten uns zum Turm, dem Stadtgefängnis und sperrten uns in eins der vielen dunklen schmutzigen kalten Verließe.

Hilfesuchend blickte ich meinen Vater und meinen Bruder an, doch konnte ich in ihren Gesichtern auch nur Hoffnungslosigkeit entdecken. Tränen stiegen mir in die Augen.

„Mein Gott, hilf uns", begann ich zu beten. „Bitte, Gott, lass nicht auch meinen Vater und meinen Bruder für meine Schuld büßen."

„Was für eine Schuld?" fragte mich mein Vater. „Niemanden von uns trifft Schuld."

„Doch", schluchzte ich in mich hinein. „Wäre ich nicht an diesem Tag zu diesem verfluchten Tempel gegangen, lägen wir jetzt daheim auf unseren Matten."

„Sarah", sagte mein Vater ruhig. „Unser Leben liegt in Gottes Hand. Er allein lenkt unsere Wege. Es war sein Wille, dass es so kam. Wir müssen es hinnehmen."

„Hinnehmen! Hinnehmen!" rief ich laut. Ich war nicht mehr Herr meiner Gefühle. „Was immer uns widerfährt, immer hast du nur gesagt, wir müssten es hinnehmen, Gottes Willen respektieren. Was sollen wir denn noch alles hinnehmen, Vater?"

Ich wollte weitersprechen, doch mein Blick fiel auf Jacob. Er saß zusammengesunken in der Ecke. Sein Anblick verschlug mir die Sprache. Von uns dreien traf es ihn am schwersten. Seine Gedanken mochten wohl bei Esther sein, die er allein daheim zurücklassen musste. Ich ging zu ihm.

„Es tut mir so leid, Jacob. Bitte verzeih mir."

Er sah mich nicht an. Ich glaube, er hörte gar nicht, was ich zu ihm sagte.

Drei Tage warteten wir vergeblich auf eine Andeutung, einen Hinweis darauf, was man uns eigentlich vorwarf.

An dritten Tag schleifte man uns vor den Richter, einem Mann namens Ti, der mir bereits auf den ersten Blick unsympathisch war. Nun erfuhren wir, welches Verbrechen man uns zur Last legte. Wir wurden angeklagt des versuchten Aufruhrs gegen die Obrigkeit und lästernder, majestätsbeleidigender Rede gegen den Pharao. Wir hatten erwartet, dass man versuchen würde, uns aus der Drohung, die Jacob gegen Wennofer ausgesprochen hatte, einen Strick zu drehen, indem man die Tatsachen verstellte. Doch diese Anschuldigungen zogen uns den Boden unter den Füßen weg. Wie sollten wir uns gegen etwas verteidigen, das nicht einen Funken Wahrheit enthielt? Viele Zeugen wurden aufgerufen, darunter auch die Frau, die jahrelang mit uns und ihren drei Kindern das Haus geteilt hatte. Sie erzählte, was man ihr befohlen hatte, auszusagen. Nachdem sie geendet hatte, wandte sie sich meinem Vater zu.

„Es tut mir leid, Benjamin. Ich wollte es nicht tun. Aber sie drohten mir, mich einzusperren und zu foltern, wenn ich nicht gehorche."

Mitleidig nickte mein Vater.

„Kümmere dich bitte um Esther. Sie braucht jetzt jemanden, der sich ihrer annimmt", bat Jacob sie, bevor sie hinausging.

Als letzter Zeuge trat Elia auf. Was er gegen uns vorbrachte, verschlug mir den Atem. Jacob hätte versucht, ihn zu einem Komplott gegen den Stadthalter von Pithom zu überreden. Um sich nicht in unsere Machenschaften verstricken zu lassen, habe er deshalb die Verlobung mit mir gelöst.

„Du Lügner! Du Heuchler! Du gemeiner Schuft!" stieß ich wütend hervor.

Der Richter mahnte mich unter Androhung von Strafe zur Ruhe, und auch Vater gebot mir zu schweigen.

Hasserfüllt starrte ich Elia an. Und im gleichen Augenblick entdeckte ich etwas Funkelndes an seinem Arm. Es war der Goldreif des Priesters Wennofer. Auch Jacob musste ihn wohl in diesem Augenblick gesehen haben, denn er sagte:

„Dieser ganze Prozess ist nichts als ein Schauspiel. Alle hier sind erpresst, bestochen. Das Urteil stand bereits fest, noch bevor wir hierhergebracht wurden."

„Schweig, Angeklagter", herrschte ihn Ti an. „Oder ich lasse dich auspeitschen wegen Missachtung des Gerichts."

Jacob schwieg. Wir alle hatten erkannt, dass es keinen Sinn hatte, uns zu wehren. Wir sollten verurteilt werden. Stolz schritt Elia an uns vorbei dem Ausgang zu.

„Auf ein Wort noch, Elia", sagte ich beherrscht. „Solange ich lebe, das schwöre ich dir, werde ich das nicht vergessen. Was du getan hast, wirst du noch bereuen."

Er lachte laut auf.

„Ich glaube kaum, dass irgendeiner von euch jemals Gelegenheit haben wird, mir noch einmal zu begegnen."

Hätte er damals gewusst, wie sehr er sich irrte, er hätte gewiss nicht gelacht.

Wir verteidigten uns nicht mehr. Jeder von uns wusste, dass wir damit nichts erreichen würden. Wir nahmen das Urteil gefasste entgegen, denn es war der logische Schluss dieses gemeinen Schauspiels. Vater und Jacob sollten zur Zwangsarbeit in die nubischen Steinbrüche geschickt werden. Mich verurteilte man dazu, als Sklavin des Pharaos nach Abydos in den Tempel des Osiris zu gehen.

Man brachte uns zurück in unser Verließ. Wortlos standen wir uns im Dunkel des Kerkers gegenüber, versuchten das Ausmaß unseres Unglücks zu erfassen.

„Lasst uns beten, Kinder", forderte mein Vater uns schließlich auf. „Der Herr spendet Trost."

„Ich kann nicht mehr beten, Vater", antwortete ich entschlossen. „Was ist das für ein Gott, der solch ein Unrecht geschehen lässt? Nein, Vater ich bete nie wieder."

Hilfesuchend wandte sich mein Vater an Jacob. Aber auch er schüttelte nur traurig den Kopf.

„Es tut mir leid, Vater. Auch ich kann nicht mehr beten." So betete mein Vater allein. Ich glaube, er fühlte bereits, dass es eines seiner letzten Gebete sein würde. Der Tod griff nach ihm, um ihn zu erlösen. Doch unser eigener Kummer machte uns zu Blinden, wir sahen es nicht.

## 2.

Es bedarf manches, das Herz eines Menschen völlig zu verändern. Nichts hängt uns mehr an, als die Erziehung, die wir in unserer Jugend genossen haben. Doch in Abydos wurde ich eine andere. Die Lehren meiner Tante und meines Vaters schwanden aus meinem Gedächtnis. Lange umschloss mich eine tiefe Leere, die mich taub und abgestumpft meiner Umwelt gegenüberstehen ließ. Doch dann, ganz langsam, Schritt für Schritt, begann ein abgrundtiefer Hass in mir zu keimen, der mich ganz mit sich fortriss. Ich war nicht mehr länger Sarah, die Tochter des Benjamins. Alles Gute, das er mir beizubringen versucht hatte, erstarb. Die Saat des Bösen ging auf. Tropfenweise drang das Gift in mein Herz, bis es sich ganz meiner bemächtigte. Ich hatte nicht das gutmütige, verzeihende Wesen meines Vaters geerbt. Ich wollte Vergeltung.

Doch damit man den Wandel meines Herzens verstehen kann, muss ich weitererzählen, auch wenn mir der Gedanke an die Zeit heute noch Schrecken und Ekel einjagt.

Vierzehn Tage warteten wir in unserem Verlies auf die Vollstreckung unseres Urteils. Mit bangem Herzen sahen wir der Zukunft entgegen. Dann brachte man uns auf ein Gefangenenschiff, das den Kanal entlang, in den Nil einbiegend, aufwärts fuhr bis nach Nubien und unterwegs in den größeren Städten hielt, um Gefangene aufzunehmen.

Von diesem Schiff aus sah ich zum ersten Mal das herrliche Land der Ägypter, das Land, das ein Geschenk des Flusses war, der uns nun unbarmherzig unserem traurigen Los zuführte. Die Erntezeit stand bevor. Satte, gelbe Ehren bogen sich im Wind und verhießen eine reiche Ernte. Wir segelten vorbei an den Pyramiden von Giseh, den steinernen Monumenten der Macht und des Reichtums Kemts.

In Memphis gingen wir drei Tage vor Anker. Das Schiff wartete auf einige

Gefangenentransporte aus der näheren Umgebung.

Wir erreichten Memphis in der Abenddämmerung. Der Hafen lag voller Schiffe, zumeist syrische Handelsschiffe. Die weiße Mauer des Menes leuchtete in der Abendsonne. Aus den Wirtshäusern des Hafens drang Musik und Lachen. Auch die Besatzung unseres Schiffs ging bis auf einige Bewacher an Land, um sich in das bunte Nachttreiben der Stadt zu stürzen.

Wir saßen, in Ketten geschmiedet, auf dem Deck des Schiffes. Eine leichte Abendbrise kam auf, die uns nach der Hitze des Tages erfrischte. Eben brachte uns einer der zurückgebliebenen Ägypter das Essen, da passierte es.

Ganz plötzlich und unerwartet stürzte mein Vater nach vorn und schlug mit der Stirn auf den Schiffsboden auf. Entsetzte starrten Jacob und ich uns an. Gleichzeitig beugten wir uns zu Vater nieder. Sein Körper glühte vor Fieber, Schüttelfrost ließ seine Zähne aufeinanderschlagen. Der Ägypter, der Zeuge des Vorfalls geworden war, blickte uns unschlüssig an.

„Was hat er denn?" fragte er schließlich.

Die Angst vor einer ansteckenden Krankheit hielt ihn jedoch zurück.

„Er hat hohes Fieber", antwortete ich noch ganz benommen vom Schreck.

„Hat er das schon lange?" forschte der ägyptische Soldat weiter.

„Ich weiß es nicht", gestand ich ehrlich. „Er hat uns nicht gesagt, dass er sich unwohl fühlt. Bitte, holt einen Arzt."

Zögernd stand der Soldat da und schien zu überlegen.

„Bitte", flehte ich ihn an.

Endlich ging der Mann fort. Es war ihm anzusehen, dass ihm dieser Zwischenfall höchst unlieb war.

Nach einigen Minuten kehrte er mit einem Offizier zurück. Dieser kniete neben meinem Vater nieder, schüttelte dann unwirsch den Kopf und meinte:

„Geh und hol den Arzt. Ich glaube zwar nicht, dass er hier noch viel ausrichten kann, aber immerhin wird uns dann nicht der Vorwurf treffen, wir hätten nicht richtig auf die Gefangenen aufgepasst. Wenn wir den verlieren", sprach er mehr zu sich selbst, „dann kann ich nur hoffen, dass es nicht noch mehr werden, sonst gibt es wieder Ärger mit diesen Schreibern, die hinter ihren Papyrusrollen sitzen und nicht wissen, wie die Wirklichkeit aussieht."

Es dauerte etwa eine halbe Stunde, bis der Arzt eintraf, doch jede Minute schien uns zur Ewigkeit zu werden. Die Angst, unseren Vater zu verlieren, erfasste uns gleichermaßen. Auch wenn wir beide anders dachten als er, so war seine friedliche, gutmütige Seele immer ein gewisser Hort der Ruhe für uns gewesen. Jacob und ich blickten einander in die Augen und lasen darin die gleiche Selbstanklage. Er trug dieses Fieber schon lange in sich, aber vor lauter Selbstmitleid bemerkten wir es nicht.

Der Arzt kam und gab meinem Vater einen fiebersenkenden Trank. Dann wandte er sich kopfschüttelnd an den Ägypter. „Ich glaube nicht, dass er noch lange lebt."

Er gab mir noch ein Fläschchen mit demselben Trank und befahl mir, es dem Kranken zweimal täglich einzuflößen.

Mein Vater lebte noch drei Tage. Kurz nachdem wir Memphis verlassen hatten, starb er. Vor seinem Tod erlangte er noch einmal das Bewusstsein wieder, verließ ihn der Fieberwahn der letzten Tage.

„Sarah, Jacob", flehte er uns an. „Findet zurück zu unserem Gott. Er ist der einzige, der euch in eurer Verzweiflung Trost und Hoffnung schenken kann."

Wenig später wich das Leben aus seinem Körper. Die Ägypter warfen den Leichnam in den Nil. Wir sahen seinen Körper noch einen Moment auf den Wellen treiben, ehe die Fluten ihn verschlangen. Tränenlos warf ich mich in die Arme meines Bruders.

„Nun sind wir ganz allein, Sarah."
Ich nickte stumm, denn ich empfand die gleiche Einsamkeit.

Von Memphis aus benötigte das Schiff noch drei Wochen bis nach Abydos, dem Ort, an dem der Sage nach der Gott Osiris von seiner Gemahlin begraben worden sein soll. Schon aus der Ferne erblickte man den mächtigen Tempel des Osiris, den Sethos, der Vater Pharao Ramses', hatte erbauen lassen. Eine von Menschen wimmelnde Stadt bot sich unserem Blick beim Näherkommen dar. Abydos galt als heiliger Ort, und jeder Ägypter, der es irgendwie einrichten konnte, kam mindestens einmal in seinem Leben hierher, um im Tempel des Osiris Opfer darzubringen. Die Händler drängten sich am Hafen um die eintreffenden Schiffe. Sie boten allerhand billige Amulette, Ringe und Figuren feil, die den mumienförmigen Gott darstellten, und meistens lief ihr Geschäft gut, denn fast alle, die nach Abydos kamen, kauften einen solchen Glücksbringer.

Ich beobachtete, wie das Schiff im Hafen festmachte. Das Bewusstsein, das Ziel meiner Reise erreicht zu haben, ließ mich erschaudern. Jacob drückte mich fest an sich, so als könnte er dadurch das Unglück von mir fernhalten. Doch wir beide wussten nur zu gut, dass er mir diesmal nicht zur Seite stehen konnte.

Ein Nubier, der bereits am Landesteg gewartet hatte, betrat das Schiff. Er wechselte einige Worte mit dem Befehl habenden Offizier und ließ dabei etwas in dessen Hände gleiten. Dieser schien einige Augenblicke zu überlegen und den Deben in seiner Hand zu betrachten. Nachdem der Offizier noch einmal einen Silberdeben an den Offizier weiterreichte, waren dessen Einwände endlich dahin. Er führte den Nubier zu Jacob und mir. „Das sind die beiden. Willst du sie gleich mitnehmen?" Der Nubier nickte.

„Gut, dann gebe ich dir zwei Soldaten als Begleitung mit. Aber vergiss nicht, in drei Tagen segeln wir weiter nach Theben. Bis dahin muss der Sklave wieder an Bord sein, sonst bekomme ich Ärger. Ich habe auf dieser Fahrt schon einen Sklaven verloren." Der Nubier lächelte beschwichtigend.

„Du kannst dich auf das Wort meines Herrn verlassen. In drei Tagen bekommst du einen Sklaven zurück. Ob ihn oder einen anderen kann dir gleich sein."

Das Geschäft der beiden war abgeschlossen. Man kettete mich und Jacob los. Wortlos ließen wir uns von den ägyptischen Soldaten durch die engen, menschengefüllten Straßen von Abydos führen. Der Nubier ging voraus und zeigte den Weg.

Je näher wir dem Tempel des Osiris, dem Mittelpunkt der Stadt kamen, umso dichter drängte ich mich an meinen Bruder. Was sollte das bedeuten? Warum hatte man auch Jacob von Bord des Schiffes geholt? Ich zerbrach mir den Kopf darüber. Die Antworten, die ich auf diese Frage fand, ließen mich nichts Gutes ahnen.

Schließlich hatten wir den Tempel erreicht. Wir traten durch ein großes Tor in den Vorhof. Vor uns lag der Treppenaufstieg zum Allerheiligsten. Der ganze Tempelbezirk war von einer großen Mauer umgeben. Im Vorhof drängten sich die Menschen, die mit allerlei Tieren gekommen waren, um dem Gott Osiris ihr Opfer darzubringen.

Der Anblick der hohen Mauern löste ein Gefühl der Hilflosigkeit in mir aus. Ich kam mir vor wie ein in der Falle gefangenes Tier. Ich wollte laut schreien, doch meine Stimme versagte den Dienst. Angst schnürte mir die Kehle zu.

Der Nubier bedankte sich bei den beiden Soldaten und schenkte jedem von ihnen eine Kupferkite. Die beiden dankten und gingen. An ihrer Stelle traten vier weitere Nubier, die uns nun um den Tempel herum in die anschließenden Privaträume des Oberpriesters Wennofer brachten. In einer kleinen Vorhalle ließ man uns warten, während der Nubier, der uns vom Schiff geholt hatte, durch eine Tür in den nächsten Raum trat.

Zum ersten Mal, seit wir das Schiff verlassen hatten, blickte ich Jacob ins Gesicht. Was ich darin las, erschreckte mich zutiefst. Kraft und Hoffnung waren aus seinen Gesichtszügen gewichen, hatten Verzweiflung und Resignation Platz gemacht.

„Nein, Jacob", flehte ich ihn an. „Du darfst nicht aufgeben. Solange noch ein Hauch Atem in uns ist, müssen wir gegen dieses Schicksal ankämpfen."

Er lächelte gezwungen, so, als habe er Mitleid mit mir.

„Wenn der Falke den Hasen jagt, hat der Hase eine kleine Chance zu entkommen. Er kann laufen. Wohin können wir laufen, Sarah? Siehst du einen Ausweg?"

Ich wusste, dass er Recht hatte.

„Du scheinst endlich zu Verstand gekommen zu sein und zu begreifen, dass man sich nicht mit jemandem anlegen sollte, der stärker ist als man selbst."

Wennofer war durch die Tür getreten und hatte die Worte meines Bruders mit angehört. Triumphierend lächelte er uns an. Sein Blick kreuzte den meinen, und sofort trat in seine Augen die gleiche Gier, die ich schon bei unserer ersten Begegnung bei ihm entdeckt hatte.

„Du erscheinst mir heute noch schöner als damals in Pithom", meinte er.

Die offensichtliche Schadenfreude über seinen Sieg brachte mein Blut zum Kochen.

„Und ihr erscheint mir heute noch verabscheuungswürdiger als damals", stieß ich wütend hervor.

„Du willst mir wohl noch immer deine Krallen zeigen, mein Kätzchen?"

Grinsend wandte er sich von mir ab und meinem Bruder zu.

„Im Gegensatz zu deiner Schwester bist du heute eher schweigsam. Willst du mir nicht drohen?"

Wennofers Spott ließ auch meinen Bruder vor Zorn erbeben. Trotzdem sagte er nichts.

„Ich will dir zeigen, wie ich mit deinesgleichen umgehe. Es soll dir eine Lehre sein, für die Zukunft, falls ich in meiner Güte beschließen sollte, dass du überhaupt noch eine Zukunft vor dir hast."

Auf ein Zeichen des Oberpriesters hin rissen zwei Nubier Jacob die Kleider vom Körper und banden ihn zwischen zwei Säulen fest. Wennofer selbst griff zur Peitsche und schlug wie ein Wahnsinniger auf sein wehrloses Opfer ein. Stolz biss Jacob die Zähne zusammen, um seine Schmerzen nicht hinausschreien zu müssen. Doch schon bald konnte er das Stöhnen nicht mehr unterdrücken und schließlich schrie er seine Schmerzen laut hinaus.

Ich wollte mich auf Wennofer stürzen, aber zwei schwarze Ungetüme hielten mich fest, und je mehr ich versuchte, mich loszureißen, umso fester schlug Wennofer zu. Trotz meines unbeschreiblichen Zorns begann ich plötzlich klar zu denken. Ich dachte an Samuel, Tante Ruth und Vater. Sie alle hatte ich geliebt. Doch wenn es einen Menschen gab, der meinem Herzen damals wirklich nahe stand, so war dies Jacob. Ich sah seine verzweifelte Lage und begriff, dass es Wennofer völlig gleichgültig war, ob er ihn tötete oder nicht. Nur einer konnte Jacob jetzt helfen – ich. Augenblicklich gab ich meinen Widerstand auf.

„Bitte", flehte ich den Oberpriester an. „Bitte, hört auf, Herr. Tut mit mir, was ihr wollt, aber lasst meinen Bruder gehen."

Langsam ließ Wennofer die Peitsche sinken und drehte sich zu mir um. „Will das Kätzchen etwa seine Krallen einziehen?"

Sein rundes, aufgedunsenes Gesicht grinste mich hämisch an. Wieder regte sich Ekel und Abscheu in mir, doch unterdrückte ich diese Gefühle gewaltsam.

„Du willst also mit mir handeln?" fuhr der Oberpriester sachlich fort.

„Nein, Herr", entgegnete ich demütig, denn ich begriff, dass er mich vor sich kriechen sehen wollte, um seinen Triumph bis zur Neige auszukosten.

„Ich habe nichts, womit ich handeln könnte. Ich möchte Euch bitten, uns zu verzeihen und Gnade walten zulassen."

Die Worte kamen mir nur schwer über die Zunge, aber ich wusste, dass es das einzige war, was Jacob retten konnte. Meine Unterwürfigkeit verfehlte ihre Wirkung nicht. Wennofer schien sich mit dem erreichten zufrieden zu geben.

„Komm mit", befahl er mir und warf die Peitsche beiseite. Die beiden Nubier gaben mich frei, und ich folgte Wennofer durch einen großen Raum, der wohl sein Arbeitszimmer war, in eine dahinter gelegene kleine Nische, deren Einrichtung nur aus einem großen, breiten Bett und zwei in einer Ecke stehenden Statuen bestand. Die Wände des kleinen Zimmers waren reichlich bemalt mit Szenen aus der Osirislegende.

Gemächlich ließ Wennofer seinen massigen Leib auf das Bett niedergleiten, dann befahl er mir, mich auszuziehen.

Ich gehorchte. Langsam streifte ich meine Kleider ab, während er dalag und jede meiner Bewegungen beobachtete.

„Leg die Hände hinter den Kopf zusammen und dreh dich langsam", befahl er mir, als ich nackt vor ihm stand.

Ich tat, was er wünschte. Es bereitete ihm sichtlich Genuss, mich zu demütigen. Schließlich nickte er zufrieden.

„Es hat sich tatsächlich gelohnt, für dich soviel auszugeben. Komm jetzt her."

Schweigend folgte ich seinem Befehl, obwohl mir sein Anblick grenzenlosen Ekel einflößte. Immer wieder führte ich mir vor Augen, dass Jacobs Leben davon abhing. Völlig erstarrt saß ich neben ihm. Mir war, als würde das Blut in meinen Adern gerinnen. Sacht drückte er mich zurück. Seine Hand begann meinen Körper zu berühren. Langsam bahnte sie sich ihren Weg vom Hals bis zu den Brüsten bis hinunter zum Zentrum seiner Begierde. Versteinert lag ich da, war nicht fähig, mich zu rühren. Als er sich schließlich über mich beugte und sein Mund den meinen suchte, glaubte ich, vor Abscheu ersticken zu müssen. Dann ging alles sehr schnell, und trotzdem dauerte es für mich eine Ewigkeit. Wennofer spreizte meine Schenkel, und mit einem einzigen, gierigen Stoß drang er in mich ein. Ich schrie vor Schmerz laut auf. Keuchend bewegte er seinen fetten Leib auf mir. Endlich stöhnte er leise auf, verharrte einen Augenblick regungslos und ließ sich dann erschöpft zur Seite gleiten. Eine Weile lag er still neben mir, dann richtete er sich auf und schaute mich an.

Tränen rannen über mein Gesicht. Alles in mir war leer, ich war keines Gefühls mehr fähig, weder dem Ekel noch der Scham. Meine Welt war in einen tiefen Abgrund gestürzt. Nichts würde je wieder so sein, wie es einmal war. Aber selbst diese Erkenntnis war mir gleichgültig.

„Warum weinst du, Sarah?" fragte mich Wennofer schließlich. Seine Stimme klang versöhnlich, fast mild. „Du bist jung und schön, mein Kind. Du warst viel zu schade für das Leben, das du führtest. Du bist nicht dazu geschaffen, in Schmutz und Elend zu leben. Ich kann dir ein Leben bieten, von dem du niemals zu träumen gewagt hättest. Alles, was ich dafür von dir verlange, ist etwas Zuneigung, etwas Zärtlichkeit."

Seine Worte verhallten bei mir, ohne Gehör zu finden. Wahrscheinlich erkannte Wennofer, dass es im Augenblick nicht möglich war, vernünftig mit mir zu reden, denn er meinte:

„Du kannst jetzt gehen. Mein Diener Neshi wird dich zu deinem Bruder bringen. Denk über alles gut nach, mein Kind. Wenn du willig bist und mir etwas entgegen kommst, so könnte ich vielleicht bereit sein zu vergessen, dass dein Bruder es gewagt hat, mir entgegen zu treten. Ich erwarte dich heute Abend."

Wennofer erhob sich und ging. Wenig später trat der Nubier, der uns vom Schiff geholt hatte, durch die Tür. Noch immer lag ich wie betäubt auf dem Bett und vermochte nicht aufzustehen. Schweigend sammelte Neshi meine Kleider auf und streifte sie mir über. Nachdem er mich angezogen hatte, hob er mich empor, stellte mich auf die Beine und führte mich durch unzählige Räume, Säle und Gänge zu einer kleinen Kammer, in der ich Jacob auf einer Matte liegen sah. Sein Anblick erweckte mich zu neuem Leben.

Stumm sahen wir uns an. Es bedurfte keines Wortes. Jacob verstand auch so, wie mir zumute war. Trotz seiner Schmerzen taumelte er mir entgegen, nahm mich in die Arme und strich mir tröstend durchs Haar.

„Du hättest es nicht tun sollen, Sarah, nicht wegen mir", sagte er nach langer Zeit und sprach damit aus, was ihn am meisten bedrückte, nämlich, dass er der Grund für das war, was mir widerfahren war.

„Du weißt so gut wie ich, dass es passiert wäre, Jacob. Ist es da nicht gleichgültig, ob ein wenig früher oder später? Nur ohne dich, Jacob, hätte ich es gar nicht ertragen können. Du bist der einzige Mensch, den ich noch habe. Wenn ich dich verlieren sollte, wüsste ich nicht mehr weiter."

Ich fühlte, wie Jacobs Kraft versagte und er in meinen Armen zusammenbrach. Neshi, der noch immer dastand und uns beobachtete, wahrscheinlich, weil es ihm Wennofer befohlen hatte, half mir, den Bruder auf die Matte zurückzulegen. Dann ging er, kam aber nach kurzer Zeit mit einer Schüssel warmen Wasser, Salbe und einigen sauberen Leinentüchern zurück, wusch Jacobs Wunden aus, salbte den geschundenen Rücken ein und deckte ihn mit Leinen ab, damit kein Schmutz in die Verletzungen gelangen konnte.

Als er uns endlich allein ließ, legte ich mich neben Jacob nieder, schmiegte mich an ihn. Wir sprachen kein Wort. Jeder hing seinen Gedanken nach.

Ich versuchte zu vergessen, was geschehen war, und den kommenden Abend in die Ewigkeit zu verdammen. Aber es wollte mir nicht gelingen. Immer wieder sah ich Wennofers massigen Leib sich auf mir wälzen wie ein ekliges Tier und spürte seine widerliche Zunge in meinem Mund. Ich glaubte, dass alles nie wieder ertragen zu können und wusste doch, dass ich es um meines Bruders willen über mich ergehen lassen musste.

So vergingen die Stunden. Mit der einbrechenden Abenddämmerung erschien Neshi wieder.

„Komm! Es ist Zeit.“

Ich erhob mich, um ihm zu folgen.

„Sarah!“

Jacobs verzweifelte Stimme hielt mich einen Moment zurück. Ich drehte mich zu ihm um. Da lag er auf der Matte, so jung und hilflos, von Schmerzen gepeinigt. Entschlossen wandte ich mich wieder von ihm ab und lief dem Nubier hinterher.

Er brachte mich zu dem gleichen Tor, durch das er uns am Morgen in den Tempelbezirk geführt hatte, und befahl mir, in die bereits wartende Sänfte zu steigen.

Neshi ging voraus, die vier Träger folgten ihm mit mir. Wir kamen durch unendlich viele Straßen und Gassen. Trotz fortschreitender Stunde tummelten sich noch immer unzählige Menschen auf den Straßen, so dass die Träger zum Teil große Mühe hatten, sich ihren Weg zu bahnen. Erst als wir das Zentrum der Stadt verließen, wurde es ruhiger. Wir kamen in den Teil der Stadt, in dem die Häuser der Edlen und Reichen standen. Eine Villa übertrumpfte die andere. Vor einem der Häuser blieben wir stehen, und nachdem der Türwächter einen Blick auf uns geworfen hatte, öffnete er.

Ich stieg aus meiner Sänfte und folgte Neshi in das Haus. Wir gingen durch die Eingangshalle, ein Vestibül, mehrere Empfangsräume, deren Dächer von Säulen getragen wurden, vorbei an vielen Vorratskammern zu den dahinter gelegenen Herrschaftsräumen, wo sich die Ruhegemächer und Bäder befanden. Hier übergab mich Neshi einer dicken, alten Ägypterin namens Sitamun. Breitbeinig, mit schwabbelndem Doppelkinn stand sie da und betrachtete mich abschätzend.

„So", meinte sie nach einer Weile, „du bist also Sarah, die neue Sklavin des Herrn."

Ihre Augen sahen unverhohlen durch mich hindurch und lasen in meinen Gedanken.

„Zu freuen scheinst du dich darüber nicht", stellte sie fest. „Nun, wir wollen anfangen. Wir haben noch viel zu tun bis zur Nacht. Zieh dich aus."

Ich gehorchte, gab meinem Körper dem Blick der alten Frau preis. Sie ließ mich von zwei Sklavinnen baden und salben. Man brachte mir ein neues Kleid, dessen Stoff so dünn war, dass es die Geheimnisse meines Körpers nicht verhüllte. Kritisch betrachtete die Alte ihr Werk. Missbilligend schüttelte sie den Kopf, zupfte hier und dort, bis sie schließlich wusste, was ihr nicht gefiel. Sie nahm meinen langen Zopf in die Hand, öffnete mein Haar, wog es in ihren Händen.

„Schneidet es ab", befahl sie den beiden anderen.

Willenlos saß ich da und ließ mir die Haare nach ägyptischer Mode schneiden. Zufrieden nickte die Alte.

„So ist es besser."

Sie schminkten mich und rieben mich mit duftenden Ölen ein. Endlich war Sitamun mit dem Ergebnis ihrer Bemühungen einverstanden.

„Nun lasst uns allein", befahl sie den beiden anderen.

Als sie gegangen waren, setzte sich Sitamun zu mir, nahm meine Hand in die ihre und sah mich forschend an.

„Ich weiß, dass du dich über dein Los nicht freust. Ein Mädchen in deinem Alter träumt von einem schönen, jungen, starken Liebhaber, nicht von einem fetten, alternden Mann. Ich weiß auch, dass man dir übel mitgespielt hat, um dich hierher zu bekommen. Es ist mir ebenso bekannt, dass du um das Leben deines Bruders fürchtest. Wochenlang grübelte unser Herr darüber nach, wie er es anstellen sollte, dich in seine Gewalt zu bringen. Ein törichter, alter Mann ist er, der sich in ein junges Mädchen vernarrt hat. Ich meine es gut mit dir, mein Kind. Du verabscheust Wennofer. Aber trotzdem solltest du versuchen, dich mit ihm gut zu stellen. Du findest ihn jetzt brutal und bösartig, doch wenn du deine Abscheu vor ihm verbirgst, kannst du alles von ihm haben, was dein Herz begehrt. Benutze deinen Kopf, und lass dich nicht von den Wirren deiner Gefühle beeinflussen."

„Hat er dir gesagt, dass du mich beschwatzen sollst?" unterbrach ich sie.

„Ja", gestand sie ehrlich. „Trotzdem kannst du mir glauben, dass ich es gut meine. Ich werde dir jetzt erzählen, was du wissen musst, um einen Mann im Bett zufrieden stellen zu können. Nimm es an oder lass es sein."

Sie erklärte mir unendlich viele Dinge über die körperliche Liebe, das Zusammensein zwischen Mann und Frau und die Möglichkeiten, die

Genüsse eines nicht mehr starken, nicht mehr jungen Mannes zu erhöhen.

Ich hörte mir die Scheußlichkeiten an und dachte an Wennofers fetten, aufgedunsenen Leib.

„Nein", schrie ich endlich. „Hör auf. Ich kann nicht mehr. Niemals kann ich das tun. Versteh doch, bitte, er ekelt mich an, so sehr, dass allein der Gedanke an ihn mir Übelkeit verursacht."

„Armes, kleines Ding. Warum müssen solch alte Kerle wie er auf solch junge, unverdorbene Dinger wie dich stoßen. Es gäbe so viele, die dich beneideten und mit Freude an deine Stelle treten würden. Doch was hilft dir das."

Wir wurden durch das Eintreten Neshi unterbrochen. Sitamun nickte ihm kurz zu.

„Lass uns noch einen Augenblick allein. Wir sind gleich so weit."

Neshi ging wieder.

Sitamun überlegte einen Augenblick, dann nahm sie einen Becher mit Wein und schüttete die Flüssigkeit einer kleinen Amphore hinzu.

„Trink das", sagte sie freundschaftlich. „Heute Nacht wird es dir nützen, doch in Zukunft wirst du ohne das auskommen müssen. Es ist ein Rauschmittel. Es wird dir helfen, deine Hemmungen zu überwinden."

Ich trank den Becher leer. Dann trat ich durch die Tür und folgte Neshi zu Wennofer. Er brachte mich zu einem prächtig ausgestatteten Zimmer, in dessen Mitte ein großes Bett stand, dessen Füße

Löwenpranken glichen. Viele kostbar geschmückte Schränke und Truhen standen herum.

„Gefällt es dir?" fragte mich Wennofer, der mich bereits erwartete.

Ich nickte nur, den der Trank begann bereits zu wirken. Ein Nebel hüllte mich langsam ein, und es war mir, als ob ich schwebte.

„Es wird in Zukunft dein Zimmer sein", verkündete Wennofer, während er auf mich zutrat und meinen Kopf zwischen seine Hände nahm. Lange betrachtete er Sitamuns Werk, bis er begeistert sagte: „In ganz Ägypten gibt es keinen größeren Schatz als dich. Und du gehörst mir, nur mir."

Wie eine Betrunkene ließ ich mich von ihm zum Bett führen, gewährte seinen Händen freies Spiel. Je mehr mir der Trank die Sinne raubte, umso williger wurde ich. Schließlich konnte ich sogar seine Zärtlichkeiten erwidern, sein Verlangen mit meinen Händen, meinem Mund steigern.

Mir war, als würde ich dem Geschehen als unbeteiligter Zuschauer beiwohnen, als wäre nicht ich es, die bei Wennofer lag, sondern eine andere, eine Fremde. Was er in dieser Nacht alles mit mir tat, wie er sein Verlangen und seine Begierde an mir stillte, weiß ich nicht mehr. Ein süßer Nebel hüllte meine Sinne schließlich so sehr ein, dass ich mich später an nichts mehr erinnern konnte. Irgendwann fiel ich in einen tiefen, traumlosen Schlaf, der mir Ruhe und Vergessen schenkte.

Als ich am Morgen erwachte, war Wennofer bereits fertig angekleidet. Er lehnte am Fenster und schaute auf den blühenden Garten hinaus. Mein Kopf dröhnte, und ich fühlte mich schrecklich elend. Um meine Ruhe zu haben, wollte ich mich weiter schlafend stellen. Doch es war bereits zu spät. Wennofer hatte bemerkt, dass ich aufgewacht war, und trat auf mich zu. Er lächelte mich freundlich an.

„Du hast geschlafen wie eine Tote. Ich dachte schon, du würdest gar nicht mehr aufwachen."

Seine Freundlichkeit schien mir anzudeuten, dass er mit mir zufrieden war. Ich versuchte, mich an die Ereignisse der Nacht zu erinnern, doch ich konnte den Vorhang, der sich darüber ausgebreitet hatte, nicht durchdringen. Eine Stimme in meinem Innern sagte mir, dass es so vielleicht auch besser wäre.

„Du hast mir sehr viel Freude letzte Nacht bereitet", fuhr Wennofer fort. „Ich werde dir jetzt Sitamun zur Morgentoilette schicken. Danach komm zu mir. Ich habe dir etwas zu sagen."

Er ging, und gleich darauf betrat die dicke Ägypterin mein Zimmer. Auch sie lächelte mich freundlich an, während sie das Tablett, das sie in der Hand trug, neben mir niederstellte.

„Er ist zufrieden und glücklich. Du hast es geschafft."

„Ich kann mich an nichts mehr erinnern", gestand ich.

Sie nickte wissend. Dann rief sie die beiden anderen Mädchen herein, die mich badeten, salbten, schminkten, frisierten und ankleideten, während Sitamun zwischendurch immer wieder darauf bestand, dass ich etwas von dem Obst, das auf dem Tablett lag, aß.

Endlich hatte ich die Prozedur hinter mir. Sitamun begleitete mich zu einem der Empfangssäle, in dem Wennofer über einigen Papyrusrollen saß. Als ich mit Sitamun eintrat, schob er sie beiseite.

Sitamun verneigte sich kurz vor ihrem Herrn, dann ging sie wieder hinaus.

„Da bist du ja."

Noch immer lag die gleiche Freundlichkeit in seiner Stimme.

„Ich möchte dir etwas schenken, von dem ich glaube, dass es dir viel Freude bereiten wird. Ich tue es, weil ich möchte, dass du heute genauso glücklich bist wie ich."

Er gab Neshi, der die ganze Zeit in der Tür gestanden hatte, ein Zeichen. Der Nubier entfernte sich, kam jedoch kurze Zeit später wieder zurück in der Begleitung von zwei anderen Dienern und Jacob.

Augenblicklich schaute ich Wennofer an. Was hatte er sich diesmal ausgedacht?

„Bindet ihn los, dann könnt ihr gehen."

Die Diener banden Jacob die Hände, die mit einem Strick gefesselt waren, los und verließen den Saal. Nur der Nubier, der Schatten Wennofers, blieb.

Wennofer ging auf Jacob zu und blieb unmittelbar vor ihm stehen.

„Du weißt, man hat dich dazu verurteilt, in die nubischen Steinbrüche zu gehen. Ist dir klar, was das bedeutet? Du bist jung, kräftig und gesund. Doch selbst das wird dich nicht davor bewahren, dass die harte Arbeit an dir zehren und deinem Leben frühzeitig ein Ende setzen wird."

Er machte eine Pause, um seine Worte wirken zu lassen.

„Man hat mir erzählt, dass du eine junge Frau hast, die bald ein Kind von dir zur Welt bringen wird. Ist das richtig?"

„Ja, Herr", antwortete Jacob. Dabei sah er mich an, als wolle er mich fragen, was das bedeute. Doch ich wusste es auch nicht.

„Sehnst du dich nicht oft nach ihr? Es muss doch dein sehnlichster Wunsch sein, dein Kind zu sehen?"

Was hatte Wennofer nur vor? Bereitete es ihm Freude, in die Wunden seines Opfers zu stechen?

„Ich muss dir ehrlich sagen", fuhr der Oberpriester unbeirrt fort, „dass es mir gleichgültig ist, was aus dir wird. Ob du lebst oder stirbst, ob du leidest oder glücklich bist, interessiert mich nicht. Aber ich weiß, dass du deiner Schwester am Herzen liegst. Ich will, dass sie glücklich ist, und nur darum lasse ich dich gehen." Er zog vom Tisch eine versiegelte Papyrusrolle.

„Es ist eine einstweilige Aussetzung der Vollstreckung des Urteils gegen dich. Wenn du dir nichts mehr zu schulden kommen lässt, wird dir die Strafe ganz erlassen. Nimm es, geh heim und lege es dort dem Gericht vor."

Schweigend betrachtete Jacob die Rolle, die den Weg in die Freiheit bedeutete.

„Und der Preis dafür ist meine Schwester, Herr?" fragte Jacob schließlich bedrückt.

Angst packte mich. Wenn Jacob jetzt ein falsches Wort sagte, konnte er noch alles verderben.

„Schweig und geh", mischte ich mich deshalb ins Gespräch ein.

„Lass ihn ruhig sagen, was er zu sagen hat", sprach Wennofer ruhig.

„Du hast Recht. Der Preis ist deine Schwester. Doch nicht du kannst bestimmen, ob der Preis bezahlt wird. Sarah ganz allein wird das entscheiden."

Erst jetzt wurde mir das ganze Ausmaß seiner Niedertracht bewusst. Wenn er Jacob gehen ließ, kettete er mich fest an sich. Ständig würde die unausgesprochene Drohung, das Urteil doch zu vollstrecken, mich ermahnen, ihm willig zu gehorchen.

„Ja, ich werde ihn bezahlen", antwortete ich.

„Nein", mischte Jacob sich ein. „Das kann und will ich nicht annehmen, Sarah. Keine Sekunde meines Lebens könnte ich mehr ruhig verbringen. Immer müsste ich daran denken, was du tust, damit ich lebe. So kann Glück nicht aussehen."

Entschlossen trat ich ihm entgegen.

„Du musst es tun. Du musst es annehmen. Ich verlange es von dir. Geh nach Hause zu Esther und deinem Kind. Sie brauchen dich. Mich braucht niemand. Wer wartet auf mich? Geh, Jacob, und vergiss, dass es mich gibt. Die Sarah, die du kanntest, ist gestern Nacht gestorben. Es gibt sie nicht mehr. Was soll es aber für einen Sinn haben, wenn nun auch du stirbst? Einer Toten kann dein Opfer nichts mehr nützen. Geh, Jacob. Alles, was ich von dir verlange, ist, dass du glücklich wirst."

Ich sah Jacob flehend an. Das Gefühl der Schuld mir gegenüber kämpfte mit der Verlockung, Esther wieder zu sehen, sein Kind in die Arme zu schließen. Letzteres siegte schließlich. Wortlos nahm er Wennofer die Papyrusrolle aus der Hand, dann drehte er sich noch einmal zu mir um.

„Danke, Sarah", sagte er schlicht und ging.

Alles in mir begann sich zu drehen. Ich wollte laut hinter ihm herrufen: Nein, Jacob. Bitte lass mich nicht allein. Überlasse mich nicht diesem Ungeheuer. Bleib bei mir. Aber ich schwieg. Er durfte nicht wissen, wie elend ich mich fühlte, dass ich mit ihm meinen letzten Halt verlor und mir der Boden unter den Füßen fortgezogen wurde.

## 3.

Die Zeit, die ich im Hause des Oberpriesters Wennofer verbrachte, warf einen dunklen Schatten auf mein ganzes späteres Leben. Niemals verzieh ich das Unrecht, das Wennofer mir angetan hatte. Ich hasste ihn. Trotzdem verbrachte ich viele Nächte an seiner Seite. Immer wieder bedrängte ich Sitamun, mir jenes Mittel zu geben, das süßes Vergessen schenkte. Und sie tat es, denn sie hatte Mitleid mit mir. Überhaupt hätte ich jene Zeit sicher nicht ohne sie überstanden. Allein ihre Freundschaft spendete mir Trost und gab mir die Kraft, nicht völlig zu verzagen.

Sitamun kannte Wennofer seit seiner Kindheit. Sie diente bereits im Haus des Oberpriesters Meri, der Wennofers Vater gewesen war. Nach dessen Tod hatte Wennofer das Amt des

Oberpriesters übernommen und mit ihm auch Sitamun. Lange Zeit hatte Sitamun dann Tiy, der Gemahlin Wennofers gedient. Sie zog die zehn Kinder des Oberpriesters groß, fünf Söhne und fünf Töchter hatte er. Dadurch war sie ein Teil der Familie geworden, und niemand kannte Wennofers Herz besser als sie.

Durch ihre Erzählungen wurde mir auch langsam bewusst, welche Macht Wennofer besaß. Klug hatte er es verstanden, nicht nur für sich, sondern auch für seine Familie zu sorgen. So war durch seinen Einfluss sein Bruder Parahotep Wesir und Bürgermeister Thebens, sein Bruder Minmose Oberpriester des Onuris, sein Sohn Hori Kammerherr des Pharaos. Jedes Mitglied der Familie hatte irgendein bedeutendes Amt inne, und gemeinsam bildete die Familie einen gewaltigen Machtblock in Ägypten.

Wennofers Stellung brachte jedoch auch viele Pflichten mit sich, die ihn oft wochenlang von Abydos fernhielten. Seit dem Tod seiner Frau Tiy hatte er zwar versucht, diese ihm lästig gewordene Reiserei immer mehr auf seinen Nachfolger, seinen ältesten Sohn Juju abzuschieben. Dennoch gab es viele Dinge, die nur er, der Oberpriester selbst tun durfte, und so weilte er trotzdem oft außerhalb der Stadt.

Mir schenkte seine häufige Abwesenheit Ruhe. Es war eine Zeit, in der ich mich nicht fürchten musste, zu ihm gerufen zu werden. Sitamun, die seit dem Tod Tiys unumstrittene Hausherrin war, nahm mich dann zum Einkauf mit auf den Markt, oder ich durfte sie in den Tempel begleiten, wo sie ihr Opfer darbrachte. Hier erzählte sie mir dann von den vielen Göttern Ägyptens und erklärte mir die Sitten und Bräuche ihres Landes. Sie war eine fromme Frau, die fest an die Götter glaubte, und wie alle Ägypter versuchte sie durch ihr Opfer, die Götter gnädig zu stimmen, vielleicht sogar zu bestechen. Ich hörte mir ihre Geschichten an und versuchte zu verstehen. Doch im Grunde meines Herzens blieb mir alles fremd, auch wenn ich manchmal in meiner Verzweiflung zu Amun zu beten begann, in der törichten Hoffnung, er könne mich aus meiner Lage befreien.

Was mich jedoch damals sehr beeindruckte, war die Tatsache, dass all die Dinge, von denen Sitamun mir erzählte, an den Wänden des Tempels geschrieben standen, unauslöschlich in Stein gehauen, um die Ewigkeit zu überdauern.

Einmal führte Sitamun mich in eine Nische des Tempels und zeigte mir eine große, mit Schriftzeichen behauene Mauer. Stolz erklärte sie mir, dass hier sämtliche Pharaonen Kemts aufgeschrieben worden sein. Sie nannte mir unendlich viele Namen und erzählte mir zu jedem Namen eine Geschichte. Obwohl sie des Lesens und Schreibens unkundig war, wusste sie all die Dinge, die von Generation zu Generation überliefert worden waren. Geschichte und Tradition war jedem Ägypter heilig. Es erfüllte ihn mit Stolz auf die glorreiche Vergangenheit des Reiches, auf Glanz und Ruhm des Horusthrons zu blicken. Ich begriff damals, weshalb der Ägypter voll Verachtung auf alle anderen Völker sah und alles Fremde als Barbarentum abtat. Diese Überheblichkeit wurde dem ägyptischen Kind bereits von der Wiege an gelehrt. Der Ägypter war der Herr, jeder andere nur ein Untertan. Doch verschloss ich diese Gedanken in meinem Innern und sprach niemals mit Sitamun darüber.

Wenn Wennofer im Hause war, war mein Leben weitaus weniger angenehm. Er verbot mir, das Haus zu verlassen. Seine Eifersucht verbannte mich in mein Zimmer. Nur in Begleitung Sitamuns durfte ich den Garten betreten. Trotzdem nahm mich Sitamun, sobald Wennofer abwesend war, wieder mit sich, und niemand im Haus hätte gewagt, dies dem Herrn zu erzählen, denn jeder fürchtete Sitamuns strenge Hand.

Eines Morgens, ich war gerade aufgewacht und spürte das Dröhnen meines Kopfs von dem Rauschmittel, das ich genommen hatte, klopfte es an der Tür. Ich schüttelte Wennofer, der schlafend an meiner Seite lag, damit er aufwachte. Unterdessen war Neshi bereits in das Zimmer getreten. Er reichte dem vom Schlaf noch benommenen Wennofer eine versiegelte Papyrusrolle.

„Das ist eben von einem Boten abgegeben worden, Herr. Ich dachte, es sei vielleicht wichtig. Darum habe ich Euch gestört."

Unwirsch blickte Wennofer Neshi an, nahm dann jedoch die Rolle trotzdem in Empfang. Als er das Siegel sah, wich plötzlich der verschlafene Ausdruck aus seinem Gesicht. Hastig brach er das Siegel auf und begann zu lesen. Zufrieden lächelnd legte er die Rolle beiseite.

„Es ist gut, Neshi. Ich danke dir. Du kannst gehen."

Der Nubier entfernte sich.

„Weißt du, was das ist?" fragte er mich fröhlich.

Ich schüttelte den Kopf und betrachtete interessiert die Schriftzeichen auf dem Papyrus.

„Es ist die Zusage des Pharaos, meinem Sohn Siese das Amt des zweiten Propheten des Osiris zu übertragen. Außerdem kündigt Ramses seinen Besuch an. Er will im Tempel des Osiris opfern. Früher, als er noch Kronprinz war, kam Ramses oft nach Abydos, um die Bauarbeiten am Tempel zu überwachen. Doch in letzter Zeit sind seine Besuche seltener geworden. Die neue Hauptstadt, die Ramses hat erbauen lassen, liegt zu weit von Abydos entfernt", erklärte Wennofer.

„Ich möchte ihn auch einmal sehen, diesen Mann, von dem jeder spricht", bat ich.

Energisch schüttelte er den Kopf.

„Jeden Wunsch würde ich dir erfüllen, Sarah. Aber das kommt nicht in Frage. Ramses weiß schöne Frauen zu schätzen. Ich hätte dich sicher nicht mehr lange, wenn er dich zu Gesicht bekäme."

„Gut", sagte ich, während ich entschlossen die Papyrusrolle betrachtete. „Dann lasst mich Lesen und Schreiben lernen."

„Was?"

Wennofer brach in schallendes Gelächter aus.

„Was ist das für eine verrückte Idee von dir? Wozu willst du Lesen und Schreiben können?"

„Ich möchte es eben, Herr", beharrte ich. „Ihr habt es eben versprochen, mir jeden Wunsch zu erfüllen."

Verblüfft schaute Wennofer mich an.

„Du bist ein seltsames Mädchen, Sarah. Jede andere Frau hätte sich Kleider und Schmuck gewünscht. Nur du kannst auf solch einen Gedanken kommen. Ich begreife dich nicht. Manchmal fürchte ich sogar, dass der Tag kommt, an dem du mir über den Kopf wächst. Verrate mir, warum du gerade Lesen und Schreiben lernen willst."

„Weil ich mich langweile", antwortete ich ehrlich. „Ich kann nicht nur hier eingesperrt leben und darauf warten, Euch besuchen zu dürfen. Ich brauche etwas, das mich interessiert und beschäftigt, sonst werde ich noch verrückt."

Wennofer überlegte. Was ich sagte, hatte Sinn. Er begriff wohl, dass es vielleicht wirklich am besten war, mir eine Aufgabe zu geben, sonst würde ich mir über kurz oder lang selbst eine Beschäftigung suchen, die ganz anderer Natur wäre.

„Gut", sagte er schließlich. „Ich will deine Bitte erfüllen. Ich werde dir einen meiner Priester schicken, der dir beibringen kann, was du willst."

Ich bedankte mich. Im gleichen Augenblick betrat Sitamun das Zimmer, um mir beim Ankleiden zu helfen. Nachdem Wennofer gegangen war, erzählte ich ihr sofort die Neuigkeiten. Die Tatsache, dass Pharao Ramses nach Abydos kommen sollte, begeisterte Sitamun.

„Wenn du ihn einmal gesehen hast, wirst du ihn in deinem ganzen Leben niemals vergessen, Sarah. Sein Anblick bringt einem den Göttern ein Stück näher. Mag sein, dass er vielleicht wirklich ein Gott ist, wie es viele behaupten. Auf jeden Fall aber ist er ein Mann, der seinesgleichen sucht", schwärmte sie.

Ich zuckte nur mit den Schultern.

„Wennofer hat mir verboten, ihn zu sehen."

Sitamun lächelte mich listig an.

„Lass mich nur machen, mein Täubchen."

Dass ich von Wennofer die Erlaubnis erhalten hatte, Lesen und Schreiben zu lernen, war Sitamun hingegen gleichgültig. Sie verstand nicht, warum ich etwas lernen wollte, was ich in meinem Leben nie würde brauchen können.

„Nun, wenn es dir Freude macht, dann tue es eben", meinte sie nur.

Schon am nächsten Nachmittag brachte Wennofer einen jungen Priester ersten Grades mit, den er in mein Zimmer führte.

„Das ist Sarah", stellte er mich vor. „Ihr wirst du Unterricht erteilen."

„Ja, Herr", antwortete der Priester.

An mich gewandt fuhr er fort:

„Mein Name ist Senmut. Ich werde von nun an jeden Nachmittag kommen, um dir Lesen und Schreiben beizubringen, wie es der Oberpriester des Osiris mir befohlen hat."

Der Tonfall seiner Worte ließ keinen Zweifel darüber aufkommen, dass er diese Aufgabe nur sehr ungern übernommen hatte. Allein die Macht Wennofers veranlasste ihn, zu gehorchen.

„Ich freue mich", sagte ich daher kurz.

„Nun, dann lasse ich euch jetzt allein", sagte Wennofer.

Er schien zufrieden. Die Atmosphäre zwischen dem Priester und mir war frostig. Er brauchte keinen Grund zur Besorgnis zu haben. Trotzdem schickte er Sitamun zu uns ins Zimmer, um somit wirklich jede Möglichkeit einer Annäherung auszuschließen.

Die ersten Unterrichtsstunden verliefen in der gleichen, gespannten Stimmung. Senmut gab mir deutlich zu verstehen, wie viel Verachtung er der Hure des Oberpriesters entgegenbrachte. Doch mit der Zeit konnte er nicht umhin, sich einzugestehen, dass ich gute Fortschritte machte. Zweifel begannen seine vorgefaßte Meinung über mich ins Wanken zu bringen. Sein forschender Blick verriet mir seine Unsicherheit. Da er mir jedoch völlig gleichgültig war, tat ich nichts, was ihn zu einer Entscheidung hätte veranlassen können. Ich versuchte angestrengt zu lernen, was er mir vermittelte, um Vergessen und Ablenkung zu finden. Sein Respekt Wennofer gegenüber verbot ihm, mich zu fragen.

Dann kam der Tag, an dem Ramses Abydos besuchte. Schon am frühen Morgen verließ Wennofer das Haus, um die Vorbereitungen im Tempel zu überwachen. Bereits jetzt hatten sich erste Menschen auf den Straßen von Abydos versammelt, um einen Blick auf den Herrscher werfen zu können.

Gleich nachdem Wennofer gegangen war, kam Sitamun in mein Zimmer gelaufen. Sie brachte ein einfaches Leinenkleid mit, welches ich anziehen sollte. Niemandem fiel auf, dass wir gemeinsam das Haus verließen. Fast alle waren bereits unterwegs, damit sie einen günstigen Stehplatz für das bevorstehende Ereignis ergattern konnten. Der verbleibende Rest war zu sehr damit beschäftigt, seine Arbeit so schnell wie möglich zu erledigen, um dann ebenfalls dem Einzug des Pharaos beizuwohnen.

Ich folgte Sitamun durch die dicht gedrängte Menschenmenge, die eifrig bemüht war, ihren Stehplatz den Neuankömmlingen gegenüber zu verteidigen. Überall standen Soldaten herum, die das Geschehen überwachten und bei Auseinandersetzungen eingriffen. Wir näherten uns bereits dem Hafen, da endlich entschloss sich meine Führerin zu halten. Trotz lauten Protests zwängte sie sich durch die Reihe der Umstehenden, während sie mich an der Hand hinter sich herzog. Schließlich lächelte Sitamun mir zu. Sie war mit dem Platz, den sie errungen hatte, zufrieden.

Hier standen wir nun und warteten auf den Einzug des Pharaos. Die Zeit verstrich, doch nichts ereignete sich. Die Menschen um uns herum wurden unruhig, drängten und drückten noch mehr.

Endlich ging ein Raunen durch die Menge, welches besagte, dass das Schiff des Pharaos im Hafen angelegt hätte. Nun dauerte es nicht mehr lange, bis die ersten Soldaten kamen und sich einen Weg durch den Haufen bahnten. Dann kam der Zug des Pharaos. Allen voran schritt Wennofer mit ein paar seiner Priester, die zur Begrüßung des Pharaos am Hafen gewartet hatten. Ihnen folgten viele Würdenträger des Reiches, die den Pharao auf seiner Reise begleiteten. Und schließlich kam er selbst. Acht festlich gekleidete Männer trugen ihn auf einem offenen, thronähnlichen Sessel zum Tempel. Die Menschen um mich herum begannen zu jubeln. Auch Sitamun stimmte in das Geschrei mit ein.

Ich reckte mich empor. Dadurch gelang es mir, einen Blick auf den Herrn Ägyptens zu werfen. Unbeteiligt, fast starr, saß Ramses auf seinem Stuhl. Sein reicher Kopfschmuck erlaubte ihm wohl auch nicht, sich groß zu bewegen. Er trug die Atefkrone auf seinem Haupt, welche aus der Krone Oberägyptens bestand, die beidseitig biegsamen Federn hatte und auf zwei Widderhörner ruhte. Zwischen diesen glänzten eine Sonnenscheibe sowie die Uräusschlange. Sein gefalteter, durch einen breiten, goldenen Gürtel gehaltener Lendenschurz gab seinen breiten Oberkörper preis.

Zum ersten Mal in meinem Leben sah ich Ramses, und ich begriff, warum ihm die Herzen seines Volkes entgegenflogen. Allein sein Anblick übte eine magische Anziehungskraft auf die Menschen aus, der selbst ich mich nicht entziehen konnte. Mein Herz schlug schneller, sprang ihm entgegen, obwohl ich doch allen Grund hatte, diesen Mann für das, was er meinem Volk und mir angetan hatte, zu hassen.

Sitamun riss mich aus meinen Betrachtungen.

„Komm, Sarah", drängte sie. „Wir müssen gehen, sonst könnte deine Abwesenheit auffallen."

Zustimmend nickte ich, und gemeinsam erkämpften wir uns einen Weg durch die jubelnde Menge nach Hause.

An diesem Nachmittag empfand ich zum ersten Mal keine Lust, Senmuts Unterricht zu folgen. Als er kam, saß ich im Garten unter einem Schatten spendenden Akazienbaum. Ich war allein im Haus. Alle befanden sich in der Stadt. Sogar Sitamun hatte mich nur abgeliefert und war dann wieder gegangen. Senmut setzte sich zu mir und begann in der gewohnten Weise, Hieroglyphen auf eine Tafel zu schreiben, und ich versuchte, es nachzuschreiben. Doch schon bald schüttelte Senmut den Kopf.

„Was ist mit dir los, Sarah? Mir scheint, du hast heute keine rechte Lust."

„Du hast Recht. Ich bin nicht bei der Sache, " gestand ich.

„Würde es dir etwas ausmachen, den Unterricht heute ausfallen zu lassen?"

„Durchaus nicht", antwortete er und packte seine Tafeln wieder zusammen. Doch anstatt zu gehen, blieb er schweigend neben mir sitzen.

Fragend schaute ich ihn an.

„Was ist los? Willst du nicht auch in die Stadt gehen, dich amüsieren?"

„Wenn du nichts dagegen hast, würde ich gerne noch eine Weile bei dir sitzen bleiben."

Gleichgültig zuckte ich mit den Schultern.

„Wenn du willst."

Eine Weile saßen wir schweigend, ohne ein Wort zu verlieren. Schließlich brach Senmut die Stille, indem er die Frage stellte, die ihn schon lange beschäftigt haben muss.

„Warum bist du eigentlich hier, Sarah? Warum lebst du bei Wennofer?"

„Warum kommst du jeden Tag hierher und erteilst mir Unterricht, da du mich doch ganz offensichtlich verdammst?" erwiderte ich auf seine Frage.

„Ich brauche das Geld, das Wennofer mir dafür gibt. Meine Eltern sind arme Leute. Ich habe noch vier Geschwister. Da ist jede Kupferkite wichtig", antwortete Senmut. „Zumindest war das am Anfang der Grund. Heute komme ich eigentlich gern hierher. Ich unterrichte im Tempel Kinder reicher Leute. Doch all diese Kinder stellst du in den Schatten. Ich habe noch nie einen Schüler gehabt, der so rasch Fortschritte gemacht hat. Aber du hast meine Frage nicht beantwortete."

Ich zögerte einen Augenblick, dann entgegnete ich:

„Ich bin Wennofers Sklavin. Darum bin ich hier."

Ungläubig schüttelte Senmut den Kopf. Die Tatsache, dass wir allein waren, gab ihm wohl den Mut dazu.

„Etwas sagt mir, dass das nicht der einzige Grund ist, weshalb du deine Nächte mit dem Oberpriester verbringst."

„Vielleicht habe ich den gleichen Grund wie du", spottete ich. „Vielleicht zieht mich sein Reichtum an."

„Das glaubte ich am Anfang auch", gestand Senmut offen. „Aber inzwischen weiß ich, dass dies nicht der Grund sein kann. Ich habe den Schmuck gesehen, den er dir geschenkt hat. Du trägst ihn nie."

„Bitte." Ich sah ihn flehend an. „Lass uns von etwas anderem sprechen. Ich möchte nicht über Wennofer reden."

„Was ist los, Sarah, was hält dich bei ihm? Man müsste schon blind sein, um nicht zu sehen, wie unglücklich du bist."

„Ich möchte nicht darüber sprechen", fuhr ich ärgerlich auf.

„Was bindet dich an ihn? Sag es mir."

Ich sah ihn an, sah seine forschenden Augen auf mir ruhen und empfand plötzlich das tiefe Bedürfnis, einem Menschen meinen Kummer zu offenbaren. Tränen stiegen mir in die Augen.

„Er hat mich in der Hand", erzählte ich ihm. „Er hat das Leben meines Vaters auf dem Gewissen und kann das Leben meines Bruders jederzeit zerstören. Ich weiß, er würde nicht zögern, meinen Bruder zu vernichten, wenn ich ihm nicht gehorche."

Fassungslos starrte Senmut mich an.

„Aber das ist doch unmöglich. So gemein kann doch kein Mensch sein."

„Ich hätte es dir nicht sagen sollen. Es war ein Fehler." Ich stand auf, um ins Haus zu gehen.

„Sarah!" Senmuts Ruf hielt mich zurück.

„Sarah, ich will dir helfen."

Er trat auf mich zu.

„Du kannst mir nicht helfen. Niemand kann mir helfen. Misch dich nicht ein. Es würde dir nur schaden. Er ist reich und mächtig. Weder du noch ich sind ihm gewachsen."

Senmut schwieg, doch sein Blick verriet mir, dass er nicht gewillt war, die Angelegenheit auf sich beruhen zu lassen.

Ich ging, ließ ihn allein zurück. Wie oft habe ich mir später vorgeworfen, nicht mehr in ihn gedrungen zu sein, um das zu verhindern, was dann passierte. Das hätte ich gekonnt. Heute weiß ich, dass ich es gar nicht verhindern wollte. Ich hoffte, dass er etwas unternehmen würde, und mir war es gleich, welchen Preis dies kostete.

Am nächsten Nachmittag erschien Senmut zur üblichen Zeit, und wir fuhren mit dem Unterricht in der gewohnten Weise fort. Sitamuns scharfes Auge wachte über uns, und nichts erinnerte mehr an das vertraute Gespräch am Vortag. Aber in

Senmuts Augen las ich, dass er nichts von dem, was ich ihm erzählte, vergessen hatte. Und noch etwas wurde mir bewusst. Er liebte mich, und der Gedanke, mich von Wennofer missbraucht zu wissen, war ihm unerträglich. Die Tage verstrichen. Mit jedem Tag erkannte ich deutlicher, dass Senmut etwas plante. Wenn Wennofer ihn freundlich nach meinen Fortschritten fragte, sah ich Hass in den Augen des jungen Priesters blitzen. Manchmal sagte mir mein Gewissen, dass ich etwas tun müsste, um Senmut vor dem Unglück zu bewahren, auf das er zusteuerte. Doch jedes Mal siegte die Hoffnung in mir, es könnte ihm vielleicht gelingen, Wennofer zu beseitigen. Ich spürte, dass sich eine Wende in meinem Leben anbahnte, aber ich wusste nicht, wie sie aussehen würde.

Und eines Tages geschah dann, was ich bereits lange vorausgeahnt hatte. Wennofer betrat, gefolgt von Neshi, mein Zimmer zum Ende des Unterrichts. Er setzte sich schweigend auf einen Stuhl und wartete darauf, dass Senmut ging.

Senmut packte seine Tafeln zusammen und trat auf Wennofer zu, offenbar um sich zu verabschieden. Plötzlich und für alle unerwartet, zog er unter seinem Gewand einen Dolch hervor. Dann stürzte er sich auf den Oberpriester. Sicher wären Wennofers Stunden gezählt gewesen, hätte nicht Neshi die Situation blitzschnell erfasst und ihm den Dolch entwunden.

Völlig fassungslos starrte Wennofer auf den jungen Priester, der verzweifelt versuchte, sich aus den Armen des viel stärkeren Nubiers zu befreien. Als er endlich die Ereignisse ganz begriff, sah er mich zornig an.

„Das ist dein Werk, Sarah. Du hast ihn dazu angestiftet."

Ich schwieg betroffen. Zwar hatte ich Senmut niemals aufgefordert, derartiges zu tun, doch ich hatte die ganze Zeit gewusst, dass er es plante.

Wennofer trat auf den jungen Priester zu.

„So ist es doch. Sie hat gesagt, dass du dies tun sollst. Was hat sie dir dafür versprochen?"

„Nie hat sie etwas derartiges gesagt", verteidigte mich Senmut.

„Das glaube ich dir nicht."

Sein ganzer fetter Körper bebte vor Zorn, als er auf mich zukam. Seine Hände legten sich um meinen Hals und drückten zu. Wahrscheinlich hätte er mich erwürgt, wenn sich nicht Sitamun eingemischt hätte.

„Ihr irrt Euch, Herr", schrie sie und versuchte, Wennofer von mir fortzuziehen. „Ich war immer bei den beiden, wie ihr es befohlen habt. Nie ist auch nur ein Wort über Euch gefallen. Ich weiß nicht, was diesen Unglücklichen dazu bewogen haben mag, zu versuchen, Euch zu ermorden. Aber eins weiß ich bestimmt. Sarah hat ihn niemals dazu angestiftet. Vielleicht hat Eifersucht ihn dazu getrieben."

Wennofer ließ mich los. Nach Luft ringend, sank ich zu Boden.

„Ist das wahr, oder hast du dich mit den beiden gegen mich verschworen?"

„Wie könnt Ihr das glauben, Herr?" rief Sitamun empört. „Ihr kennt mich, Herr. Ich war immer eine treue Dienerin. Niemals würde ich etwas tun, das Euch schadet."

Begütigend lenkte Wennofer ein.

„Ich weiß. Verzeih mir. Ich habe es nicht so gemeint."

„Was soll nun werden?" fragte Neshi, der Senmut noch immer festhielt.

„Er muss vor Gericht gestellt werden, damit er seine gerechte Strafe bekommt", sagte Sitamun.

Wennofer schüttelte entschieden den Kopf. Ihn vor Gericht zu stellen, hätte bedeutet, auch meinen Fall zur Sprache zu bringen. Dies wollte er unbedingt vermeiden.

„Schaff ihn beiseite, Neshi. Es ist die Strafe, die er verdient hat. Um dies festzustellen, brauche ich kein Gericht."

Wortlos gehorchte der Nubier. Er stieß den Dolch, den er noch immer in der Hand hielt, tief in Senmuts Herz, ehe der Unglückliche richtig begriff, was man mit ihm vorhatte.

Entsetzt starrte ich auf den Leichnam des jungen Priesters.

„Es war Notwehr", stellte Wennofer fest, während er in mein bleiches Gesicht schaute. Ich sah den Zweifel in seinem Blick. Er wusste nicht, was er glauben sollte.

„Sarah", sagte er fast traurig. „Ich habe dich wirklich geliebt. Nie habe ich eine Frau mehr begehrt als dich. Aber jetzt muss ich mich von dir trennen. Der Tod Senmuts wird Aufsehen erregen. Man wird Fragen stellen. Du musst weg. Versprich mir, alles was geschehen ist, für dich zu behalten. Denk an deinen Bruder und dass ich ihn noch immer in der Hand habe", drohte er und fuhr dann nachdenklich fort: „Irgendwie habe ich immer gewusst, dass die Zeit mit dir beschränkt ist, dass ich dich irgendwann nicht mehr halten kann."

Er kam auf mich zu. Erschreckt zuckte ich zusammen in der Erwartung, dass er mich nun wirklich umbringen würde. Doch er rührte mich nicht an.

„Du weißt, was du zu sagen hast, wenn man dich danach fragt, was hier passiert ist. Senmut wollte mich töten. Neshi stürzte sich dazwischen. Beim Kampf fiel Senmut in den Dolch. Er war sofort tot. Kein weiteres Wort, sonst muss ich dich ebenfalls töten lassen."

Ich nickte stumm, während ich den leblosen Körper betrachtete. Ich hatte Senmut auf dem Gewissen. Es war meine Schuld, dass er tot war. Ich hätte es verhindern können, dass er etwas so Schlimmes tat. Ich ließ ihn sehend in sein Verderben laufen. Sein Blut klebte an meinen

Händen, das Blut eines völlig unschuldigen Menschen. Ich sagte aus, was Wennofer von mir verlangte.

Einige Tage später packte Sitamun meine Sachen zusammen. Wennofer hatte veranlasst, mich gegen eine Sklavin auszutauschen, die als Geschenk des Pharaos mit dem Schiff auf die Güter irgendeines Adligen Richtung Memphis gebracht werden sollte.

Weinend schloss mich Sitamun zum Abschied in die Arme. Sie war mir eine wirkliche Freundin gewesen. Sie begleitete mich zum Hafen und sah zu, wie ich das Boot bestieg, das mich einer ungewissen Zukunft zuführte.

## 4.

Fast vier Jahre war es her, dass man mich von Memphis nach Abydos brachte. Nun fuhr ich den gleichen Weg zurück. Mir schien es, als sei dies alles erst gestern gewesen, so greifbar nahe lag die Vergangenheit wieder vor mir. Trotzdem war es vier lange Jahre her, Jahre, die ich nie würde vergessen können. Erinnerungen tauchten auf, über die ich längst hinweg zu sein glaubte. Ich sah das Gesicht meines Vaters vor mir, das mich mahnte, zu Gott zurückzufinden. Ich spürte Jacobs Gegenwart, fühlte abermals seine

Hilflosigkeit den Ereignissen gegenüber, die so drohend vor uns lagen. Was mochte aus ihm geworden sein? Hatte er das Glück gefunden, das ich ihm so sehr wünschte, oder überschattete meine Existenz sein Dasein?

Quälender als diese alten Erinnerungen war eine frische Wunde in meinem Herzen. Der Gedanke an Senmuts Tod ließ mich keinen Schlaf finden. Anklagend starrten mich seine großen leblosen Augen an.

Damals fragte ich mich zum ersten Mal, ob es möglich wäre, dass ein vernichtender Fluch auf mir laste, der allen Menschen Unglück brachte, die mich liebten. Meine Mutter starb bei meiner Geburt. Tante Ruth hatte ihr Leben für meinen Hund geopfert. Mein Vater starb, weil ich mich weigerte, mit Wennofer zu gehen. Senmuts Liebe zu mir brachte ihm den Tod. In Augenblicken, in denen mich dieser schreckliche Gedanke beschlich, überkam mich eine unheimliche Furcht vor der Zukunft.

Während ich über derlei Dinge grübelte, verging die Fahrt in Windeseile. Als wir Memphis erreichten, erfasste mich eine neue, ganz andere Sorge. Ich begann, über meine Zukunft nachzudenken. Wer würde der neue Herr sein, der über mich verfügen durfte? Was erwartete mich hier, in Memphis? Würde ich endlich ein Leben in Ruhe und Frieden finden? Die Möglichkeit, einem neuen Wennofer zu begegnen, erschreckte mich.

Damals verabscheute ich die Männer. Nie hätte ich geglaubt, mich freiwillig einem Mann hingeben zu können, ja mich sogar nach seiner Liebe, seiner Zärtlichkeit zu sehnen. Die Abscheulichkeiten, die ich mit Wennofer getan hatte, sein fetter, hässlicher Leib, waren noch frisch in meinem Gedächtnis. Niemals mehr sollte ein Mann sich mir nähern, lieber wollte ich meinem Leben selbst ein Ende setzen.

Wie töricht ich doch noch war. Ich meinte, bereits alles erlebt zu haben und wusste in Wirklichkeit gar nichts. Der Bann der Liebe hatte mich bis dahin gemieden, noch kannte ich seine Macht nicht. Das Gefühl, zwischen Himmel und Erde haltlos zu schweben, auf ein Wort wartend, das alles entschied, welches einen entweder in die Lüfte hob oder aber in den Erdboden versinken ließ, war mir völlig fremd.

In Memphis kam ein älterer, bereits grauhaariger Ägypter an Bord des Schiffs. Vier andere Sklaven wurden ihm zusammen mit mir vorgeführt. Er betrachtete uns lange und gründlich, wie einer, der etwas von Sklaven versteht. Er schien zufrieden, denn schließlich nickte er.

„Ich bin Intef, der Gutsverwalter eures neuen Herrn, des Edlen Menna, der sich Freund des

Pharaos nennen darf", sagte er. „Er ist ein gerechter und großmütiger Herr, der die Treue seiner Sklaven belohnt."

Wir folgten Intef von Bord des Schiffs zu seiner Sänfte, die er bestieg.

„Wir haben einen langen Weg vor uns und müssen uns beeilen, wenn wir vor Einbruch der Dunkelheit das Gut erreichen wollen", erklärte er.

Wir liefen schweigend hinter seiner Sänfte her. Bald lag Memphis, die Stadt, die ein Tummelplatz der verschiedensten Völker war, weit hinter uns. Es war Mittagszeit. Sie Sonne sengte erbarmungslos auf uns herab. Überall waren Arbeiter auf den Feldern, die die Bewässerungsgräben mit Hilfe von Krügen mit Nilwasser füllten.

„Das ist bereits das Land eures Herrn", sagte Intef, wohl, um uns zu zeigen, welch ein mächtiger Mann Menna war.

Mit den letzten Sonnenstrahlen erreichten wir die Villa. Ganz weiß stand sie in einen Palmenhain eingebettet und war von einem prächtigen Garten umgeben, in dem Eiben, Pressen und Akazien standen. Eine Ringmauer umschloss das Anwesen, das außer dem Herrenhaus noch unzählige Unterkünfte für die Dienerschaft, mehrere Küchen und Vorratshäuser sowie die Stallungen umfasste.

Intef stieg aus der Sänfte, erteilte seine Befehle, die uns neue Sklaven betrafen. Die umstehenden

Bediensteten nahmen die vier anderen mit sich, führten sie zu ihrer Unterkunft. Nur ich war zurückgeblieben. Schweigend betrachtete mich Intef, nahm meine Hände in die seinen und sah sie kritisch an. Man sah ihnen an, dass sie lange keine harte Arbeit mehr verrichtet hatten.

„Komm mit", sagte er schließlich.

Ich folgte ihm in das Herrenhaus, in dem uns eine ältere Ägypterin entgegenkam und Intef begrüßte. Intef deutete auf mich.

„Das Mädchen überlasse ich dir. Sie soll im Haus helfen."

Die Alte musterte mich mit ihren scharfen Adleraugen, die wenig Freundliches verrieten.

„Nun ja", meinte sie skeptisch. „Wir werden sehen. Komm mit, ich zeige dir, wo du schlafen kannst."

Sie führte mich durch das Haus zu einer kleinen Kammer, in der zwei Betten standen. Auf dem einen Bett lag ein junges Mädchen, das vielleicht ebenso alt sein mochte wie ich.

„Das ist Seketa. Mit ihr wirst du die Kammer teilen. Seketa, nimm dich ihrer an und zeig ihr alles."

Mit diesen Worten ließ mich die Alte allein zurück.

Nachdem sie gegangen war, wandte Seketa sich an mich.

„Itis ist eine alte Giftschlange. Was man auch tut, ihr wird man nie etwas recht machen. Aber aus ihrem ständigen Geschimpfe darfst du dir nichts machen. Sie meint es gar nicht so böse, wie sie immer tut."

Wir sahen einander an und begannen gleichzeitig zu lachen. Es war Freundschaft auf den ersten Blick, die mich mit Seketa verband. Die Müdigkeit, die ich nach dem anstrengenden Tagesmarsch empfunden hatte, fiel von mir ab. Seketa zeigte mir das Haus und den Garten und führte mich zu den Stallungen. Vor den Pferdeställen blieb sie stehen.

„Das sind die Pferde unseres Herren", erklärte sie mir. „Sie sind sein ganzer Stolz. Er ist Wagenlenker des Pharaos, musst du wissen. Bestimmt gibt es in ganz Ägypten niemanden, der es besser versteht, mit Pferd und Wagen umzugehen, als er."

Bei diesen Worten trat ein Leuchten in ihre Augen, das mir ihr kleines Geheimnis verriet. Sie liebte diesen Herrn, der fern in Per-Ramses am Hof des Pharaos lebte und nur einmal im Jahr, zur Erntezeit, hierherkam.

Die Tage im Haus des Edlen Menna verliefen stets gleich. Zusammen mit Seketa scheuerte ich die Fußböden des Hauses, wusch Geschirr und Wäsche am Nil und half gelegentlich in der Küche. Itis machte mir das Leben nicht gerade leicht. Ihre ständigen Nörgeleien nahm ich mit der Zeit jedoch wirklich nicht mehr all zu ernst.

So näherte sich die Erntezeit, und mit ihr kehrte eine ungewöhnliche Geschäftigkeit in das Haus ein. Itis ließ uns in alle Ecken und Winkel kriechen, um das letzte bisschen Schmutz zu beseitigen. Dann endlich traf die Nachricht ein, auf die jeder im Haus wartete. Ein Bote kündigte die Ankunft des Edlen Menna für den nächsten Tag an.

Seketas Augen strahlten an diesem Abend. Sie war glücklich. Erschöpft saßen wir auf unseren Betten, denn Itis hatte uns den ganzen Tag durch das Haus gejagt.

„Sarah", sagte sie plötzlich. „Wenn du ihn siehst, wirst du mich verstehen. Man kann nicht anders, man muss ihn einfach lieben."

Und dann erzählte sie mir, was ich schon lange ahnte. Wenn der Herr im Hause weilte, teilte Seketa gelegentlich mit ihm das Bett. Ihr ganzes Sein richtete sich auf diese kurze Zeit des Jahres. Arme Närrin, dachte ich bei mir, du erblühst, um für einige Augenblicke die Langeweile deines Herrn zu vertreiben. Doch ich sagte kein Wort, um sie nicht zu verletzen. Trotzdem muss Seketa meine Bedenken gespürt haben.

„Warte nur, Sarah. Eines Tages wirst auch du wissen, was es bedeutet, zu lieben. Die Kälte, die dein Herz umgibt, wird schmelzen, und du wirst hoffnungslos im Strom deiner Gefühle treiben."

„Niemals wird das geschehen", prophezeite ich ihr selbstsicher. Damit war das Thema für mich abgeschlossen.

Am Abend des nächsten Tages kam der Edle Menna, Befehlshaber der Wagenlenker des Pharaos und Vorsteher der königlichen Pferde. Ich sah ihn aus der Ferne, wie er in Begleitung Intefs das Haus betrat. Die Neugier hatte mich getrieben, in der Nähe des Hauses seine Ankunft abzuwarten. Er war im besten Mannesalter. Sein Körper war schlank und muskulös, seine Haut braungebrannt. Er trug ein fein gefaltetes Lendentuch, das ein goldener Gürtel hielt. Auf dem Kopf hatte er eine kurze, militärische Perücke, seine Schultern bedeckte ein runder Kragen.

Ich sah ihn, und alles in mir veränderte sich. Hatte ich mir vorgenommen, ihn zu hassen, so musste ich nun über mich selbst lachen. Ja, er war ein Ägypter, doch gehörte er deshalb gleich jenen an, die eitel und selbstgefällig waren, die ihre Untergebenen auspressten, um ihren Reichtum zu mehren? Könnte es nicht sein, dass er wirklich gerecht und großmütig wäre, wie alle behaupteten? Ich fühlte, dass ich im Begriff war, gefährliche Pfade zu beschreiten. Eine innere Stimme warnte mich, aber ich schlug die Warnung in den Wind. Itis grelle Stimme rief mich in die Wirklichkeit zurück.

„Wo bleibst du, Sarah? Unser Herr hat eine anstrengende Reise hinter sich. Er ist hungrig. Wenn du weiter träumst, wird er heute nichts mehr zu essen bekommen."

Verfolgt von ihrem Gezeter lief ich in die Küche zurück, um zu helfen, die vielen Speisen serviergerecht auf Platten zu legen. Es war ein wahres Festmahl, das die Köchin zu Ehren des Herrn bereitet hatte. Gebratenes Fleisch und Geflügel standen in unzähligen Schüsseln bereit, ebenso wie Früchte und süße Naschereien. Der beste Wein war in Krüge gefüllt worden. Ein Diener kam und nahm die erste Platte mit sich, brachte sie Menna und Intef, die heute zusammen speisten. Nachdem das erste Gericht abgetragen worden war, wies Itis mich an, das bereitstehende silberne Gefäß in den Saal zu bringen, damit sich die Herren die Hände reinigen könnten.

Ich erbleichte. Bei dem Gedanken, diesem Mann, dem ich gehörte, von Angesicht zu Angesicht gegenüber zu stehen, schnürte sich mir die Kehle zusammen.

„Steh nicht dumm da und starr mich nicht mit deinen hübschen Kuhaugen an, sondern tu, was dir gesagt wird, sonst ist das Essen kalt", fuhr mich Itis an, da ich zögerte.

Ich nahm Schüssel und Leinentuch, wie mir befohlen war. Während ich eilig vorwärtsschritt, fühlte ich, wie mein Körper bebte. Ich war aufgeregt, ohne recht zu verstehen, warum. Freude und Angst fochten in meinem Herzen.

Ich betrat den Saal, in dem Menna und Intef an kleinen Tischen aßen und sich angeregt miteinander unterhielten. Ich wagte nicht, den Blick zu heben. Ich trat auf Menna zu, verneigte mich vor ihm und reichte ihm die Schüssel. Plötzlich erfasste seine Hand mein Kinn und zog meinen Kopf zu sich empor. Seine leuchtenden dunklen Augen sahen mich an. Ein warmes, gewinnendes Lächeln umspielte seinen kühn geschwungenen Mund.

„Sie ist Hebräerin und noch nicht lange bei uns", erklärte Intef.

„Wie ist dein Name?" fragte Menna.

„Sarah, Herr", antwortete ich.

Er nahm selbst das Leinentuch von meinem Arm, trocknete seine Hände und reichte es mir wieder. Ich war zu verwirrt gewesen, es ihm zu geben. Ich ging mit meiner Schüssel zu Intef, aber meine Gedanken blieben bei ihm. Seine warmen, dunklen Augen hatten die letzten Barrieren in meinem Herzen niedergerissen. Ich spürte sein Lächeln wie ein Streicheln auf meiner Haut, noch lange nachdem ich den Saal verlassen hatte. Eine Unruhe bemächtigte sich meiner, die den ganzen Abend über nicht mehr von mir wich. Wie oft ich an jenem Abend die Schüssel brachte, weiß ich nicht mehr. Ich tat es, ohne es wahrzunehmen.

Er schenkte mir keine Beachtung mehr. Dessen bedurfte es auch nicht. Etwas war mit mir geschehen, was ich für unmöglich gehalten hatte. Das Bild eines Mannes war in mein Herz gedrungen. Ich hatte mich verliebt.

Von meinen Gefühlen hin und hergerissen, ging ich erst spät in meine Kammer. Ich wusste, dass ich keinen Schlaf finden würde. Seketa saß angekleidet auf ihrem Bett. Ihr Anblick riss mich aus meinem Träumen. Ich begriff, dass sie darauf wartete, zu ihm gerufen zu werden. Mein Herz wurde schwer. Neid und Eifersucht ergriffen mich. Vergeblich versuchte ich, diese niederen Empfindungen zu verdrängen. Beschämt stellte ich fest, dass ich sie gestern noch ausgelacht hatte, und nun wünschte ich, an ihrer Stelle zu sein.

Ich täuschte Müdigkeit vor, legte mich ins Bett und tat, als ob ich schliefe. Ich wollte nicht mit ihr sprechen, solange ich nicht meine Fassung zurückgefunden hatte. Schlaflos lag ich in meinem Bett und grübelte über den dahingegangenen Tag und sein Folgen nach. Je länger ich mich besann, desto deutlicher erkannte ich, dass ich Seketa nichts von dem sagen durfte, was mich bewegte. Sie war meine Freundin, und ich wollte ihre Freundschaft nicht verlieren. Ich hatte mich in Menna verguckt, aber was bedeutete das schon? Niemals würde er meine

Gefühle erwidern. Warum sollte ich also unsere Freundschaft verderben?

Erst jetzt bemerkte ich Seketas Schluchzen. Ich öffnete die Augen und sah zu ihr hinüber. Sie saß auf dem Bett und weinte. Die ersten Sonnenstrahlen schienen bereits durchs Fenster. Niemand war gekommen, hatte sie gerufen. Tröstend legte ich meinen Arm um sie.

„Sicher wird er dich morgen rufen. Die Reise war anstrengend. Er war müde", versuchte ich ihr einzureden.

Seketa schüttelte nur traurig den Kopf.

„Nein, Sarah. Es ist vorbei. Er wird mich nicht mehr zu sich rufen. Eigentlich habe ich es schon gewusst, bevor er letztes Jahr zurück nach Per-Ramses ging. Trotzdem habe ich mich in der Hoffnung gewiegt, mich geirrt zu haben. Weißt du, er hat mir nie etwas vorgemacht. Er hat nie behauptet, für mich irgendetwas zu empfinden." Sie lächelte gezwungen.

„Was für eine dumme Sklavin ich doch bin. Du hast schon Recht, wenn du mich töricht nennst. Es ist wahnsinnig, sein Herz an etwas zu hängen, das einem nie gehören wird. Wir leben auf der einen Seite des Flusses, die Herren auf der anderen. Es gibt keine Brücke. Wer sich zu weit ins Wasser wagt, ertrinkt."

Wie recht sie mit dem hatte, was sie da sagte. Ich empfand aufrichtiges Mitleid für sie.

An diesem Tag ließ Menna Seketa zu sich rufen. Als sie zurückkam, verschleierten Tränen ihre Augen.

„Es ist, wie ich vermutete. Er sagte mir, dass es vorbei sei, dass ich ihn vergessen solle. Im Haus des Lebens in Memphis hat er alles veranlasst, um mir die Freiheit zu schenken. Ja, Sarah, ich bin keine Sklavin mehr. Ich kann gehen, wohin ich will, und tun, was mir beliebt. Trotzdem, so versicherte er mir, würde er mich gerne bei sich im Haus behalten."

„Ich freue mich für dich", entgegnete ich.

Verbittert sah Seketa mich an.

„Es ist der Lohn für meine Dienste. Was jedoch mit meinen Gefühlen ist, kümmert ihn nicht."

Sie starrte einen Augenblick vor sich hin.

„Ich weiß, ich bin ungerecht, aber es tut einfach noch zu weh. Obwohl ich es schon lange wusste, schmerzt es unendlich, wenn es ausgesprochen wird. Erspare dir solches Leid, Sarah. Bleib bei deinen Vorsätzen."

Oh Seketa, dachte ich bei mir, woher sollst du wissen, dass es dafür bereits zu spät ist.

Die Tage gingen dahin. Es ereignete sich nichts Besonderes. Menna ging oft mit aufs Feld, um beim Einbringen der Ernte zuzusehen, oder er vertrieb sich die Zeit mit der Jagd.

Die merkwürdige Bekommenheit, die mich in seiner Gegenwart ergriff, wich jedoch nicht von mir. Ich mied alle Menschen, selbst Seketa, so gut es ging, aus Angst, jemand könnte bemerken, was in mir vorging. In meiner freien Zeit zog ich mich ins Schilf am Nilufer zurück. Nur hier fühlte ich mich frei und unbeobachtet, durfte mich ungehemmt meinen verbotenen Träumen hingeben.

Eines Morgens erfuhr ich durch Itis, dass der Herr für die nächste Woche seine Abreise plante. Ein Schreck lähmte meine Glieder. Ich hatte völlig vergessen, dass er nur gekommen war, um dorthin zurückzukehren, wohin er gehörte, nach Per-Ramses, an den Hof des Pharaos. Dort war er zu Hause und nicht hier.

Auch an diesem Nachmittag saß ich am Nilufer und sah die grünen Fluten an mir vorüber gleiten. Ich fühlte einen unbeschreiblichen Schmerz in mir. Auch wenn ich kaum ein Wort mit ihm gewechselt hatte, so war er mir doch jeden Tag begegnet. Ich durfte ihn sehen, seine Nähe spüren. Nun sollte das vorbei sein für ein ganzes, langes Jahr. Ich wusste, ich war eine Närrin. Trotzdem vermochte ich mich der Torheit meines Herzens nicht zu entziehen.

„Willst du mir nicht verraten, wovon du träumst?"

Ich fuhr erschreckt zusammen, wandte mich um. Die Sonne blendete meine Augen. Erst als er auf mich zutrat und sich neben mich ins Schilf setzte, konnte ich ihn erkennen. Er lächelte mich an. Seine dunklen Augen ruhten auf mir.

„Sind die Träume einer Sklavin denn für Euch von Bedeutung, Herr?"

„Die deinen schon", erwiderte er. „Seitdem ich hier weile, habe ich dich niemals lächeln gesehen. Mir scheint, du kennst weder Freude noch Leid. Du meidest alle Menschen und vergräbst dich hier in der Einsamkeit. Warum, so frage ich mich. Was verbirgt sich hinter diesem schönen, kühlen, gleichbleibenden Gesichtsausdruck?"

„Nichts, das es wert wäre, sich darüber den Kopf zu zerbrechen", entgegnete ich ausweichend.

Aber er war nicht gewillt, sich damit zu begnügen.

„Sag mir, woher kommst du. Wer sind deine Eltern? Wem dientest du vor mir?"

Das Gespräch begann eine bedrohliche Wende zu nehmen.

„Bitte, Herr!" Ich sah ihn fest an. „Stellt mir keine Fragen. Meine Vergangenheit liegt in einem Dunkel, das kein Sonnenlicht jemals wieder beleuchten soll. Ich habe nichts Unrechtes getan, kann ich Euch versichern, falls es das ist, was Euch Sorge bereitet."

„Das habe ich auch nicht angenommen", antwortete er ruhig. „Ich verstehe nur nicht, warum ein so hübsches Mädchen wie du sich alle Freude, jedes Vergnügen versagt. Ist es dein Glaube, der dir das gebietet? Ich habe gehört, dass euer Gott so ganz anders ist als unsere

Götter. Eure Gesetzte sind streng und für einen Ägypter oft unverständlich."

„Ja, unser Gott ist anders. Ich kenne eure Götter und, verzeiht, wenn ich das sage, Herr, sie kommen mir menschlicher vor als die Menschen. Sie sind bestechlich, käuflich. Ihr Ägypter meint, ihr könntet durch irgendein Opfer ihre Gunst erwerben. Hilft euch der eine Gott nicht, so probiert ihr es mit dem nächsten. Alles lässt sich vergeben, vergessen, wenn nur das Opfer stimmt. Ich muss gestehen, dass ich das nicht begreife. Von unserem Gott sagt man, er schaue in die Herzen der Menschen. Er vergibt die schlechten Taten des Menschen nur, wenn dieser wirklich bereut und sich ändert. Kein Bildnis stellt diesen Gott dar. Er lebt in den Herzen der Menschen und in ihrem Glauben."

„Und du glaubst an diesen Gott?" fragte Menna.

Ich schüttelte ernst den Kopf.

„Nein, ich kann an ihn nicht mehr glauben. Wenn er ein so gerechter Gott ist, wie behauptet wird, warum lässt er dann zu, dass sein Volk versklavt wird? Er muss blind und taub sein, denn sonst könnte er nicht all das Unrecht geschehen lassen, das sich täglich ereignet."

Lange sah Menna mich prüfend an.

„Du trägst Hass in deinem Herzen", sagte er endlich. „Du hasst uns Ägypter. Ist das so?"

Verlegen blickte ich in die grünen Fluten des Nils, um seinen Blick nicht länger ertragen zu müssen.

„Ich muss gestehen, dass es Tage gab, an denen ich glaubte, jeden Ägypter zu hassen. Aber das ist nicht mehr so. Ich habe gelernt, zwischen gut und böse zu unterscheiden. In eurem Volk, Herr, gibt es nicht mehr schlechte Menschen als in meinem. Nur…"

Ich hielt plötzlich inne. Was ich sagen wollte, wäre zu ungeheuerlich gewesen. Überhaupt wurde mir bewusst, dass ich bereits zu viel gesagt hatte. Ich fragte mich, wieso ich mich so hatte vergessen können.

„Sprich weiter", forderte er mich auf.

„Nein, Herr. Verzeiht. Ich wollte Euch nicht erzürnen."

„Du hast mich nicht erzürnt."

Er lächelte mich freundlich an.

„Ich muss jetzt ins Haus zurückkehren, Herr."

Ich stand blitzschnell auf und wandte mich zum Gehen.

„Noch einen Augenblick, Sarah", rief er mich zurück. „Eine Frage beantworte mir noch. Hasst du mich?"

„Aber nein, Herr", antwortete ich. „Wie könnt Ihr das glauben?"

Ich ging. Je weiter ich mich von ihm entfernte, desto schneller wurde mein Schritt. Erst als ich am Haus angekommen war, hielt ich nach Atem ringend inne. Ich rief mir das gerade Erlebte ins Gedächtnis zurück. Es erschien mir wie ein Alptraum. Obwohl ich ihm nichts von mir erzählt hatte, beschlich mich die Angst, er könnte etwas ahnen, etwas entdecken. Woher wusste er von meinem Hass? Stand er mir im Gesicht geschrieben?

Ich ging an meine Arbeit. Doch meine Gedanken kreisten weiter um dieses merkwürdige Zusammentreffen. Irgendwie wurde ich das Gefühl nicht los, dass mehr als bloße Neugier dahintersteckte. Selbst Itis entging meine Verwirrtheit nicht.

„Fühlst du dich nicht wohl? Was ist mit dir los? Pass gefälligst besser auf, du ungeschicktes Ding", schalt sie, als ich beinahe einen Lehmkrug hätte fallen lassen.

Die Zeit verrann nur langsam. Ich sehnte mich nach der Abgeschiedenheit meiner Kammer, um in aller Ruhe meine Gedanken ordnen zu können, aber Itis ließ mich nicht entkommen. Sie fand immer neue Arbeiten, beschäftigte mich bis spät in den Abend hinein. Endlich schien sie zufrieden.

„Bringe dem Herrn noch einen Krug Wein in den Garten hinaus, dann kannst du zu Bett gehen."

„Kann das nicht jemand anderes tun?" wollte ich gegen ihren Befehl aufbegehren, aber ihr Anblick, herrisch und misstrauisch, erstickte meinen Widerspruch im Keim. Ich ging in die Küche, nahm einen Krug mit Wein und einen Becher. Zögernd trat ich in den Garten. Hier saß Menna fast jeden Abend auf einer Bank und genoss einen Becher Wein oder Bier, bevor er sich zur Ruhe legte.

Ich verneigte mich kurz, schenkte ihm den Wein in den Becher und wandte mich dann sofort wieder ab.

„Bleib noch einen Moment, Sarah."

Wie angewurzelt blieb ich stehen. Ich hatte Angst davor, er könnte versuchen, weiter in mich zu dringen, mich wieder mit unangenehmen Fragen zu belästigen, um zu erfahren, was ich vergessen wollte.

„Setz dich zu mir", forderte er mich auf, während sein Gesicht mich freundlich lächelnd einlud. Wieder ergriff mich diese merkwürdige Gehemmtheit, die ich immer in seiner Gegenwart empfand. Ich setzte mich neben ihn. Schweigend sahen wir einander an, bis er schließlich wieder das Wort an mich richtete.

„Ich bin sicher nicht der Erste, der dir sagt, dass du sehr schön bist."

Er hielt einen Augenblick inne, schien auf seine Frage jedoch keine Antwort zu erwarten.

„Ich weiß nicht, warum, Sarah, aber ich fühle mich von dir angezogen wie noch von keiner Frau vor dir. Ich habe versucht, mich dieses

Gefühls zu erwehren, doch es ist stärker als mein Wille."

Wieder zögerte er eine Weile, ehe er weiter sprach.

„Würdest du heute Nacht bei mir bleiben, wenn ich dich darum bitte?"

Verlegen senkte ich die Augen, um seinem forschenden Blick zu entgehen. So viele Gedanken stürmten gleichzeitig auf mich ein, dass mir schwindlig zu werden drohte. Erst nach einiger Zeit begriff ich richtig, was er mich gefragt hatte. Alles, wonach ich mich die ganze Zeit über gesehnt hatte, lag nun greifbar vor mir. Trotzdem zögerte ich. Die Angst, so wie Seketa verletzt zu werden, erfasste mich. Warum gerade ich? Sicher lagen ihm die Frauen in Per-Ramses zu Füßen, vornehme, edle Ägypterinnen. Ich fürchtete, seine Begierde nach mir entspringe nur einer plötzlichen Laune, die morgen vergessen sein würde.

„Sarah, willst du mir nicht antworten?"

„Warum befehlt Ihr es eurer Sklavin nicht einfach?" erwiderte ich.

Das Lächeln auf seinem Gesicht verschwand. Er wurde sehr ernst.

„Glaubst du, es könnte mir Freude bereiten, eine Frau im Arm zu halten, die meine Liebe nicht erwidert? Wenn du für mich nichts empfinden kannst, dann gehe jetzt, Sarah. Ich werde dir nicht böse sein und dich auch nicht wieder belästigen."

„Es ist nicht so, wie Ihr meint, Herr", wandte ich ein. „Ich glaube, ich bin in Euch verliebt, seitdem ich Euch das erste Mal begegnete. Aber gerade diese Verliebtheit flößt mir Furcht ein, denn sie kann keine Zukunft haben. Ich habe Angst…"

Sein Kuss, warm und zärtlich, verschluckte den Rest meiner Rede. Es war ein Kuss, der meine ganze verborgene Leidenschaft weckte. Ich brannte vor Sehnsucht nach ihm, vor Verlangen nach seiner Berührung.

Als sein Mund den meinen freigab, waren sämtliche Bedenken von mir zerstreut. Nur ein Wunsch beseelte mich. Ich wollte ihm gehören, ganz, nicht nur mit meinem Körper, sondern auch mit meinem Herzen.

„Mir ging es wie dir", gestand Menna. „Ich sah dich und war hoffnungslos verloren. Darum lass uns jetzt nicht an das Morgen denken. Heute leben wir, Sarah, jetzt, in diesem Augenblick. Die Zukunft kennen nur die Götter. Wir Menschen können sie planen, aber alles Vorausdenken nützt nichts, wenn die Götter es anders bestimmen. Komm!"

Er nahm mich auf den Arm, drückte mich vorsichtig an sich und trug mich durchs Haus in sein Schlafgemach.

Er ließ sich viel Zeit. Seine Hände entflammten meinen Körper, weckten eine Begierde in mir, die ich nie vorher gekannt hatte. Ich drängte mich ihm entgegen, um mein Verlangen zu stillen. Als ich glaubte, seine Zärtlichkeit nicht länger ertragen zu können, drang er endlich in mich ein. Sein Körper verschmolz mit dem meinen. Schließlich gipfelte unser Rausch in einer mir bis dahin völlig unbekannten Glückseligkeit.

Danach lagen wir eng umschlungen beieinander. Menna sagte mir, dass er sich bereits die ganze Zeit über nach mir gesehnt habe, doch meine Unnahbarkeit ihn abgeschreckt hätte. Er hatte befürchtet, von mir zurückgewiesen zu werden. Aus diesem Grund war er am Mittag zu mir ans Flussufer gekommen. Er hatte gehofft, herauszufinden, was in mir vorging. Aber, so vertraute er mir an, er wäre aus mir keineswegs klug geworden. Nur eins schien ihm danach festzustehen. Ich hatte einen Grund, sein Volk zu hassen.

„Lasst es uns vergessen, Herr", bat ich ihn. „Ihr habt gesagt, die Zukunft zählt nicht. Genauso soll es mit der Vergangenheit sein."

Er nickte, war einverstanden.

Im Morgengrauen erhob ich mich.

„Wo willst du hin, Sarah?" fragte er.

„Ich muss gehen, sonst weiß jeder im Haus, wo ich die Nacht verbracht habe."

Er lachte nur und zog mich wieder zu sich aufs Bett.

„Lass sie es wissen. Alle können es erfahren. Du gehörst zu mir."

Noch heute denke ich gerne an die Zeit zurück, die dann folgte. Es waren glückliche und unbeschwerte Tage, in denen nur die Gegenwart zählte. Menna verschob seine Abreise. Trotzdem wussten wir beide, dass das Ende in greifbarer Nähe lag, aber wir verdrängten die Gedanken daran. Wir genossen jeden Tag, als wäre es unser letzter. Und dann kam der Tag, der uns trennen sollte.

Die Nächte wurden bereits kühler. Überall im Haus stellten wir Feuerbecken auf, die wir abends anzündeten. Es war schon spät. Wir wollten gerade ins Bett gehen, da traf ein Bote des Pharaos ein, der Menna die Aufforderung überbrachte, unverzüglich an den Hof des Herrschers zurückzukehren.

Jetzt erzählte mir Menna, was ich die ganze Zeit über instinktiv gespürt hatte, die Drohung, der ich nur keinen Namen zu geben vermochte. Er hatte der Prinzessin Bent-Anat, der ältesten Tochter des Pharaos, die Ehe versprochen. Die Vermählung sollte nach der Rückkehr Mennas an den Hof stattfinden.

Schweigend nahm ich es zur Kenntnis.

„Sarah, so sag doch etwas. Ich will ja nicht gehen. Ich liebe dich."

Ich sah ihm an, dass er ehrlich meinte, was er sagte. Verzweiflung überschattete seine sonst so strahlenden Gesichtszüge.

„Ihr und ich, Herr, wir beide waren uns von Beginn an darüber im Klaren, dass unsere Beziehung nicht ewig währen würde. Ihr müsst in Eure Welt zurückkehren, und ich muss hier bleiben und versuchen zu vergessen. Ihr habt Eure Pflicht zu erfüllen und Euer Versprechen einzulösen."

„Wie kann ich das, Sarah? Wohin ich auch gehe, mein Herz bleibt bei dir."

Ich lächelte ihn an.

„Das glaubt Ihr vielleicht jetzt. Aber Ihr werdet mich vergessen. Was wiegt eine Hebräerin gegen die Tochter des Pharaos?"

„Ich werde dich nicht vergessen", sagte er fest.

Doch ich glaubte ihm nicht.

Schon am nächsten Morgen brach er auf, um nach Per-Ramses zurückzukehren. Mir fiel der Abschied doppelt schwer, denn ich musste ihn gehen lassen, ohne ihm das Geheimnis, das ich seit einiger Zeit wahrte, anvertrauen zu können. Ich war schwanger.

# 5.

Die Zeit verging, und mit ihr fiel es mir immer schwerer, meinen Zustand vor den anderen zu verbergen. Zweifel nagten an meinem Herzen. Je länger Menna in der Ferne weilte, umso weniger glaubte ich seinen Liebesbeteuerungen. Ich fühlte mich von ihm verraten, betrogen. Aus diesem Grund begann ich, das Leben, das in mir heranwuchs, zu hassen. Unruhig streifte ich durchs Haus und dachte darüber nach, welchen Ausweg aus meiner Lage ich finden könnte. Doch all meine Überlegungen endeten immer in der gleichen Ratlosigkeit. Mein Leib wuchs und mit ihm meine Schwermut. So entschloss ich mich eines Tages dazu, Seketa mein Geheimnis anzuvertrauen, um endlich mit einem Menschen über das, was mich bedrückte, sprechen zu können.

Schweigend hörte sie mir zu. Ich hatte befürchtet, sie eifersüchtig oder zornig zu machen, doch nichts dergleichen geschah. Sie legte nur tröstend ihre Hand in die meine.

„Mein Beispiel hätte dir eine Warnung sein sollen, Sarah. Es bringt nur Leid, sein Herz an einen Herrn zu hängen."

Ich nickte stumm, denn ich wusste, sie hatte Recht.

„Aber was soll ich jetzt tun? Bald wird jeder sehen, was mit mir ist", fragte ich schließlich voller Verzweiflung.

„Gar nichts kannst du tun, Sarah", antwortete sie ruhig. „Bringe dein Kind zur Welt und warte ab, was Menna dazu sagt, wenn er zurückkehrt. Sicher freut er sich über dieses Kind. Du musst wissen, die Prinzessin Bent-Anat ist unfruchtbar. Deshalb hat sie vor Jahren ein hebräisches Kind angenommen und lässt es wie ihr eigenes erziehen."

Nun verstand ich gar nichts mehr.

„Aber warum heiratet Menna diese Frau, wenn sie ihm keine Kinder schenken kann?"

„Oh, Sarah!"

Seketa lächelte mitleidig.

„Aus jedem Wort, das du sprichst, erkennt man deine Unwissenheit. Du bist keine Ägypterin und wirst die Ägypter deshalb nie verstehen. Ramses und Menna sind zusammen aufgewachsen, zusammen erzogen worden. Ihre Freundschaft ist so alt wie sie selbst. Es ist eine Auszeichnung, die Prinzessin zur Frau zu bekommen und somit in die königliche Familie aufgenommen zu werden. Außer ihrer edlen Herkunft muss die Prinzessin auch noch eine sehr schöne Frau sein, die gewiss ihre Reize für einen Mann wie unseren Herrn hat. Was bedeuten da Kinder? Die kann man von Mädchen wie dir und mir haben. Moralvorstellungen wie die deinen kennt man am

Hof des Pharaos nicht. Mit einer Sklavin ins Bett zu gehen, ist keinesfalls Ehebruch, sondern eine ganz alltägliche Sache und nicht weiter erwähnenswert."

Völlig gebrochen saß ich da. Nun langsam glaubte ich zu verstehen, was Menna zu mir getrieben hatte: der Wunsch nach einem Kind. Und ich war dumm genug gewesen, mich benutzen zu lassen. Er hatte meine Unwissenheit schamlos ausgenutzt, mich zu seinem gefügigen Werkzeug gemacht. Wut und Hass loderten in meinem Herzen auf. Wie nahe Liebe und Hass doch beieinander liegen, sich das eine Gefühl in das andere verwandelt! Ja, ich hasste ihn plötzlich und wollte mich für seinen Betrug an ihm rächen. Er sollte dieses Kind nicht bekommen, niemals.

Ich stand auf und verließ den Raum. Etwas in mir trieb mich voran, drängte mich dorthin, wo ich so oft gewesen und den grünen Fluten zugesehen hatte. Hier hatte ich das erste Mal mit ihm gesprochen, hatte das Verhängnis seinen Anfang gehabt. Es war frisch, das Wasser klar und kalt. Und wieder hörte ich das Wort „Niemals" in mir und spürte das kalte Wasser, die Woge, die über mir zusammenschlug. Dann umschloss mich eine erlösende Dunkelheit.

Als ich wieder zu mir kam, lag ich auf meinem Bett. Ich fröstelte und glühte vor Fieber. Seketa saß neben mir und streichelte meine Hand.

„Wieso hast du das getan?"

„Wie komme ich hierher?" fragte ich verstört.

„Ich hatte ein ungutes Gefühl, als du fort gingst. Darum bin ich dir gefolgt. Als du ins Wasser sprangst, rief ich um Hilfe. Ein Fischer war zufällig in der Nähe und hat dich herausgezogen. Das war dein Glück."

„Ob das Glück war, weiß ich nicht", antwortete ich.

Schon bald fiel ich wieder in einen tiefen Schlaf. Wochenlang lag ich da, schwebte zwischen Leben und Tod. In den wenigen Augenblicken, in denen ich das Bewusstsein wiedererlangte, sah ich Seketa an meiner Seite sitzen.

Bedauernd zuckte der Arzt bei jedem Besuch mit den Schultern.

„Ich habe getan, was ich kann. Meine Macht ist hier am Ende. Solange der Wille zu leben nicht in ihr ist, sehe ich kaum Hoffnung. Nur ein Wunder kann hier helfen."

Und dieses Wunder geschah. Es hatte sein Gesicht, seine Augen. Sie riefen mich in das Leben zurück, das ich so leichtfertig fortwerfen wollte. Er saß neben mir, lächelte mich an. Alle Zweifel, die mich gequält hatten, waren dahin. Es war nicht nötig, ein einziges Wort zu verlieren. Ich wusste auch so, dass ich töricht und dumm gewesen war.

Während ich langsam genas, begann ich, mir selbst Vorwürfe zu machen. In meiner blinden

Eifersucht hatte ich nicht nur mein Leben, sondern auch das meines Kindes aufs Spiel gesetzt.

Der Arzt, der auf Geheiß Mennas jeden Tag nach mir sah, war mit meinem Zustand bald zufrieden und erlaubte mir, das Bett täglich für einige Zeit zu verlassen. Mein Leib war nun rund gewölbt, doch ich schämte mich meines Zustandes nicht mehr. Er war da, es war sein Kind, und darum wollte ich dieses Kind lieben.

Menna begleitete mich oft auf meinen Spaziergängen, aber keiner wagte es über das, was geschehen war, zu sprechen.

Endlich fasste ich den Entschluss, die Sache zur Sprache zu bringen, denn das hartnäckige Schweigen wurde mir immer unerträglicher.

„Ich weiß, dass ich dumm gehandelt habe. Ich habe mich so allein und verlassen gefühlt. Plötzlich stellte ich alles in Frage, was mir vorher so sicher schien. Und dann sah ich einfach keinen anderen Ausweg mehr. Doch jetzt ist es vorbei. Ich werde das nie wieder tun", versicherte ich. „Kehrt zurück an den Hof des Pharaos, zurück zu Eurer Gemahlin, Herr."

Menna sah mich lange an. Seine warmen, braunen Augen weckten wieder jenes Gefühl in mir, dass ich so gerne vergessen wollte. Als er schließlich zu sprechen begann, war seine Stimme ungewöhnlich ernst und bestimmt.

„Ich hatte vor zu warten, bis du wieder ganz gesund bist, Sarah. Aber vielleicht ist es auch jetzt schon an der Zeit, dir zu sagen, warum ich zurückgekommen bin. Setzen wir uns auf die Bank."

Gehorsam folgte ich ihm zur Bank, setzte mich an seine Seite. Angst übermannte mich, ohne dass ich die Ursache dafür erkennen konnte.

„Ich habe die Prinzessin Bent-Anat nicht geheiratet und werde es auch nicht tun. Ich hatte viel Zeit, über alles nachzudenken, Sarah. Es ist einfach falsch, eine Frau zu heiraten, die man nicht liebt, selbst wenn diese Frau die Tochter des Pharaos ist. Ich liebe dich, und deshalb will ich dich zur Frau nehmen. Aus diesem Grund bin ich zurückgekommen."

Fassungslos starrte ich Menna an.

„Das ist nicht wahr", antwortete ich.

„Ich glaubte auch erst, dass es unmöglich sei", gestand Menna. „Ich fühlte mich an mein Wort gebunden. Doch ist es nicht besser, einen falsch eingeschlagenen Weg zurückzugehen, anstatt wissend ins Unglück zu laufen? Du wirst meine Frau, und das Kind, das du trägst, wird ganz offiziell mein Kind sein."

„Dieses Kind ist Euer Kind, Herr, auch wenn Ihr mich nicht zur Frau nehmt", wandte ich ein.

„Mir scheint, du willst mich nicht verstehen."

„Doch, ich verstehe Euch gut, Herr, und ich bin Euch unendlich dankbar. Trotzdem darf ich Euch nicht zum Mann nehmen. Was wisst Ihr von mir, Herr? Nichts! Ihr wisst nicht, wer ich bin, noch woher ich komme. Ich bin Eurer nicht würdig, in keiner Beziehung. Es kann und darf nicht sein. Niemals!"

„Du liebst mich nicht."

Enttäuschung lag auf seinen Gesichtszügen. Er hatte gehofft, mich glücklich zu machen, stattdessen lehnte ich ihn ab.

„Gerade, weil ich Euch aufrichtig liebe, darf ich dieser Verlockung nicht nachgeben. Da ist etwas, das ich nicht erklären kann. Ich spüre es deutlich, auch wenn es sich jeder Vernunft entzieht. Wenn ich Euch heirate, werde ich Euch unglücklich machen."

Lachend schüttelte Menna den Kopf.

„Vertreibe diese Hirngespinste, Sarah. Seit ich dich kenne, weiß ich, dass es für mich keine andere Frau geben kann. Was einmal gewesen ist, ist mir gleichgültig. Nur das heute zählt, Sarah. Und von jetzt an auch das Morgen, unsere gemeinsame Zukunft."

„Nein, so leicht kann ich mir das nicht machen. Meine Vergangenheit ist ein Teil von mir, die mich nie loslassen wird."

Leicht ärgerlich erwiderte Menna:

„Wenn es etwas gibt, das dir so wichtig erscheint, dann sage es mir. Du wirst sehen, dass es mir nichts bedeutet. Wenn du es mir nicht anvertrauen willst, dann behalte es für immer für dich. Begrabe das, was gewesen ist, und denke nur noch an die Zukunft, an unsere Zukunft und die unseres Kindes."

Ich rang innerlich mit mir. Sollte ich ihm sagen, dass ich die Hure des Oberpriesters Wennofer gewesen war? Nein, das konnte ich nicht. Also schwieg ich, obwohl ich schon damals wusste, dass es falsch war. Was alles hätte ich mir ersparen können, wie viel Böses wäre nicht geschehen, hätte ich in diesem Augenblick die Wahrheit gesagt. Doch ich betrog mich selbst, gab mich der unseligen Hoffnung hin, die Vergangenheit abschütteln zu können.

So zerbrachen wir nach ägyptischer Sitte gemeinsam den Krug, wurden Mann und Frau.

Kurze Zeit später gebar ich ein Mädchen, das wir Tamid nannten. Allein dieses lebendige, kleine Wesen schien mir eine Rechtfertigung für die Lüge zu sein, mit der ich lebte. Wie konnte ich damals ahnen, dass gerade Tamid ein Opfer dieser Lüge werden sollte. Menna strahlte vor Glück. Stolz nahm er die Kleine auf den Arm, wiegte sie in den Schlaf.

Alles war offensichtlich vollkommen, und trotzdem fühlte ich, dass etwas dieses Glück überschattete.

Was dieses Etwas war, erfuhr ich erst, als ich Menna die Frage stellte, wann er nach Per-Ramses an den Hof des Pharaos zurückkehren wolle.

„Irgendwann musst du es doch erfahren, Sarah", sagte Menna.

„Ramses hat mich auf mein Gut verbannt, nachdem ich ihm sagte, dass ich dich heiraten werde. Erst hielt er es für einen Scherz, dann wurde er ernst und versuchte, mir das ganze auszureden. Nachdem er damit keinen Erfolg hatte, wurde er zornig."

„Ich habe gewusst, dass ich Unglück über dich bringen werde", antwortete ich tonlos. „Du siehst, es hat bereits begonnen."

Zärtlich nahm Menna mich in den Arm.

„Was bedeutet mir Ramses, wenn ich dich habe?"

Ich wusste, er log. Ich fühlte, wie sehr er das bunte Treiben des Hoflebens vermisste. Das Landleben, das ihn zur Untätigkeit verdammte, langweilte ihn bereits. Doch ich schwieg. Es war zu spät. Ich konnte es nicht mehr ändern.

Gelegentlich empfingen wir Gäste, Freunde Mennas aus Per- Ramses. Bei jeder Ankündigung eines solchen Besuches sah ich in Mennas Augen Hoffnungsfunken, die Erwartung, endlich die Erlaubnis zu erhalten, in die Hauptstadt zurückkehren zu dürfen. Doch Ramses blieb unversöhnlich.

Gemeinsam sahen wir Tamid heranwachsen, verfolgten ihre ersten, kleinen, unbeholfenen Schritte, die sie im Garten machte. Schon bald konnte ich Menna anvertrauen, dass ich wieder ein Kind erwartete. Er freute sich, doch seine Unruhe blieb. Manchmal raste er den ganzen Tag wie ein Besessener mit dem Streitwagen durch die Gegend, aber auch das vermochte seine Unruhe nur für kurze Zeit zu zügeln. Jedes Mal, wenn ich ihn darauf ansprach, ihm vorschlug, nach Per-Ramses zu gehen und den Pharao um Verzeihung zu bitten, wurde er böse und lehnte entschieden ab.

„Das ist eine Sache zwischen Ramses und mir, von der du nichts verstehst, Sarah", sagte er.

Ich kam zum zweiten Mal nieder, gebar einen Sohn. Noch völlig erschöpft von der schweren Geburt sah ich Menna glücklich an. Ich hatte mir nichts sehnlicher gewünscht als diesen Sohn, in der Hoffnung Menna dadurch eine Aufgabe zu geben, die ihn befriedigen würde, die Erziehung eines Sohnes.

Seketa legte ihm den Knaben in den Arm, und ich sah die Freude, die ihn erfasste. Dieser Moment schien abermals meine Handlungsweise zu rechtfertigen.

In diesem Augenblick stürzte Intef fassungslos ins Zimmer.

„Verzeiht, Edler Menna, wenn ich Euch jetzt störe, aber…"

Er stockte, so, als könne er selbst nicht glauben, was geschehen war.

„Der Pharao ist da. Er wünscht Euch zu sprechen."

Erst sah Menna Intef ungläubig an, doch dann gab er Seketa den Knaben zurück und ging.

Ich blickte ihm nach, und zum ersten Mal seit Jahren betete ich wieder. Ich flehte zu Gott, Ramses möge Menna verzeihen.

Einige Minuten lag ich wie erstarrt in meinem Bett. Doch meine Unruhe trieb mich vorwärts. Ich musste wissen, was zwischen Ramses und meinem Mann gesprochen wurde. Mennas Bericht durfte ich in diesem Fall wenig Glauben schenken. Er würde mir alles Unangenehme verschweigen. So richtete ich mich auf, um das Bett zu verlassen. Erschreckt sah mich Seketa an. Sie schien zu ahnen, was ich vorhatte.

„Nein, Sarah. Das darfst du nicht. Du musst liegen bleiben."

„Versteh doch", versuchte ich ihr zu erklären. „Alles hängt von diesem Gespräch ab. Menna ist hier nicht glücklich. Irgendwann wird er mir dafür die Schuld geben, dass er hierher verbannt wurde, fern von all dem leben muss, was eigentlich Bedeutung für ihn hat. Er gehört an den Hof des Pharaos und nicht auf dieses Gut."

Ich erhob mich, ging langsam Schritt für Schritt voran. Das Laufen bereitete mir große Schmerzen. Plötzlich legte Seketa meinem Arm über ihre Schulter, stützte mich. Gemeinsam betraten wir das Zimmer, das neben dem Empfangssaal lag. Von hier aus war das Gespräch gut zu verfolgen. Seketa zog einen Stuhl heran und half mir, mich niederzusetzen. Dann wandte sie sich zum Gehen.

„Bitte, bleib", bat ich sie, denn ich wollte jetzt nicht allein sein. Sie nickte, setzte sich zu mir.

Ich hörte seine Stimme, die Stimme des Mannes, dessen Gesicht ich irgendwann einmal aus der Ferne gesehen hatte. Ich erinnerte mich, welch tiefen Eindruck er damals auf mich gemacht hatte.

„Ich komme nicht als Pharao zu dir, Menna, sondern als dein Freund", hörte ich ihn sprechen. Eine Zeit lang trat Schweigen ein. Schließlich sprach Ramses weiter.

„Du hast diese Sklavin also wirklich geheiratet. Ich versuchte, es zu verstehen, aber ich konnte es nicht. Was für einen Grund hattest du dazu? Sie war deine Sklavin. Du hättest sie jederzeit haben können. Bent-Anat hätte das gewiss nicht gestört. Aber anstatt die Dinge so zu belassen, wie sie gehören, zogst du es vor, alles auf den Kopf zu stellen. Du weist die Hand meiner Tochter zurück, ziehst ihr eine hebräische Hure vor. Damit hast du nicht nur Bent-Anat, sondern auch mich beleidigt. Sind nicht alle Weiber ausgezogen gleich? Was soll an dieser Sklavin so anders sein? Wiegt sie wirklich das Opfer auf, das du ihr gebracht hast? Oder hast du es vielleicht längst bereut? Trenne dich von ihr und du kannst an den Hof zurückkehren."

„Verzeiht, Majestät", antwortete Menna ruhig. „Aber diese Hure, wie Ihr sie zu nennen pflegt, ist meine Frau und wird es bleiben."

„Ich komme hierher, zu dir, um dir die Hand zu reichen, und du weist mich zurück."

Zorn lag in der Stimme des Pharaos. Es trat wieder eine längere Pause ein. Die knisternde Spannung, die im Nebenraum herrschte, übertrug sich auf mich.

Es dauerte eine ganze Weile, bis Ramses weitersprach. Seine Stimme klang etwas versöhnlicher.

„Vermisst du nicht auch die schönen Zeiten, die wir miteinander hatten? Ja, Menna, ich sage es dir ehrlich, ich vermisse dich. Ich will, dass du zurückkommst. Wenn dir soviel daran liegt, behalte sie. Aber komm zurück."

„Heißt das, Majestät, dass Ihr bereit seid, sie als meine Frau anzuerkennen und zu empfangen?"

„Bist du verrückt geworden?" brauste Ramses auf. „Das ist unmöglich. Selbst wenn ich es dir zuliebe tun würde, was glaubst du, würde mir Bent-Anat für eine Szene machen, wenn ich diese hebräische Sklavin im Palast empfinge? Nimm sie mit, wenn du nicht auf sie verzichten kannst, aber halte sie von meinem Hof fern. Einverstanden?"

„Wo meine Frau nicht willkommen ist, bin es auch ich nicht, Majestät. Ich hoffte an dem heutigen Tag, an dem mein Sohn geboren wurde, mich auch mit Euch aussöhnen zu können. Doch dies ist wohl leider nicht möglich."

„Jetzt reicht es mir", schrie Ramses wütend.

Ich hörte seine Schritte. Sie wurden immer leiser. Er ging. Verzweifelt fragte ich mich, warum Menna so hartnäckig auf etwas bestand, das doch keine Bedeutung hatte. Nun war es vorbei. Ramses war fort und Menna würde weiterhin seine Zeit auf diesem Gut verbringen müssen.

Doch Ramses ging nicht. Er kam zurück.

„Also gut", sagte er etwas ruhiger. „Um unserer alten Freundschaft willen werde ich deine Bitte erfüllen. Aber eins sollst du wissen. Bis heute stand ich in deiner Schuld. Du hast mir in der Schlacht von Kadesch das Leben gerettet. Nun ist die Schuld mehr als nur beglichen. Und noch etwas will ich dir sagen. Du glaubst, es dient der Wiederherstellung deiner Ehre, diese Hebräerin als deine Frau bei Hof einzuführen. Aber hast du dich auch einmal gefragt, was mit ihr ist? Sie wird nur Feinde haben, das ist sicher. Und mich kannst du als allerersten nennen. Ich werde sie empfangen, doch Entgegenkommen kannst du von mir nicht erwarten."

Ich hatte genug gehört. Seketa half mir zurück ins Bett. Niemand hatte etwas bemerkt.

Ich fühlte mich elend. Ob es daher kam, dass ich zu früh aufgestanden war, oder ob in dem belauschten Gespräch die Gründe dafür zu suchen waren, wusste ich nicht. Mir war nur eines klar geworden. Ramses hatte mir den Kampf angesagt. Menna hatte er verziehen. Doch mir würde er nie vergeben. Es war ein ungleicher Kampf, in dem ich mit Sicherheit unterliegen musste.

Ich betrachtete das kleine Wesen, das da friedlich in seinem Binsenkörbchen neben mir schlief. Es war mein Sohn. Sein Anblick gab mir neuen Mut. Schon um meiner Kinder willen durfte ich nicht einfach aufgeben. Ich dachte an meinen Vater, der sich stets ergeben in sein Schicksal gefügt hatte. Nein, so schwor ich mir, ich wollte mich nicht einfach ergeben. Ich wollte nichts mehr hinnehmen, war entschlossen, mich zu verteidigen. Zwar hatte ich nicht die geringste Vorstellung davon, wie mir dies gelingen sollte. Ich sah, wie schon so oft in meinem Leben, das Dunkel, das vor mir lag. Nur dieses Mal gedachte ich nicht, mich damit abzufinden.

Als Menna zu mir kam, strahlte er vor Freude.

„Ich habe mich mit Ramses versöhnt", erklärte er mir. „Sobald du wieder bei Kräften bist, werden wir abreisen."

„Warum gehst du nicht allein und lässt mich hier?"

Ich versuchte ein letztes Mal, die drohende Herausforderung abzuwenden, obwohl ich genau wusste, dass es vergebens sein würde.

„Du und die Kinder, ihr gehört zu mir, Sarah. Wo ich bin, sollst auch du sein."

Ich nickte stumm. Ich hatte keine andere Antwort erwartet.

Menna merkte, dass ich mir Sorgen machte, denn er sagte plötzlich: „Du brauchst keine Angst zu haben, Sarah. Dies alles ist neu und fremd für dich. Aber du wirst dich schnell zurechtfinden. Vergiss nie, dass ich dich liebe. Wenn du dich noch so verloren fühlst, du hast mich an deiner Seite."

Ich entgegnete nichts. Seine Freude ließ ihn blind der Wirklichkeit gegenüberstehen. Hätte ich ihm diese Freude zerstören sollen? Was hatte er nicht alles für mich auf sich genommen? Nun war es an der Zeit, dass ich etwas für ihn tat.

Vier Wochen nach der Zusammenkunft mit Ramses brachen wir auf. In Memphis bestiegen wir ein Schiff, das uns nach Per-Ramses bringen sollte. Menna brannte vor Ungeduld. Die Zeit schien ihm nicht vergehen zu wollen. Wie sehr er das Leben am Hof vermisst hatte, wurde mir erst jetzt richtig bewusst.

Ich hingegen konnte seine Freude nicht teilen. Je weiter ich mich aus der vertrauten Umgebung entfernte, desto größer wurde meine Angst. Welch sagenhafter Aufstieg hinter mir lag! Ich, Sarah, Tochter eines hebräischen Hirten, war die Gemahlin eines der edelsten und reichsten Männer Ägyptens geworden. Ich hatte zwei gesunde Kinder und stand in der Blüte meines Lebens. Ich war damals vierundzwanzig Jahre alt. Und dies alles verdankte ich einzig Mennas Liebe zu mir. Mennas aufrichtige Zuneigung hatte meine Bitterkeit vertrieben. Die Geburten meiner beiden Kinder hatten mich reifen lassen. Die Furcht vor Ramses verlieh mir eine Entschlossenheit, die sich in meinen Gesichtszügen widerspiegelte.

So näherten wir uns Pithom, der Stadt, in der ich meine Jugend verbracht hatte. Eine merkwürdige Beklommenheit erfasste mich. Ein unwiderstehlicher Drang erfasste mich, dorthin zurückzukehren, wo ich so viele Jahre gelebt hatte. So verließ ich unter dem Vorwand etwas einkaufen zu müssen, in Begleitung Seketas das Schiff. Menna war die Unterbrechung der Reise zwar unlieb, trotzdem gab er meiner Bitte nach.

Gemeinsam mit Seketa schlenderte ich am späten Nachmittag über den Markt, erhandelte einige Stoffe. Schließlich konnte ich meine Ungeduld nicht länger zügeln.

„Warte hier auf mich", sagte ich zu Seketa. „Ich komme bald zurück."

„Ich soll bei dir bleiben, Sarah", erwiderte Seketa.

„Trotzdem! Warte hier auf mich. Ich bin bald wieder zurück. Ich habe etwas zu erledigen, was sehr wichtig für mich ist. Und bitte", bat ich sie, „sprich mit niemandem darüber."

Noch ehe sie protestieren konnte, war ich verschwunden. Bald lag der Markt hinter mir. Ich befand mich im hebräischen Teil der Stadt. Ängstlich zog ich das Tuch, das ich vor meinem Gesicht hielt, höher, aus Furcht, mich könnte jemand erkennen.

Nichts hier hatte sich verändert. Mir war, als wäre die Zeit an diesem Ort stehen geblieben. Ich kam zu dem Haus, in dem ich einmal gelebt hatte. Ich sah Esther, die ihr Geschirr in einen Korb gepackt zum Wasser trug. Zwei Knaben folgten ihr. Und plötzlich war er da. Er trat aus dem Haus, stand mir für einen Augenblick fast gegenüber – Jacob. Ich wollte auf ihn zugehen, ihn in die Arme schließen, doch ich tat es nicht.

Auch Jacob stutzte, sah mich einen Moment verwirrt an. Dann wandte er sich von mir ab. Er hatte mich nicht erkannt. Nichts erinnerte mehr an die Sarah von früher. Mein Aussehen glich dem einer Ägypterin, mein Tuch verhüllte mein Gesicht.

Jacob hatte sich kaum verändert. Nur in seinen Gesichtszügen fand ich eine Bitterkeit, die früher nicht darin gewesen war.

Ich ging weiter, suchte den Weg zurück. Ich hatte bereits das Hebräerviertel verlassen, da kam mir die Idee. Ich hielt einen kleinen Jungen an, der mir über den Weg lief.

„Kennst du Jacob und dessen Weib Esther?" fragte ich den Knaben.

Er nickte.

Ich gab dem Knaben eine Kupferkite.

„Gehe zu Jacob und sage ihm Grüße von Sarah."

Ich konnte dem Drang, ihn wissen zu lassen, dass es mir gut ging, einfach nicht widerstehen. Eine Zeitlang blickte ich dem davonlaufenden Kind nach, bis es verschwunden war. Dann suchte ich Seketa. Gemeinsam kehrten wir zum Schiff zurück. Sofort wurden Segel gesetzt. Wir fuhren nach Per-Ramses weiter.

Kurz nach dem Nachtmahl stand ich auf, um mich zu Bett zu begeben.

„Fühlst du dich nicht wohl?" fragte Menna. „Du hast gar nichts gegessen?"

„Mir geht es gut."

Ich lächelte ihn an.

„Ich bin nur müde."

Ich ging zu Bett. Schlaf fand ich in dieser Nacht jedoch nicht. Die Vergangenheit stand lebendiger denn je vor mir. Ich war Sarah. Ich war eine Hebräerin. Deshalb gehörte ich nicht nach Per-Ramses. Dies empfand ich plötzlich ganz deutlich.

Am Morgen des achten Tages erreichten wir Per-Ramses, die Hauptstadt Ägyptens, die Stadt, die Ramses hatte erbauen lassen. Es war keine

Stadt für das Volk, es war eine Stadt für seinen König.

„Was du im Westen siehst, das große Gebäude, das ist der Amuntempel", erklärte Menna. „Daneben steht der Ptahtempel. Dort drüben, im Süden, befindet sich der Sethtempel und im Osten der Anattempel. Und das dort", seine Augen begannen zu leuchten, „in der Mitte der Stadt, das ist der Palast des Pharaos."

Wir verließen das Schiff, zogen in Mennas Haus, das unweit des Palastes stand. Es war viel größer und prächtiger ausgestattet als das Haus, das wir in Memphis bewohnt hatten. Trotzdem fühlte ich mich hier nie richtig wohl, sehnte mich immer nach dem friedlichen Landleben zurück. Dort war ich glücklich gewesen. Hier würde ich es niemals werden können. Ich ließ mich nicht von Luxus und Reichtum dieses Ortes blenden. Ich spürte die Drohung, die von dieser Stadt ausging, ahnte die Falschheit, die sich hinter der schönen Fassade verbarg.

6.

Wer war Ramses eigentlich? Wie oft habe ich mir diese Frage gestellt. Antworten habe ich nie darauf gefunden. Nur soviel weiß ich mit Sicherheit zu sagen. Ramses war der selbstsüchtigste Mensch, der mir jemals begegnet ist. Für ihn zählte nur die eigene Person. Sein Wille war Gesetz. Widerspruch duldete er nicht. Er konnte hart und grausam sein. Doch er konnte ebenso Gnade üben. Dies tat er jedoch meistens dann, wenn er sich davon einen Vorteil versprach.

Ramses war nie ein Mensch, der etwas lange plante. Er handelte stets spontan, impulsiv, verließ sich bei allem auf sein Gefühl. Und immer stand das Glück auf seiner Seite, bewahrte ihn vor dem Schaden, den ihm seine Unüberlegtheit hätte einbringen können. Was Ramses auch anfasste, es gelang ihm. Das stärkte sein Selbstbewusstsein so sehr, dass sein Größenwahn mit zunehmendem Alter ins Unermessliche wuchs.

Ramses war gewiss der verdorbenste Mensch seiner Zeit. Er kannte keine Moral. Er war völlig unfähig, einem anderen wahre Empfindungen entgegenzubringen, während er von jedem anderen Liebe und Treue ihm gegenüber forderte. Jede Frau, die ihm gefiel, nahm er sich. Fast jede, die er besessen hatte, interessierte ihn nicht mehr. Seine Gier war unersättlich. Er war stets auf der Suche nach etwas Neuem, blickte nie auf den Schutthaufen zurück, der sich hinter ihm auftürmte. Ihm waren all die verletzten, gebrochenen Herzen und zerstörten Ehen gleichgültig. Er richtete seinen Blick nach vorn, suchte weiter.

Und Ramses war sehr nachtragend. Eine einmal erlittene Niederlage verzieh er nie. Seine Rache kam meistens völlig unerwartet und war deshalb für den Betroffenen umso grausamer.

Trotz all dieser negativen Eigenschaften war es fast unmöglich, Ramses zu hassen. Er besaß eine Ausstrahlung, der man sich nicht entziehen konnte. Befand man sich in seiner Gegenwart, vergaß man das Unrecht, das Ramses täglich beging, folgte ihm weiter blindlings und fragte nicht, wohin der Weg führte. Allein der Wirkung, die Ramses auf die Menschen hatte, verdankte er seinen unglaublichen Erfolg.

Heute glaube ich, dass ein Mann, der solche Größe wie Pharao Ramses erreichen will, vielleicht so hart und kaltblütig sein muss, wie er es war. Jede menschliche Regung wäre Ballast auf dem Weg zur Unsterblichkeit. Diese Unsterblichkeit hat Ramses gewiss erlangt. An ihn wird man sich noch erinnern, wenn Menschen wie ich längst vergessen sind.

Als ich damals nach Per-Ramses kam, wusste ich von all dem nichts. Ich hatte die Höhen und Tiefen des Lebens bereits erfahren. Trotzdem muss ich gestehen, dass ich im Grunde meines Herzens noch naiv und unverdorben war. Aber das sollte sich schnell ändern. Ich begriff bald die Regeln des Hoflebens, und mit der Zeit wurde ich ein Meister dieses Spiels. Zu meiner Entschuldigung muss ich anführen, dass man mich zwang, so zu werden. Man trieb mich so sehr in die Enge, dass es für mich einfach keine andere Möglichkeit gab, als mich zu wehren, und zwar mit den gleichen Waffen, mit denen man mich bedrohte.

Doch will ich jetzt fortfahren zu erzählen, mich dem dunkelsten Kapitel meines Lebens zuwenden.

Ich glaube ganz fest daran, dass mein Weg bereits vorgezeichnet war, lange bevor ich nach Per-Ramses kam. Es war mir nie freigestellt, zwischen Gut und Böse zu wählen. Ich konnte nur den Weg einschlagen, den mir das Schicksal bestimmt hatte. Dieser Weg führte in ein nicht endendes Dunkel ohne Licht. Schon beim ersten Anblick dieser Stadt fühlte ich dieses Dunkel, das vor mir lag. Aber es gab keinen Ausweg für mich. Ich liebte Menna, gehörte an seine Seite. Er war hier zu Hause, und ich hatte ihm zu folgen.

Schon kurz nach unserer Ankunft ging Menna zu Ramses, der ihm großmütig seine Ämter zurückgab. Bereits für den nächsten Abend wurden wir als Gäste zum Nachtmahl in den Palast eingeladen. Erschreckt sah ich Menna an, als er mit dieser Nachricht zurückkam. Ich bat ihn, mir noch etwas Zeit zu geben, mich nicht so völlig unvorbereitete all dem auszusetzen. Doch Menna blieb hart. Mehr Entgegenkommen könnten wir von Ramses nicht erwarten, hielt er mir vor. Er bestand darauf, dass ich die Einladung anzunehmen hätte, denn sonst liefe ich Gefahr, Ramses zu verärgern. Ich erklärte ihm, dass ich nach der anstrengenden Reise erst etwas Kraft sammeln müsse, um dieser wichtigen Begegnung gewachsen zu sein. Menna zerschlug meine Einwände mit der Begründung, dass das Wort des Pharaos Gesetz sei. So kam es zu unserem ersten Streit. Ein Wort gab das andere. Schließlich ließ ich mich von meinem Zorn treiben und verließ einfach das Haus.

Verlassen stand ich auf der Straße in einer völlig fremden Stadt. Ich kannte niemanden, wusste nicht, wohin. Ich hoffte, Menna würde mir folgen, mich zurückholen, doch er tat es nicht. Ich hingegen war zu stolz, einfach wieder zurückzukehren. So lief ich durch die Straßen. Es war mir völlig gleichgültig, wohin mein Weg mich führte. Schließlich gelangte ich zum Amuntempel, dem größten Bauwerk der Stadt mit Ausnahme des Palastes. Verzweifelt und erschöpft setzte ich mich am Ufer des Heiligen Sees nieder, der vor dem Tempelbezirks lag. Hier erst wurde ich mir der neugierigen Blicke bewusst, mit denen die Menschen mich bedachten. Sah man mir an, wie durcheinander ich war? Ich sehnte mich nach Ruhe, um mir über mich und meine Lage klar zu werden. Ich erhob mich wieder, denn es lag mir fern, Aufsehen zu erregen. Gerade wollte ich weitergehen, da trat mir jemand in den Weg und fragte mich, ob er mir helfen könne.

„Nein", antwortete ich, während ich aufblickte.

Er war ungewöhnlich groß, schlank und trotzdem kräftig. Sein Gesicht war schmal, seine Nase leicht gebogen. Um seinen Mund zeigte sich ein herrischer Ausdruck, der unwillkürlich Respekt einflößte. Er trug einen einfachen Schurz, der von einem blauweißen Gürtel gehalten wurde, geflochtene Sandalen und eine Halskette, die aus mehreren Reihen von Perlen und zwei falkenköpfigen Gegenständen bestand. Auf dem Kopf trug er eine einfache Perücke. Sein Alter war schlecht zu bestimmen, denn er gehörte zu jenen Menschen, deren Gesicht sich im Laufe der Jahre kaum änderte.

Er sah mich durchdringend an. Ich spürte, wie mich bei seinem Blick Unbehagen beschlich. Trotzdem konnte ich mich nicht abwenden, seine Augen hielten mich fest.

Nur unbewusst nahm ich wahr, dass die Menschen, die eben noch den Platz füllten, verschwunden waren.

„Du bist fremd hier", stellte er fest.

„Sieht man mir das an?" entgegnete ich überrascht.

„Das nicht", antwortete er lächelnd, „aber eine so schöne Frau wie du fällt auf. Deshalb bin ich mir sicher, dass ich dir noch nie begegnet bin."

Ich sah ihn immer noch an. Irgendwie kam mir sein Gesicht bekannt vor, doch ich konnte nicht sagen, wo ich ihn schon einmal gesehen haben sollte.

„Du siehst nicht gerade glücklich aus", fuhr er fort. „Vielleicht brauchst du Hilfe?"

„Bestimmt nicht", versicherte ich.

Ich wollte mich umdrehen und gehen, aber etwas hielt mich zurück.

„Wohin willst du?" fragte er.

Gleichgültig zuckte ich mit den Schultern.

„Ich habe kein Ziel. Ich möchte nur gerne allein sein."

„Lass mich dich begleiten. Ich kenne den Ort, nicht weit von hier, der deinen Ansprüchen gewiss genügen wird."

Ich wollte aufbegehren, ihm klar machen, dass ich seine Gesellschaft nicht wünschte, tat es jedoch nicht. Willenlos folgte ich ihm. Die Tore des Tempelbezirks lagen bald weit hinter uns. Wir waren außerhalb der Stadt. Niemand begegnete uns mehr. Erschreckt fragte ich mich, was mich dazu veranlasste, einem Wildfremden blindes Vertrauen zu schenken, ihm zu folgen, ohne zu wissen, wohin. Aber selbst diese Bedenken vermochten mich nicht zur Umkehr zu bewegen. Der Streit mit Menna bedrückte mein Gemüt. Die Angst vor dem morgigen Abend verstärkte dieses Unwohlsein noch.

Wir gingen durch einen Palmenhain. Der Weg endete an einem Flussufer, das malerisch von Papyrusstauden umgeben war.

Mein Führer drehte sich zu mir um.

„Habe ich dir zu viel versprochen?" fragte er. „Hierher komme ich immer, wenn ich das Bedürfnis verspüre, mich zu besinnen, oder wenn ich einfach einmal allein sein will. Dieser Ort strahlt Ruhe und Frieden aus, lässt alle Sorgen und Ängste vergessen. Das ist doch genau das, was du im Augenblick brauchst."

Er sah mich forschend an, und ich hatte das unbestimmte Gefühl, dass er mehr über mich wusste, als ich ahnte.

Er setzte sich, nahm meine Hand und zog mich zu sich herunter. Schweigend saßen wir eine Weile nebeneinander, schauten dem Spiel der Wellen zu und genossen die Ruhe dieser friedlichen Oase.

„Willst du mir verraten, was dich bedrückt?" fragte er schließlich, während er mich wieder ansah.

Sein Blick hatte plötzlich etwas Hartes, Stechendes, das mir Furcht einflößte. Doch ebenso schnell, wie dieses Dunkel in seine Augen getreten war, verschwand es wieder.

„Du hast Angst vor mir", stellte er selbstgefällig fest. „Trotzdem bist du mir gefolgt. Warum?"

„Ich weiß es nicht genau", gestand ich ehrlich. „Etwas an dir zieht mich an, und gleichzeitig erschreckt mich dieses Etwas, denn ich kann es nicht erklären."

Er lachte schallend.

„Das habe ich schon öfter gehört. Aber", fuhr er ernst fort, „sprechen wir wieder von dir. Du bist die Frau des Menna."

„Woher weißt du das?" entgegnete ich verblüfft.

„Das war nicht schwer zu erraten", antwortete er. „Du bist wie eine Ägypterin gekleidet. Trotzdem sieht man, dass du keine bist. Und du bist fremd hier. Das merkt man an deiner Unsicherheit. Seit Pharao Ramses Menna die Rückkehr an den Hof gestattet hat, gibt es in der ganzen Stadt kein anderes Thema. Jeder ist gierig danach, die Frau kennen zu lernen, die der Prinzessin Bent-Anat den Mann genommen hat. Menna weilt seit heute Morgen in der Stadt. Und nun begegne ich durch Zufall dir, einer ungewöhnlich schönen Frau. Da liegt doch des Rätsels Lösung auf der Hand."

Ich nickte zustimmend.

„Was ich jedoch nicht verstehe", sagte er, „du scheinst trotz all deines Erfolges nicht glücklich zu sein. Du hast fast alles erreicht, was man erreichen kann. Dennoch sehe ich keine Freude in deinem Gesicht."

„Ja, ich habe viel erreicht. Aber ist Erfolg immer mit Glück gleichzusetzen? Ich bin hier, in dieser Stadt, und ich weiß genau, dass ich hier nicht hingehöre. Schau sie dir an, diese Stadt aus Gold und Edelsteinen, das Juwel des Reiches. Sie glänzt. Aber was verbirgt sich hinter ihrem Glanz? Wie viele Intrigen werden hier täglich ersonnen? Wie viel Eifersucht und Hass werden hier täglich geboren? Diese Stadt wird mein Leben zerstören. Trotzdem kann ich hier nicht fort."

Nachdenklich sah er mich an.

„Es ist die Stadt des Pharaos", meinte er schließlich.

„Ja", erwiderte ich tonlos.

Mein Gefühl warnte mich plötzlich. Ich hatte bemerkt, dass er geschickt versuchte, mich auszufragen. Er war mir völlig fremd. Ich wusste nichts von ihm, kannte nicht einmal seinen Namen. Es war mehr als nur unklug von mir gewesen, überhaupt ein Gespräch mit ihm zu beginnen.

„Ich hielt Menna für einen großen Narren", sagte der Fremde. „Ich tue das noch immer, auch wenn ich ihn jetzt ein wenig verstehen kann. Eine Frau wie dich trifft man nicht alle Tage. Wenn ich das sage, kannst du es glauben. Ich weiß, wovon ich spreche."

Er blickte mich direkt an. Ich sah, wie sich sein Mund dem meinen näherte. Ich wollte mich abwenden, aber ich war unfähig, mich zu rühren. Erst als ich seinen Atem in meinem Gesicht spürte, erwachte ich. Ich entwand mich ihm, sprang auf.

Er begann zu lachen.

„Komm", sagte er. „Ich bringe dich zurück."

Es war bereits spät abends, als wir in die Straße bogen, in der ich wohnte. Alles war menschenleer. Wir hatten auf dem ganzen Weg kein Wort miteinander gewechselt. Das Schweigen erhöhte die Spannung, die in mir war.

Kurz vor unserem Haus blieb er stehen.

„Auf Wiedersehen", sagte er.

„Es wäre vielleicht besser, wir würden uns nicht wiedersehen", antwortete ich.

„Warum?" fragte er.

„Ich weiß es nicht. Es ist ein unbestimmtes Gefühl, eine Ahnung, die mich warnt", entgegnete ich.

Er lachte kurz, erwiderte dann aber sehr ernst und bestimmt: „Wir werden uns wiedersehen."

Ich fühlte, dass er Recht behalten würde.

Noch völlig unter dem Einfluss dieser merkwürdigen Begegnung stehend, betrat ich unser Haus. Seketa kam mir aufgeregt entgegen.

„Wo warst du nur, Sarah? Menna hat bereits die ganze Stadt nach dir abgesucht, dich aber nirgends finden können. Wir haben uns solche Sorgen gemacht."

Erst jetzt wurde mir bewusst, wie lange ich fort gewesen war, und ich bekam ein schlechtes Gewissen. Die ganze Zeit über hatte ich nicht einen Augenblick an Menna gedacht, hatte ihn völlig vergessen. Auf Seketas lautes Gezeter hin kam auch Menna aufgeregt in die Halle gelaufen. Als er mich sah, war er sichtlich erleichtert.

„Sarah! Endlich. Ich war so verzweifelt. Ich wusste einfach nicht mehr, wo ich dich noch suchen sollte. Wo warst du nur?"

„Verzeih", erwiderte ich. „Ich wollte nicht, dass du dir Sorgen machst. Ich habe einfach etwas Ruhe gebraucht, wollte ein bisschen allein sein, um nachdenken zu können. Ich war weit außerhalb der Stadt. Dort habe ich ein friedliches Plätzchen gefunden. Ich war so in meine Gedanken vertieft gewesen, dass ich darüber die Zeit vergaß. Ich weiß jetzt, dass du im Recht warst."

Liebevoll nahm er mich in den Arm, küsste meinen Mund.

„Tu das nie wieder", bat er mich. „Ich bin halb verrückt geworden vor Angst."

„Nein", versprach ich gerührt. „Ich werde es gewiss nicht wieder tun."

In jener Nacht liebten wir uns inniger als je zuvor. Als Menna in mich drang, verschwand endlich das Bild jenes rätselhaften Fremden aus meinem Gedächtnis. Nichts trennte uns mehr. Ich fühlte, wie sehr ich ihn liebte und dass ich ihn auf keinen Fall verlieren wollte.

Der nächste Tag kam, und mit ihm jenes denkwürdige Ereignis. Ich musste vor den Augen des Pharaos bestehen.

Schon am frühen Nachmittag begann Seketa, mich für den Abend vorzubereiten. Als ich das Ergebnis ihrer Bemühungen betrachtete, hätte ich durchaus zufrieden sein können. Doch dann kehrten die Worte jenes Fremden in mein Gedächtnis zurück: „Du bist wie eine Ägypterin gekleidet. Trotzdem sieht man, dass du keine bist." Ebenso erinnerte ich mich daran, dass er gesagt hatte, ich sei das Gesprächsthema der Stadt, und jeder sei begierig darauf, mich zu sehen.

Ich stand da, in kostbare Stoffe gehüllt, mit Schmuck behangen und geschminkt, genauso, wie man es von mir erwartete. Ich verkörperte den Reichtum und die Macht des Menna. Aber wo war bei all dem ich geblieben, ich, Sarah, die Hebräerin? Hatte ich nicht einst meinen Bruder Samuel verurteilt, weil er versuchte, seine Abstammung zu verleugnen? In diesem Augenblick wurde mir bewusst, dass ich dabei war, genau dasselbe zu tun. Versuchte ich mich nicht äußerlich anzupassen, damit niemand auf den ersten Blick sah, dass ich nicht dazugehörte?

Vor den Augen der erschreckten Seketa riss ich die kunstvoll angefertigte Perücke herunter.

„Sarah! Was tust du da?"

„Lass es gut sein", versuchte ich sie zu beschwichtigen. „Du hast dir sehr viel Mühe gegeben, nur leider war deine Mühe vergeblich. Das, was du aus mir gemacht hast, bin nicht mehr ich. Es passt nicht zu mir. Ziemt es sich für eine hebräische Sklavin, wie eine vornehme Ägypterin aussehen zu wollen? Nein!"

„Sarah!" rief Seketa fassungslos. „Mir scheint, du bist völlig von Sinnen."

„Vielleicht", erwiderte ich. „Trotzdem musst du es mir überlassen, zu entscheiden, was richtig und was falsch ist."

Ich nahm ein Tuch und wischte die sorgfältig aufgetragene Schminke aus meinem Gesicht.

„Sarah, was glaubst du, wird Menna sagen, wenn er dich sieht?"

„Er wird es verstehen", sagte ich ruhig. „Wenn es überhaupt jemand verstehen kann, dann er."

„Ich fürchte, du irrst dich", antwortete Seketa ungläubig. „Ich gehe. Mit dem, was du jetzt tust, will ich nichts zu tun haben."

„Geh nur."

Seketa verließ das Zimmer, und ich war mir sicher, dass sie zu Menna eilen würde, um ihn von meinem wahnwitzigen Handeln zu unterrichten. Es dauerte nicht lange, bis sich meine Vermutung bestätigte. Beide stürzten in mein Zimmer, um mich gemeinsam an meinem Vorhaben zu hindern. Doch es war bereits zu spät. Ich war fertig. Mein langes, schwarzes Haar fiel offen über meine Schultern. Ich trug ein einfaches weißes Kleid, das von zwei goldenen Spangen an den Schultern zusammengehalten wurde. Ein einfacher, geflochtener Gürtel zierte meine Taille. Die Farben hatte ich aus meinem Gesicht entfernt. Nur zwei schwarze Striche umrundeten noch meine Augen, und etwas rot hob die Formen meines Mundes hervor.

Menna sah mich kritisch an, doch gleich darauf lächelte er zufrieden. „Du bist eine Künstlerin, Sarah. Jedes Mal, wenn ich glaube, nichts könnte dich überbieten, überbietest du dich selbst. Du warst nie schöner als heute. Du hast Recht. All der Tand würde deine Schönheit nur verbergen."

„Du siehst", sagte ich zu Seketa. „Ich habe gewusst, dass Menna mich versteht."

Menna nahm mich zärtlich in seinen Arm und küsste mich. Ich spürte das warme Gefühl der Zärtlichkeit, das er für mich hegte. Für ihn hoffte ich, vor dem Pharao bestehen zu können, und wusste doch genau, dass Ramses unerbittlich bleiben würde.

Wir brachen auf. Je näher wir dem Palast kamen, umso größer wurde meine Furcht. Ich ahnte den vernichtenden Schlag, den Ramses gegen mich, den Eindringling führen würde, erkannte die Feindschaft, die meiner harrte. Wie eine Ertrinkende klammerte ich mich an Menna, in der Hoffnung, aus seiner Gegenwart die Kraft zu schöpfen, die ich brauchte.

Menna war im Palast wie zu Hause. Das merkte ich daran, mit welcher Sicherheit er seinen Weg vorbei an den Wachen durch die vielen Säle und Gänge fand. Endlich hatten wir unser Ziel erreicht. Unzählige Lichter brannten im Speisesaal. Der Speisesaal war gefüllt mit Gästen und Adligen, Regierungsbeamten und Freunden der königlichen Familie. Wir mischten uns unter sie. Ich spürte die neugierigen Blicke, die mich musterten. Menna führte mich herum, nannte mir die Namen verschiedener Personen sowie ihre Ämter und Titel. Ich hörte es und vergaß es gleich wieder.

Plötzlich verkündete die Stimme des obersten Herolds laut:

„Ramses-user-maat-Re-Setepen-Re, Mächtiger Stier, Geliebt von Amun, der erscheint als königliche Schlange, schön an Jahren..."

Alle Anwesenden berührten mit der Stirn den Boden. Erst auf die Handbewegung des Pharaos hin erhoben sich alle Versammelten wieder und setzten ihre Unterhaltung fort. Jeder der Gäste suchte bald darauf seinen Platz auf, einen eigenen kleinen Tisch, von denen sich unzählige an den Wänden des Saals befanden.

Menna führte mich an unseren Platz. Auf ein Nicken des Pharaos zogen Musiker und Tänzerinnen herein, die Sklaven brachten die ersten hoch aufgetürmten Platten, die sie zwischen den Gästen herumreichten. Ich setzte mich zu Menna auf eins der Kissen, die bereitlagen. Ein Sklave füllte meinen Teller, doch verspürte ich trotz der servierten Köstlichkeiten keinen Appetit.

Zögernd wagte ich es, den Saal entlang nach vorn zu blicken, wo Pharao Ramses inzwischen Platz genommen hatte. Ich sah ihn und glaubte, das Blut in meinen Adern erstarren zu fühlen. Wie hatte mir das nur passieren können? Ich versuchte, die Ereignisse des vergangenen Nachmittags in mein Gedächtnis zurückzurufen. Ich entsann mich der Tatsache, dass plötzlich alle Menschen verschwunden gewesen waren, ich mir darüber jedoch keine weiteren Gedanken gemacht hatte. Und dann hatten wir die Stadt verlassen, waren niemandem mehr begegnet und erst in der Dunkelheit der Nacht zurückgekehrt. Das alles fügte sich nun zu einem Bild zusammen, und selbst das Gefühl, diesen Fremden schon einmal gesehen zu haben, konnte ich mir jetzt erklären. Ich hatte den vergangenen Nachmittag mit Ramses verbracht, ohne es auch nur zu ahnen. Wie sehr musste er sich amüsiert haben, meine Dummheit, meine Naivität bis zur Neige ausgekostet zu haben.

Mir wurde übel, ich fühlte mich entsetzlich elend. Ich wünschte nichts sehnlicher, als endlich diesen unseligern Ort verlassen zu dürfen. Aber das ging nicht. Niemand, mit Ausnahme der Mitglieder der königlichen Familie, durfte das

Fest vor dem Pharao verlassen. Menna wandte sich an mich:

„Die Frau, die rechts von Ramses Platz genommen hat, ist Nofretari, die Große Königliche Gemahlin. An seiner linken sitzt Isis-Nefert, die zweite Gemahlin des Pharaos. Gleich daneben, am ersten Tisch, siehst du Amunherchopschef, den Kronprinzen. Außer ihm sind heute nur wenige Mitglieder der königlichen Familie anwesend. Dieser dort", Menna zeigte mir einen jungen Mann, der etwas abseits von den anderen saß und einen sehr verschlossenen Eindruck machte, „das ist der Lieblingssohn des Pharaos, Chaemwese. Und der, der gerade mit Isis-Nefert sprich, ist Prinz Merenptah. Außer ihm ist nur noch Prinz Moses anwesend"

Menna zeigte mir den Knaben, den Prinzessin Bent-Anat an Kindes statt angenommen hatte. Er mochte elf oder zwölf Jahre zählen, wirkte für sein Alter jedoch ungewöhnlich ruhig und besonnen. Er passte irgendwie nicht in diese ausgelassene, vergnügte Gesellschaft, ebenso wenig wie ich. Ich empfand für diesen Knaben sofort Sympathie, und ich glaube, dass dieses Gefühl von ihm erwidert wurde. Moses war der einzige, der mich grüßte. Alle anderen übersahen mich.

An diesem Abend bekam auch Menna zum ersten Mal deutlich zu fühlen, welche Folgen es hatte, gegen ein Gebot der gesellschaftlichen

Ordnung zu verstoßen. War er früher sicher strahlender Mittelpunkt eines solchen Festes gewesen, so grüßte man ihn jetzt nur flüchtig und wandte seinen Blick dann schnell wieder ab, um einem Gespräch mit ihm aus dem Weg zu gehen. Er hatte bis jetzt fest daran geglaubt, seine alte Stellung bei Hof zurückzuerlangen. Nun musste er erkennen, dass der Bann des Pharaos noch immer auf ihm ruhte, jeder frühere Freund ihn mied, um nicht bei Ramses in Ungnade zu fallen. Allein Pharao Ramses hatte die Macht, diesen Bann aufzuheben, doch er tat nichts dergleichen. Er grüßte Menna kühl aus der Ferne mit einem Kopfnicken und übersah mich völlig. Ich spürte seinen belustigten Blick, sah den Spott in seinen Augen.

Der Abend zog sich unendlich in die Länge. Die beiden königlichen Gemahlinnen verließen bereits frühzeitig das Fest. Ramses hingegen blieb bis in die frühen Morgenstunden, ohne sich von der allgemeinen Ermüdungserscheinung beeindrucken zu lassen. Als er sich endlich doch erhob, brachen auch alle anderen Gäste sofort auf. Ich blickte Menna an, las in seinem Gesicht, wie tief enttäuscht er war.

„Das ist seine Rache", sagte er bitter. „Ich glaubte, er hätte mir vergeben. Aber das hat er nicht, Sarah. Noch nie ist Ramses so lange geblieben wie heute Nacht. Heute blieb er, um seinen Sieg über mich zu genießen. Wir sind ausgeschlossen aus der Gesellschaft, geächtet. Er wird mir nie wirklich verzeihen, dass ich die Hand seiner Tochter zurückgewiesen habe. Wäre ich Narr bloß in Memphis geblieben."

„Geh zu ihm, sprich mit ihm. Vielleicht...", schlug ich vor.

„Nein", unterbrach er mich. „Das hätte überhaupt keinen Sinn, Sarah. Uns bleibt nur eins. Wir müssen die Demütigungen mit Fassung tragen, dürfen uns nicht anmerken lassen, wie tief es uns trifft. Sieh es wie einen Zweikampf zwischen Ramses und mir an. Sieger kann nur werden, wer den längeren Atem hat. Ramses will, dass ich mich von dir trenne. Er versucht, einen Keil zwischen uns zu treiben. Aber das wird ihm nicht gelingen."

Menna nahm mich fest in den Arm, drückte mich an sich.

„Irgendwann wird er dieses Spiel satt haben, wenn er sieht, dass er keinen Erfolg hat. Dann wird er nachgeben. Bis dahin müssen wir durchhalten."

Ich verstand, was Menna meinte. Ramses amüsierte das Spiel, das er mit uns trieb. Wenn sich der gewünschte Erfolg, wie immer dieser auch aussehen sollte, nicht einstellte, würde es ihn langweilen. Vielleicht würde er dann wirklich bereit sein, nachzugeben. Aber, so fragte ich mich, wie lange würde Menna es ertragen können, verspottet und belächelt zu werden?

Hatte Ramses nicht bereits heute Abend den ersten Sieg errungen? Selbst wenn Menna genau wusste, was Ramses beabsichtigte, würde es ihm wirklich gelingen, Ramses Pläne zunichte zu machen? Hatte er tatsächlich einen längeren Atem als der Pharao? Ich bezweifelte dies.

Müde kehrten wir heim. Wir gingen zu Bett, lagen schweigend nebeneinander. Ich wusste, Menna würde keinen Schlaf finden, ebenso wenig wie ich. Er lag ruhig neben mir, hing seinen Gedanken nach.

Ich dachte an meine Begegnung mit Ramses. Je mehr ich versuchte, aus seinem Verhalten an jenem Nachmittag klug zu werden, desto weniger verstand ich ihn. Warum hatte er sich mit mir, einer hebräischen Sklavin, den ganzen Nachmittag über abgegeben? Zweifellos hatte ihn meine Unwissenheit belustigt. Dennoch fühlte ich, dass da noch mehr war. Er war bestimmt nicht der Mann, der seine Zeit sinnlos verschwendete. Ich erinnerte mich an die Bestimmtheit seiner Worte, als er mir versicherte, wir würden uns wiedersehen. In diesen Worten lag der Schlüssel zu jenem merkwürdigen Nachmittag, aber damals fand ich des Rätsels Lösung noch nicht.

Die Zeit verstrich. Nichts änderte sich. Menna und ich blieben Ausgeschlossene. Nach außen hin trug Menna es mit Fassung, wahrte sein Gesicht. Nur ich und die Dienerschaft wussten, dass er zu trinken begonnen hatte, immer häufiger im Wein Vergessen suchte. Vor den Augen der anderen traten wir einig auf, zeigten keine Schwäche, aber innerlich wurden wir uns fremd. Menna litt unter den Demütigungen, und ich war die Ursache für die Beleidigungen und Kränkungen, die er ertragen musste. Er mied meine Gegenwart immer häufiger. Wenn ich mit ihm über die Sache reden wollte, schickte er mich fort. Auf meinen Vorschlag, sich von mir zu trennen, reagierte er böse.

„Ich werde nicht nachgeben, Sarah. Ramses wird einlenken."

Bei dieser Äußerung wusste ich plötzlich, dass es Menna schon lange nicht mehr um unsere Ehe, um unser Glück ging. Allein der Gedanke, Ramses zu besiegen, beherrschte ihn. Die Zeit nagte an unserer Liebe, und ich sah voraus, dass bald nur noch ein Schutthaufen an unsere einstigen aufrichtigen Empfindungen füreinander erinnern würde. Aber was konnte ich dagegen tun? Menna verschloss sein Herz vor mir. Ich musste hilflos zusehen, wie Ramses unsere Ehe zerstörte.

Und dann ereignete sich etwas, das mir die letzte Hoffnung auf ein gutes Ende raubte.

Wie üblich verließ ich am frühen Nachmittag das Haus, um ein wenig spazieren zu gehen. Ich hatte mir dies zur Gewohnheit gemacht, um der erdrückenden Stimmung im Haus für einige Zeit zu entfliehen.

Plötzlich fühlte ich, wie eine Hand nach der meinen griff und mich mit sich fortzog. Ich sah auf. Moses blickte mich an.

„Komm mit. Ich muss mit dir reden."

Ich folgte dem Knaben, obwohl ich keine Erklärung für sein Verhalten finden konnte. Bald lagen die bevölkerten Straßen hinter uns. Wir gingen durch einen Park, durch den um diese Tageszeit nur wenige Menschen kamen. Am Abend trafen sich hier Liebespaare, doch jetzt waren wir fast allein. Die Wenigen, die jetzt eilig hier durchhasteten, schenkten uns keine Beachtung.

„Ich habe auf dich gewartet", erklärte Moses.

„Und warum?" fragte ich neugierig.

„Du weißt sicher, dass Prinzessin Bent-Anat meine Mutter ist", antwortete Moses. „Ich bin ihr aus vielen Gründen sehr zu dank verpflichtet. Trotzdem glaube ich, dass es meine Pflicht ist, dich zu warnen. Meine Mutter würde alles tun, um dich zu vernichten und sich an Menna zu rächen. Und jetzt, so befürchte ich, hat sie etwas gefunden, dass ihr dies ermöglicht. Sei auf der Hut."

„Was?" wollte ich wissen.

„Das weiß ich auch nicht. Nur so viel kann ich dir sagen. Sie hat in deiner Vergangenheit gesucht und anscheinend nun etwas gefunden, von dem sie glaubt, dass es dir und Menna den Todesstoß versetzten wird. Du darfst meiner Mutter deswegen nicht böse sein. Sie hat Menna wirklich geliebt. Und ich glaube fast, sie liebt ihn noch immer. Deshalb wird sie nicht ruhen, bevor sie ihr Ziel erreicht hat."

Ich erbleichte. Ich wusste, was die Prinzessin, die bis zu diesem Tag einer Begegnung mit mir aus dem Weg gegangen war, gefunden hatte. Schon damals, als ich Menna zum Mann nahm, ahnte ich, dass mich eines Tages die Vergangenheit einholen würde. Nun war es geschehen. Ich hatte Menna die Wahrheit über mich verheimlicht, nun würde er sie von anderen erfahren. Alle die, die ihm ohnehin schon feindliche gesinnt waren, würden über ihn triumphieren. Meine Vergangenheit würde uns vor allen bloßstellen und unsere Ehe endgültig ruinieren.

„Fühlst du dich nicht wohl?"

Moses sah mich besorgt an.

Ich spürte, wie der Boden unter meinen Füßen schwankte. Ich wünschte, die Erde möge sich öffnen und mich verschlingen. Aber nichts geschah. Deutlich sah ich das Verhängnis vor mir. Ich saß wie ein Vogel gefangen in einem Käfig und konnte nicht fliehen. Die Schlinge um meinen Hals zog sich langsam zusammen.

Ich dachte an Menna. Was hatte er nicht alles für mich getan? Wie würde ich es ihm vergelten?

Ein Fluch lag auf mir. Dieser Fluch würde nun auch Menna, den Mann, den ich über alles liebte, treffen. Er würde ihn vernichten. Und ich musste hilflos zusehen.

„Soll ich dich nach Hause begleiten?"

Undeutlich hörte ich die Stimme Moses neben mir.

„Nein", antwortete ich. „Ich bin dir wirklich sehr dankbar. Doch lass mich jetzt bitte allein."

Zitternd kehrte ich heim. Ich fühlte mich elend und legte mich deshalb ins Bett.

Seketa kam herein und sah mich besorgt an.

„Bist du krank?"

Ich schüttelte den Kopf.

„Nein", entgegnete ich. „Es ist nur eine momentane Schwäche. Es ist gleich vorbei. Geh bitte! Ich möchte jetzt allein sein."

„Es muss doch irgend etwas passiert sein, Sarah", forschte Seketa unbeirrt weiter.

„Nein", antwortete ich nur, drehte mich um und wandte ihr den Rücken zu. Tränen liefen mir übers Gesicht. Ich spürte die Ausweglosigkeit meiner Situation. Ich stellte mir die Frage, ob ich Menna die Wahrheit sagen sollte, verwarf diesen Gedanken jedoch gleich wieder. Er würde früh genug erfahren, was ich die ganze Zeit vor ihm verborgen hatte. Er würde daran zerbrechen, ein Schatten seiner selbst werden. Und ich ganz alleine trug die Schuld daran.

## 7.

An jenem Tag gab ich mich verloren, sah mich jeder Hoffnung beraubt. Ich hatte den Kampf endgültig aufgegeben und war bereit, mich in mein Schicksal zu fügen. Liebevoll zog ich Tamid auf meinen Schoß, strich ihr durch das vom Spielen zerzauste Haar. Ich hob den kleinen Benja, meinen Sohn, aus seinem Binsenkörbchen und beobachtete, wie er angestrengt versuchte, nach meinen Haaren zu greifen. Die Frage drängte sich mir auf, was aus diesen Kindern werden würde, wenn die Schlacht hinter mir lag. Nichts würde danach mehr sein können, wie es vorher gewesen war. Früher hatte Menna fest zu mir gestanden, heute wusste ich nicht, ob er mich nicht manchmal hasste, das Leben, das ihm durch meine Gegenwart aufgezwungen wurde, verfluchte. Was würde geschehen, wenn er die Wahrheit über mich erführe? Sicher, er hatte damals gesagt, dass meine Vergangenheit für ihn keine Bedeutung hätte. Doch seit damals hatte sich viel geändert. Diese Stadt mit ihren Menschen stand zwischen uns, trieb uns immer weiter auseinander.

Menna trat ein, sah mich erstaunt an.

„Du bist ja noch gar nicht angezogen, Sarah. Du weißt doch, dass wir heute Abend wieder als Gäste des Pharaos eingeladen sind."

Müde nickte ich. Wie gleichgültig mir das doch geworden war.

„Ja, ich weiß. Aber spielt es denn eine Rolle, ob ich mich umziehe oder so komme, wie ich jetzt bin? Das Ergebnis ist das gleiche. Man übersieht mich und geht mir aus dem Weg. Warum gehen wir überhaupt noch dort hin, Menna? Lass uns auf unser Gut zurückkehren. Das wäre das einzig Vernünftige, das wir in unserer Lage tun könnten. Was bedeutet es schon, am Hof des Pharaos zu verkehren? Ist das soviel mehr wert als unsere Ehe, unsere Kinder?"

„Sarah!"

Menna zog mich empor und schüttelte mich. Sein Griff schmerzte mich, aber ich ertrug es schweigend.

„Wir dürfen jetzt nicht nachgeben. Wir werden erscheinen, und wir werden uns nichts anmerken lassen. Diesen Triumph gönne ich Ramses nicht."

„Ja", antwortete ich. „ich gehe und ziehe mich um."

Für Menna war der Kampf gegen Ramses zu einer fixen Idee geworden, und ich hatte längst aufgegeben, ihm seine Wahnvorstellungen ausreden zu wollen. All das führte zu nichts, endete nur immer im gleichen sinnlosen Streit.

Ich betrat den großen Speisesaal des Palastes an diesem Abend mit gemischten Gefühlen. Mich beschäftigte die Frage, wie viel Zeit mir wohl noch bliebe, bis man meine Vergangenheit an die

Öffentlichkeit zerren würde. Im Stillen wünschte ich mir, dass dieser Alptraum endlich ein Ende fände. Trotzdem fürchtete ich mich vor diesem Ende.

Der Abend verlief zu Beginn in der gewohnten Weise. Ramses erschien erst ziemlich spät, gefolgt von Nofretari und Isis-Nefert. Merenptah war bereits anwesend. Nichts ließ auf etwas Ungewöhnliches schließen. Doch dann ereignete sich die erste Besonderheit. Der oberste Herold verkündete laut das Eintreffen der Prinzessin Bent-Anat. Ihr unerwartetes Erscheinen löste in mir eine tiefe Betroffenheit aus. Würde bereits heute mein Schicksal besiegelt werden?

Hocherhobenen Hauptes betrat Bent-Anat in Begleitung ihres Sohnes Moses den Saal. Ein Raunen erfüllte plötzlich den Raum. Jeder der anwesenden Gäste erwartete ein spannendes Schauspiel. Man spürte förmlich, dass etwas in der Luft lag. Stolz schritt die Prinzessin an uns vorbei, würdigte weder Menna noch mich eines Blickes und nahm in unmittelbarer Nähe des Pharaos Platz.

Sie war eine Frau Mitte dreißig, mit ebenmäßigen, feinen Gesichtszügen. Jede ihrer Bewegungen drückte Stolz und Würde aus. Ich musste eingestehen, dass sie eine ungewöhnlich schöne Frau war. Umso weniger verstand ich Mennas Handlungsweise. Weshalb hatte er mich ihr vorgezogen? Ich hatte ihm nur mich selbst zu bieten, sie hingegen auch Stellung und Einfluss.

Ich blickte unauffällig zu Menna, der neben mir saß und entdeckte, dass er verstohlen zu ihr hinspähte. Bereute er heute sein Vorgehen?

Ich sah wieder nach vorn, betrachtete die Frau, die meine erklärte Feindin war. Plötzlich wurde mein Interesse von einem Ereignis abgelenkt, dem ich erst gar keine richtige Bedeutung zuzuordnen vermochte. Ich beobachtete, wie Prinz Merenptah sich zu Nofretari herunterbeugte, mit ihr einige Worte wechselte. In diesem Augenblick fiel aus dem Ring, den Merenptah am Finger trug, ein weißes Pulver, das in den Trinkbecher der Großen Königlichen Gemahlin glitt. Gebannt starrte ich auf die beiden, verfolgte, wie Merenptah sich von Nofretari wieder abwandte, unauffällig den Ring vom Finger zog und in einen großen, in der Nähe stehenden Krug fallen ließ. Dann blickte er forschend in den Kreis der Gäste, schien aber keinerlei verdächtige Entdeckung zu machen. Ich sah, wie sein verkrampfter Gesichtsausdruck sich entspannte und er Isis-Nefert zufrieden zunickte. Ein böser Verdacht kam in mir auf. Konnte es möglich sein, dass Isis-Nefert und Merenptah Nofretari vergiften wollten? Hatte ich dies eben wirklich gesehen oder mir all das nur eingebildet? Nein, es war wirklich geschehen. Ich hatte nicht geträumt. Ich spürte das Verlangen in mir, aufzustehen und Nofretari zu warnen. Aber was war, wenn ich mich geirrt hatte, alles in einem ganz anderen Zusammenhang zu sehen wäre? Außerdem, so beruhigte ich mein Gewissen, hatte ich selbst bereits genügend Schwierigkeiten. Was gingen mich die Ränke anderer an? So schwieg ich. Trotzdem vermochte ich nicht, meinen Blick von dem Becher abzuwenden. Nofretari trank, setzte den Becher wieder ab. Gespannt beobachtete ich sie, wartete auf eine Veränderung ihres Gesichtsausdrucks. Und schließlich bestätigte sich meine Ahnung. Nofretari wurde bleich. Sie stand auf, schwankte einen Augenblick und stürzte dann zu Boden. Allgemeines Entsetzen machte sich breit. Jeder stürzte nach vorn, um zu sehen, was passiert war. Diesen Augenblick nutzte Isis-Nefert. Blitzschnell zog sie unter ihrem Gewand einen Becher hervor und vertauschte diesen mit Nofretaris. Keiner achtete auf sie. Der Becher landete in dem gleichen Krug, in dem zuvor Merenptah den Ring hatte verschwinden lassen. Für mich bestand nun kein Zweifel mehr darüber, dass Nofretari von Isis-Nefert und ihrem Sohn Merenptah vergiftet worden war. Wieder meldete sich mein Gewissen, mahnte mich, das Verbrechen anzuklagen. Doch dann kam mir plötzlich ein ganz anderer Gedanke. Vorsichtig schlich ich zu dem Krug. Mein Blick suchte Isis-Nefert und Merenptah. Beide waren damit beschäftigt, den Erfolg ihres Unternehmens zu beobachten. Hastig griff ich in den Krug, zog die beiden Gegenstände heraus und ließ sie unter meinem Kleid verschwinden. Schnell entfernte ich mich wieder aus der Nähe des Kruges, um den beiden Mördern keinen Grund zur Besorgnis zu liefern. Ich war sicher, dass sie schon sehr bald feststellen würden, dass Becher und Ring verschwunden waren, es einen Zeugen ihres Verbrechens gab.

Ich spürte, wie das Blut durch meinen Körper raste. Erst jetzt wurde mir bewusst, was ich getan hatte. Ein Verbrechen war geschehen, das ich hätte verhindern können. Nun hielt ich die Beweise dafür in meinen Händen. Und jetzt wurde mir auch klar, in welcher Gefahr ich schwebte. Als Mitwisser drohte mir der Tod. Andererseits, so beruhigte ich mich, was hatte ich eigentlich noch zu verlieren? Ich entschied, dass mir das Schicksal eine Möglichkeit bot, meine Lage grundlegend zu ändern, wenn ich mein Wissen nur richtig zu behandeln wusste. Von Ramses konnte ich nichts erwarten. Er würde sich vielleicht nicht einmal bedanken. Mit Merenptah und Isis-Nefert hingegen war es anders. Für sie stand alles auf dem Spiel. An sie musste ich mich wenden. Ich schreckte vor meiner eigenen Kaltblütigkeit zurück, ließ mich jedoch trotzdem nicht von meinem Vorhaben abbringen. Sklaven trugen Nofretari aus dem Saal. Ramses folgte ihnen, ebenso wie alle Mitglieder der königlichen Familie. Die anderen blieben wartend zurück.

Ich suchte Menna und fand ihn schließlich unter den anderen entsetzten Zuschauern. Ich ging zu ihm.

„Lass uns heimgehen", bat ich.

„Nein, Sarah, das geht jetzt nicht. Ich kann im Augenblick unmöglich gehen. Das würde aussehen, als ob es mir gleichgültig wäre, wie es der Großen Königlichen Gemahlin geht."

Mennas Blick änderte sich plötzlich.

„Du bist ja ganz bleich. Fühlst du dich nicht wohl?" fragte er.

„Es geht mir nicht gut", bestätigte ich ihm. „Diese Übelkeit fing bereits heute Mittag an und wird immer schlimmer. Bleibe du hier. Ich gehe nach Hause."

„Natürlich werde ich dich begleiten, wenn es dir nicht gut geht", entschied Menna.

Doch ich lehnte ab. Schließlich ließ er sich von mir überzeugen. Mit gemäßigten Schritten verließ ich den Saal. Kaum war ich für den letzten Gast außer Sichtweite, begann ich zu laufen. Ängstlich sah ich von Zeit zu Zeit zurück, um mich zu vergewissern, dass mir niemand folgte. Als ich meine Sänfte erreichte, raste mein Atem. Erschöpft gab ich den Trägern Anweisung, mich nach Hause zu bringen. Erst hier, in der Abgeschiedenheit meines Schlafgemachs, wagte ich, die Dinge, die ich unter meinem Kleid versteckt hielt, hervorzuholen. Aufgeregt betrachtete ich Ring und Becher. Es war ein wertvoller, goldener Trinkbecher, der mit dem Bildnis der Großen Königlichen Gemahlin verziert war. Auf dem Grund des Bechers erkannte man noch Reste des weißen Pulvers. Der Ring trug die Kartusche Merenptahs. Durch einen leichten Druck öffnete sich der Deckel des Rings, der Hohlraum darunter enthielt ebenfalls noch Reste des tödlichen Gifts. Noch immer zitterten meine Hände vor Erregung, meine Gedanken flogen ungeordnet durcheinander. Ich zwang mich zur Ruhe, hielt mir vor Augen, dass ich jetzt keinen Fehler begehen durfte. Die kleinste Unbesonnenheit konnte mich das Leben kosten.

Ich nahm die beiden Gegenstände, legte sie in ein Kästchen und verschloss es. Das Kästchen verbarg ich zu unterst in der Truhe, in der ich meine Kleider verwahrte. Dann setzte ich mich aufs Bett und begann zu überlegen. Sobald Isis-Nefert und Merenptah erfuhren, dass ich im Besitz des Bechers und des Rings wäre, würden sie zweifellos alles versuchen, um die Sachen zu finden. Wenn ich die Beweisstücke irgendwo vergrub, würde mein Wissen mit mir sterben. Mir blieb nichts anderes übrig, als mich jemandem anzuvertrauen, jemandem, auf den ich mich verlassen konnte und den weder Isis-Nefert noch

Merenptah finden würden. Aber wer konnte das sein? Hier, in Per-Ramses, besaß ich keinen Freund. Gab es überhaupt einen Menschen, dem ich mein gefährliches Geheimnis anvertrauen durfte? Je länger ich darüber nachdachte, umso klarer wurde mir, dass ich nur einen einzigen Menschen kannte, dem ich die Beweise geben durfte, ohne Verrat befürchten zu müssen. Ein Plan reifte in meinem Kopf, und schließlich schien es mir sicher, dass mir seine Durchführung gelingen würde.

Ich nahm eine Papyrusrolle zur Hand und begann, genau aufzuschreiben, was an diesem Abend geschehen war. Ich siegelte die Rolle und legte sie zu den beiden anderen Sachen in das Kästchen. Dann entkleidete ich mich, um schlafen zu gehen, damit Menna bei seiner Rückkehr keinen Verdacht schöpfte.


Menna kam in den frühen Morgenstunden heim. Er wirkte müde und erschöpft, zog sich gleich aus und legte sich zu mir. Als ich mich im Bett aufrichtete und zu ihm hinüberschaute, sah er mich überrascht an.

„Du schläfst nicht?" fragte er.

„Ich konnte nicht", antwortete ich. „Wie geht es der Großen Königlichen Gemahlin?"

„Sie ist tot", erwiderte Menna. „Den Gerüchten zufolge soll sie vergiftet worden sein. Anders können die Ärzte sich ihren plötzlichen Tod nicht erklären."

„Aber wer sollte ein Interesse daran gehabt haben, sie zu beseitigen?" fragte ich in gespielter Unwissenheit, in der Hoffnung, mehr über die Hintergründe des Mordes zu erfahren.

„Oh Sarah! Da gibt es viele, die Nofretari nach dem Leben trachten könnten, an erster Stelle Isis-Nefert."

„Aber warum?" forschte ich weiter.

„Nofretari war der einzige Mensch, der einen gewissen Einfluss auf Ramses hatte. Ihr hörte er zuweilen sogar zu. Sie konnte ihm Dinge sagen, die jeder andere mit dem Leben hätte bezahlen müssen. Dies gab ihr eine Macht, um die sie viele beneideten. Ganz anders verhält es sich mit Isis-Nefert. Für sie war Ramses kurze Zeit entflammt, und danach verlor sie zunehmend an Einfluss. Ganz sicher beneidete sie deshalb Nofretari. Aber wichtiger ist der erstgeborene Sohn des Pharaos und somit der Kronprinz. Ramses und er verstehen sich nicht gerade gut miteinander, dazu sind beide zu verschieden. Ramses Lieblingssohn ist Chaemwese, Isis-Neferts Sohn. Ihn hätte Ramses am liebsten zu seinem Nachfolger gemacht. Nofretari hat dies erfolgreich verhindert. Nun ist sie auf mysteriöse Weise ums Leben gekommen, so wie einige ihrer Söhne vor ihr. Der Tod dieser Söhne betrübte Ramses zwar. Ihn tröstete aber die Tatsache, dass Chaemwese in der Thronfolge nach vorn rückte. Ganz anders verhält es sich mit Nofretaris Tod. Ihren Tod wird Ramses nicht ohne weiteres hinnehmen. Er wird alles daransetzen, ihren Mörder zu finden."

„Glaubst du, dass sie es getan hat?" fragte ich Menna.

„Wer kann es wissen? Sie hat gewiss den meisten Grund, Nofretari zu beseitigen. Doch das gleiche Interesse hatten auch viele andere. Nur eins weiß ich mit Bestimmtheit. Mit Nofretari habe ich einen meiner letzten Freunde verloren. Sie hatte mir erst vor wenigen Tagen versprochen, Ramses in unserer Angelegenheit umzustimmen."

„Davon hast du mir gar nichts erzählt", sagte ich überrascht.

„Ich wollte nicht, dass du dir vergeblich Hoffnungen machst", erklärte Menna.

Mein schlechtes Gewissen rührte sich wieder. Vielleicht hätte Nofretari es wirklich geschafft, Ramses zu beeinflussen. Und ich hatte zugesehen, wie man sie ermordete. Doch was nützten meine Gewissensbisse jetzt noch? Es war zu spät für derlei Überlegungen. Ich konnte jetzt nur noch den eingeschlagenen Weg weitergehen und durfte nicht nach links und rechts schauen.

So beschloss ich, sofort mit der Verwirklichung meines Vorhabens zu beginnen.

„Ich fühle mich schon seit einiger Zeit nicht mehr sehr wohl. Hättest du etwas dagegen, wenn ich ein paar Tage auf unserem Gut verbringen würde?"

Erstaunt sah er mich an.

„Warum hast du mir das nicht schon früher gesagt?" fragte er.

„Ich wollte dich nicht beunruhigen", begann ich zu erklären. „Außerdem schien es dir so wichtig, den Schein zu wahren. Doch nun ist Nofretari gestorben. Es wird in der nächsten Zeit keine Feierlichkeiten bei Hof geben. Deshalb glaube ich, es wird niemandem auffallen, wenn ich nicht in der Stadt weile."

„Das ist richtig. Selbstverständlich kannst du nach Memphis reisen, wenn du es willst. Nur bitte ich dich, zur Beisetzung wieder zurück zu sein. Es würde seltsam aussehen, wenn ich allein daran teilnähme."

„Natürlich werde ich bis dahin wieder hier sein", versprach ich.

„Wann willst du abreisen?"

„Gleich heute morgen", antwortete ich.

Menna schien überrascht, hatte aber keine Einwände. Ich vermutete sogar, dass es ihm ganz lieb war, mich für einige Zeit nicht sehen zu müssen.

Ich beauftragte die völlig überraschte Seketa, meine Sachen zu packen und von den Dienern an Bord des Schiffes bringen zu lassen. Menna begleitete mich zum Hafen und verabschiedete sich von mir.

„Erhole dich gut, Sarah, und komme bald wieder zurück", sagte er.

Während er mich flüchtig küsste, merkte ich, dass er mit seinen Gedanken nicht bei mir war. Der Tod Nofretaris beschäftigte ihn. Mit ihr war eine seiner wenigen Hoffnungen gestorben.

Unter anderen Umständen hätte mich dieser trostlose Abschied gewiss geschmerzt, aber so empfand ich eine tiefe Erleichterung, dieser Stadt für einige Zeit den Rücken kehren zu dürfen.

Meine einzige Sorge war Prinzessin Bent-Anat gewesen. Was, so hatte ich mir überlegt, wenn sie meine Abwesenheit nutzte, um zum tödlichen Schlag auszuholen? Schließlich war ich jedoch zu der Überzeugung gelangt, dass sie mit ihrer Rache bis nach der Beisetzung Nofretaris warten würde, um genügend Interesse für ihre Enthüllungen zu finden. So konnte ich beruhigt abreisen.

Mit Erleichterung sah ich Per-Ramses sich langsam meinem Blick entziehen. Seit langem war ich zum ersten Mal ganz allein. Sogar meine treue Dienerin Seketa war in der Stadt zurückgeblieben. Ich hatte ihr meine Kinder anvertraut, eine Aufgabe, die ihr gewiss keine Zeit ließ, über meine überstürzte Abreise nachzudenken.

Das eigentliche Ziel meiner Reise war Pithom. Hier beauftragte ich den Kapitän des Schiffes, vor Anker zu gehen und auf meine Rückkehr zu warten. Der ängstliche Kapitän wollte mir einen seiner Männer als Begleitung mitgeben, doch ich lehnte entschieden ab. Ich ging von Bord. Das Kästchen mit den Beweisen hatte ich gut versteckt in meinen Binsenkorb gelegt. Kurz nachdem ich aus der Sichtweite der Schiffsmannschaft verschwunden war, zog ich das Tuch, das ich als Sonnenschutz auf den Kopf gelegt hatte, vor Mund und Nase. Obwohl es mir unwahrscheinlich erschien, dass mich jemand erkannte, wollte ich trotzdem jeden Zufall ausschließen.

Eiligen Schrittes gelangte ich in das Hebräerviertel der Stadt und fragte einen alten, auf einem Stein sitzenden Mann nach dem Platz, an dem Jacob zurzeit arbeitete. Misstrauisch sah mich der Alte an. Durch meine Kleidung hielt er mich für eine Ägypterin, und keiner hier erwartete von einem Ägypter etwas Gutes.

Ohne Mühe fand ich die vom Alten bezeichnete Stelle, an der ein großer Getreidesilo entstand. In einiger Entfernung blieb ich stehen und sah eine Weile den Leuten bei der Arbeit zu. Jacob entdeckte ich nicht. Dafür erblickte ich ein anderes bekanntes Gesicht, und mir war, als würde eine alte, längst vernarbte Wunde abermals aufgestochen werden. Ich sah den Mann, den mein Vater mir einst zum Gatten gewählt hatte – Elia. Er hatte sich kein bisschen geändert. Noch immer presste er aus seinem Volk das letzte bisschen Kraft heraus, gebrauchte erbarmungslos die Peitsche.

Gerade wollte ich unverrichteter Dinge wieder gehen, da endlich erblickte ich Jacob, der etwas abseits der Baustelle mit vielen anderen den Nilschlamm zu Ziegeln formte. Das Herz schnürte sich mir zusammen. Ich wollte nicht glauben, was ich sah. Wie sehr hatte ich mir damals, in Abydos, gewünscht, das wenigstens er gut aus der Sache herauskäme. Nun musste ich erkennen, dass genau das Gegenteil eingetroffen war. Man hatte ihm die niedrigste Arbeit aufgezwungen, die es gab, das Formen und Pressen von Nilschlammziegeln. Und zu allem Übel war Elia der Oberaufseher der Baustelle. Es bedurfte für mich keiner weiteren Fragen, ich kannte die Wahrheit auch so.

Ich überlegte einen Augenblick, sah mich kurz nach allen Seiten hin um, dann ging ich auf Jacob zu. Unmittelbar vor ihm ließ ich den Korb fallen und bückte mich gleich danach. Auch er griff hilfsbereit danach, und für einen Augenblick trafen sich unsere Blicke. Er hatte mich erkannt, das sah ich an seinem überraschten Gesichtsausdruck.

„Pst", flüsterte ich ihm zu. „Komm heute Abend, wenn es dunkel ist, zu der Stelle, an der wir früher immer gespielt hatten. Und sage niemandem etwas von mir, nicht einmal Esther."

Er nickte, hatte mich verstanden.

Ich ging rasch weiter. Niemand hatte etwas bemerkt.

Während ich, um mir die Zeit zu vertreiben, ziellos durch die Straßen der Stadt lief, wurde mir zum ersten Mal richtig bewusst, welch weiten Weg ich inzwischen gegangen war. Wie fremd war mir die Armut und Not meines Volkes geworden. Wie sehr hatte ich mich an den Luxus und Reichtum meines Lebens gewöhnt, und diese Wirklichkeit, die sich nun meinem Auge unbarmherzig darbot, völlig vergessen. Fast kam ich mir wie ein Verräter vor. All die Jahre hatte ich nur mein eigenes Schicksal im Sinn gehabt, und die Leiden all der vielen anderen aus meiner Erinnerung verbannt. Nun musste ich mir eingestehen, dass ich nicht die einzige war, die unter der ägyptischen Fron litt.

Bei Einbruch der Dämmerung begab ich mich an den verabredeten Ort, setzte mich ins Schilf und wartete. Obwohl ich müde und erschöpft war, spürte ich eine mir bislang fremde Kraft mich durchströmen. Dieses Elend lag weit hinter mir und würde mich nie wieder einholen. Ein Märchen hatte sich erfüllt, war Wahrheit geworden. Es war ein Hoffnungsfunke für all jene, die Not litten. Ich durfte nicht untergehen, musste den Mächtigen Ägyptens trotzen, damit die Hoffnung weiterleben konnte.

Jacobs Schritte schreckten mich aus meinen Gedanken auf. Plötzlich stand er mir gegenüber.

Schweigend sah er mich an, so als könne er nicht glauben, was sich ihm zeigte.

„Sarah", sagte er schließlich fassungslos. „Bist du es wirklich oder spielt meine Phantasie mir einen Streich?"

„Nein", beruhigte ich ihn lachend. „Du träumst nicht. Ich bin es."

„Aber wie ist das möglich?" fragte er ungläubig, während er auf mich zuging und mich in die Arme schloss.

„Sarah", flüsterte er leise. „Wie oft habe ich nachts dein Bild vor mir gesehen, ein Bild, das mich anklagte, das mir vorwarf, dich im Stich gelassen zu haben!"

„Oh, Jacob", antwortete ich gerührt. „Ich komme nicht, dich anzuklagen. Ich komme, weil ich deine Hilfe brauche. Ich habe lange gezögert, dich um diesen Gefallen zu bitten, doch außer dir kenne ich niemanden, dem ich vertrauen darf."

„Du weißt, Sarah, ich würde alles für dich tun. Was ich dir zu verdanken habe, kann ich in meinem ganzen Leben nicht wieder gut machen."

Ich winkte abwehrend mit der Hand.

„Was habe ich schon für dich getan, Jacob? Ich habe das Elend gesehen, in dem du lebst. Und ich habe Elia gesehen. Da bedarf es keines weiteren Wortes mehr."

Jacobs Blick verfinsterte sich.

„Elia", sagte er zornig. „Der Tag wird kommen, an dem ich ihn umbringe."

Sein Blick wurde wieder etwas heller. Er lächelte mich aufmunternd an.

„Lass uns nicht von mir sprechen. Erzähle von dir. Wie kommt es, dass du heute hier bist?"

Ich sah seinen fragenden Blick, der mich, meine Kleidung, meinen Schmuck musterte.

„Oh, Jacob", erwiderte ich ausweichend. „Das ist eine lange Geschichte, und ich bin mir nicht sicher, ob ich sie dir erzählen soll."

Jacob bestand darauf, und ich ließ mich schließlich überreden. In groben Zügen erzählte ich ihm, was sich seit unserem Abschied zugetragen hatte. Alles, was den Mord an Nofretari betraf, verschwieg ich jedoch.

„Du bist also, wie ich sehe, in erheblichen Schwierigkeiten", schloss Jacob aus meinem Bericht.

„Ja", entgegnete ich. „Und darum brauche ich deine Hilfe."

„Aber ich wüsste nicht, wie ich dir helfen könnte."

„Trotzdem kannst du mir helfen", beharrte ich und zog das Kästchen, das ich bis jetzt verborgen gehalten hatte, hervor.

„Ich möchte dich bitten, dies für mich zu verwahren", erklärte ich. „Öffne es nicht, erzähle niemandem etwas davon, ja, erwähne nicht einmal, dass du mich heute gesehen hast. Ich will ehrlich zu dir sein, Jacob. Dieses Kästchen verbirgt ein todbringendes Geheimnis. Wenn man auch nur ahnt, dass du es besitzt, wäre dies dein und mein Tod. Ich werde meine Spuren gut verwischen. Trotzdem könnte ein dummer Zufall zu dir führen. Deshalb wäre ich dir nicht böse, wenn du ablehntest."

Ich sah ihn forschend an. Er schwieg eine ganze Weile. Seinen Blick hatte er fest auf das Kästchen gerichtet.

„Sarah", antwortete er endlich. „Du weißt, ich werde es für dich tun. Trotzdem möchte ich dir folgendes sagen. Ich weiß nicht, was dort drin ist und ich möchte es auch nicht wissen. Aber mein Gefühl sagt mir, dass du im Begriff bist, einen großen Fehler zu begehen. Bist du dir ganz sicher, dass du das Richtige tust?"

„Nein", gestand ich ehrlich. „Aber ich sehe keinen anderen Weg. Bisher haben andere mein Leben nach ihrem Willen geformt. Dies hier gibt mir die Möglichkeit, die Dinge zu wenden. Ich werde diese Gelegenheit nicht an mir vorbeiziehen lassen. Ich habe es satt, der Verlierer zu sein."

Er sah mich nachdenklich an.

„Ich hoffe für dich, dass du weißt, was du tust. Hass ist immer ein schlechter Ratgeber."

„Das weiß ich", erwiderte ich fest. „Vergrabe dieses Kästchen hier für mich. Nur du und ich kennen diesen Ort. Und um noch etwas möchte ich dich bitten", fuhr ich fort. „Ich werde veranlassen, dass man dich benachrichtigt, falls ich sterben sollte. Falls irgendetwas an den Umständen meines Todes verdächtig ist, übergib dieses Kästchen meinem Gatten. Er wird wissen, was zu tun ist."

Er nickte. Wir verabschiedeten uns voneinander.

„Pass gut auf dich auf, Sarah", mahnte Jacob mich noch einmal.

Ich lächelte ihm siegessicher zu, dann wandte ich mich ab und eilte zum Schiff zurück.

Wir segelten weiter nach Memphis. Hier verbrachte ich einige Tage, zwang mich dazu, Ruhe zu bewahren und nicht gleich wieder nach Per-Ramses aufzubrechen, obwohl alles in mir danach drängte. Ich wollte beenden, was ich begonnen hatte. Trotzdem wartete ich, kehrte erst drei Tage vor der Beisetzung Nofretaris in die Stadt des Pharaos zurück.

## 8.

Wie nahe liegen Gut und Böse beieinander. Oft entscheiden nicht wir selbst, in welche Richtung der Waagschale sich letztlich unser Leben neigt. Meist trifft unsere Umwelt diese Entscheidung für uns. Wir sind nichts weiter als ein Spielball, der den Weg einschlägt, den eine unbekannte Macht bestimmt. Daran glaube ich.

Mein Leben war durch das Joch der Ägypter geprägt worden. Alles Unrecht, das mir durch sie widerfahren war, hatte Hass in meinem Herzen keimen lassen. Allein meine Liebe zu Menna hätte die Kraft besessen, diesen Hass zu unterdrücken. Ja, vielleicht wäre er eines Tages sogar ganz gestorben, hätte das Schicksal sich nicht gegen uns gewandt. Je weiter Menna sich von mir entfernte, desto größere Triebe bekam mein Hass. Zuerst verstand ich diese Gefühle nicht richtig zu deuten, doch der Anblick meines Bruders, das Elend, das sich über sein Leben gesenkt hatte, ließen mich endlich klar erkennen, was mein Herz quälte. Seine Not hatte meinen Entschluss endgültig gefestigt. Ich wollte Rache nehmen. Als ich nach Per-Ramses zurückkehrte, war das Fundament meines Hasses unauslöschlich in meinem Herzen verankert.

Menna begrüßte mich herzlich. Zu meiner Freude entdeckte ich, dass er mich vermisst hatte. Ich spürte seit langem zum ersten Mal wieder deutlich, dass er mich trotz all der widrigen Umstände noch immer liebte.

„Ich hatte viel Zeit, über uns nachzudenken, Sarah", sagte er zu mir, als wir am Abend gemeinsam auf einer Bank in unserem Garten saßen. „Fast hätte ich vergessen, wie sehr ich dich liebe. Erst während deiner Abwesenheit ist mir klar geworden, wie wichtig du für mich bist, wichtiger als alles andere. Ich will dich nicht verlieren. Was ist Ramses gegen dich? Ich war ein Narr. Verzeih mir, dass ich so lange gebraucht habe, um das einzusehen. Gleich nach der Beisetzung Nofretaris werde ich Ramses bitten, mich auf unser Gut zurückziehen zu dürfen."

Überrascht sah ich Menna an. Es schien ihm ernst zu sein mit dem, was er sagte. Sollte sich am Ende doch noch alles ohne Kampf wenden lassen? Die Verlockung war groß, und vielleicht wäre ich ihr sogar erlegen, hätte ich Menna nicht so gut gekannt. Er war bereit, sich endgültig vom Hof zurückzuziehen. Aber was würde danach geschehen? Ich dachte an die Jahre, die wir gemeinsam in Memphis verbracht hatten. Mennas Unruhe hatte stets unser Glück überschattet. Der gleiche Schatten würde wieder auf uns fallen, an unserer Ehe nagen, bis sie zerbräche. Nein, ich durfte dieser Versuchung nicht erliegen. Ich musste bleiben, gleichgültig, ob als Sieger oder Verlierer.

„Nein", entgegnete ich daher entschlossen. „Ich war im Unrecht, Menna. Auch ich habe während meiner Abwesenheit lange über uns nachgedacht. Ich sehe inzwischen vieles mit anderen Augen. Es geht schon lange nicht mehr darum, ob man uns demütigt, uns mit Verachtung straft. Es geht eigentlich auch nicht um dich und mich, sondern um ein Volk, dem Unrecht geschehen ist, das unterdrückt und ausgebeutet wird. Kein Ägypter würde sich je mit einem Hebräer an einen Tisch setzen. Ein Hebräer ist in den Augen eines Ägypters ein Mensch zweiter Wahl. Und nun sieh mich an, Menna. Ich bin hier. Ich gehe am Hof des Pharaos ein und aus. Auch wenn mir jeder den Rücken zuwendet, kann mich doch keiner übersehen. Dass ich hier bin, verdanke ich dir. Wenigstens glaubte ich dies lange Zeit. Heute jedoch beginne ich zu begreifen, dass hinter all dem mehr steht als wir beide. Das Schicksal hat unsere Wege zusammengeführt und mich hierher gebracht, als eine Mahnung, das Volk nicht zu vergessen, dem solches Unrecht geschieht. Und darum werde ich nicht weichen, noch einen Fuß zurücksetzen. Wir werden bleiben, Menna, und unsere Sache zu Ende bringen. Ganz gleich, wie es ausgehen wird, wir können dann wenigstens sagen, wir haben unser Bestes gegeben."

Erstaunt sah Menna mich an.

„Sarah", sagte er fast erschrocken. „Du bist mir plötzlich völlig fremd. Mir ist, als ob eine andere zu mir aus deinem Mund spricht. Was ist aus dem Mädchen mit den großen, scheuen Augen geworden, aus dem Mädchen, das sich fürchtete, in diese Stadt zu kommen? Du hast dich verändert, und ich habe es nicht einmal gemerkt, weil ich viel zu sehr mit mir selbst beschäftigt war. Wie oft hast du mich angefleht, von hier fort zu gehen. Jetzt, da ich begriffen habe, dass es das einzig Richtige ist, willst du nicht mehr. Fast glaube ich, nach einem langen Alptraum zu erwachen, um neben mir eine Fremde wieder zu finden, eine Frau, die von Hass geleitet wird."

„Nein", antwortete ich ernst. „Es ist keine andere, die vor dir steht. Der Mensch reift, er ändert sich nicht. Der Hass, von dem du sprichst, war schon lange tief in meinem Innern verborgen. Das Leben geht voran, und je weiter man seinen Weg geht, desto deutlicher sieht man seine eigenen Ziele vor sich. Dass du mich zu deiner Frau gemacht hast, kann mich nicht zu deinesgleichen machen. Ich bleibe, was ich war. Glaube mir, Menna, zum ersten Mal in meinem Leben weiß ich ganz genau, wovon ich spreche. Waren es nicht auch Hass und Zorn, die dich hier so lange ausharren ließen? Du hast den Platz in deiner Welt verloren, weil du mich zum Weib genommen hast. Auch für mich ist es unmöglich, dorthin zurückzukehren, wo ich herkomme. Ich habe ein ungeschriebenes Gesetz unseres Volkes gebrochen, habe einen Mann genommen, der Götzen anbetet. Doch nicht nur das trennt mich für immer von meinem Volk. Ich selbst kann nicht an diesen Gott glauben, von dem unser Volk spricht. Wir sind beide Heimatlose geworden, Menschen, die sich ihren Platz im Leben neu erkämpfen müssen. Darum müssen wir bleiben, ganz gleich, was geschieht. Und noch etwas will ich dir heute sagen, etwas, das du nie vergessen darfst. Was auch immer kommen wird, ich liebe dich und werde dich immer lieben. Vergiss das nie."

„Du müsstest dich jetzt sehen, Sarah. In deinen Augen ist eine wilde Entschlossenheit zu sehen. Nun gut, wir bleiben, wenn du es willst. Dir würde ich überall hin folgen, denn ich liebe dich, so sehr, dass es mir manchmal fast den Verstand raubt."

Ein Kuss besiegelte unseren Bund. Menna hob mich empor, trug mich in unser Schlafgemach. Mennas Hände glitten über meinen Körper, streiften meine Kleider ab. Er umarmte mich, und während ich meinen Kopf an seine Brust presste, hörte ich deutlich seinen rasenden Atem. Ich spürte, wie sehr er mich in diesem Augenblick begehrte, mehr als jemals zuvor. Unklar ging es mir durch den Kopf, wie lange es her war, dass ich eine solche Leidenschaft bei ihm entdeckt hatte. Sein Körper brannte, drängte dem meinen entgegen. Seine Begierde gab mir die letzte Gewissheit. Ich hatte den richtigen Weg gewählt.

„Sarah", flüsterte er immer wieder, und dann waren wir eins. Der dunkle Schatten dieser Stadt stand nicht mehr zwischen uns. Meine Kraft und Entschlossenheit gaben ihm neuen Mut.

„Menna", hauchte ich irgendwann schwach. „Halte mich ganz fest und lass mich nie wieder los."

Er seufzte tief und glücklich auf.

Erschöpft, aber zufrieden lagen wir danach schweigend beieinander.

„Du hast Recht", murmelte Menna schließlich. „Wir werden nicht weichen. Wir werden bleiben und uns behaupten. Solange du und ich zusammenstehen, kann uns niemand etwas anhaben."

Ich lächelte ihn an.

„Ich liebe dich so sehr, dass ich es nicht beschreiben kann", flüsterte ich und schlief in seinen Armen ein.

Siebzig Tage lang hatte Nofretaris eingefallener Leichnam im Hause des Todes geruht. Hier hatten die Sem-Priester die Glieder der Großen Königlichen Gemahlin nach dem Brauch der Ägypter mit feinen Leinenbinden umwickelt, die Höhlungen des Körpers mit natrongetränkten Tüchern gefüllt, während Handwerker und Steinmetze letzte Hand an die Särge legten. Im Tal der Königinnen arbeiteten Maler und Bildhauer, um das Grab Nofretaris fertig zu stellen.

Jetzt lagen die Boote bereit, die die tote Königin mit ihrem gesamten Hab und Gut ebenso wie die königliche Familie, die Priester und das Trauergefolge nach Theben bringen sollten.

Ein verhängnisvolles Schweigen breitete sich über den großen Trauerzug, als dessen unzählige Boote den Nil entlangfuhren. Jeder wusste inzwischen, woran die Große Königliche

Gemahlin gestorben war. Aus den Dörfern, an denen die Schiffe vorbei glitten, kamen die Frauen ans Ufer geströmt, stimmten ein Furcht erregendes Klagegeschrei an, zerrissen sich die Kleider und streuten sich Sand aufs Haupt. Pharao Ramses ließ sich während der ganzen Reise nicht ein einziges Mal sehen. Er zog sich in das Innere seines Schiffes zurück, und nur Chaemwese und seine Diener durften zu ihm. Sein Zorn über die Ermordung Nofretaris hatte sich noch immer nicht gelegt.

Wie mir Menna berichtete, waren alle Gäste und Diener, die dem Fest beigewohnt hatten, verhört worden. Dabei war keine Rücksicht auf Stellung und Einfluss der Betroffenen genommen worden. Nicht einmal die Mitglieder der königlichen Familie waren von der Maßnahme ausgenommen worden. Nur mich hatte niemand befragen wollen, denn niemand maß mir irgendeine Bedeutung bei. Als alle Untersuchungen und Nachforschungen ohne Ergebnis geblieben waren, hatte Ramses Isis-Nefert in ihren Gemächern aufgesucht. Noch Tage danach hatte es im ganzen Palast kein anderes Gesprächsthema gegeben. Die Szene, die der Pharao seiner zweiten Gemahlin gemacht hatte, muss fürchterlich gewesen sein. Ramses hatte dabei offen ausgesprochen, was jeder vermutete, und seiner Gemahlin mit schwerer

Strafe gedroht, falls er für seine Annahme die geringsten Beweise fände.

Diese Auseinandersetzung schien ihre Wirkung auf Isis-Nefert nicht verfehlt zu haben. Sie sah blass und übernächtigt aus. Jeder konnte ihr ansehen, dass sie sich Sorgen machte, doch nur ich wusste, warum. Umgeben von ihren Töchtern und Söhnen fuhr sie auf ihrem eigenen Schiff den Fluss entlang.

Das Schiff des Kronprinzen, der von den Söhnen Nofretaris begleitet wurde, fuhr dem ihren voraus. Zum ersten Mal konnte jeder sehen, was bis dahin nur Eingeweihten bekannt gewesen war, die Feindschaft, die zwischen Nofretaris und Isis-Neferts Kindern herrschte. Die Blicke, mit denen die beiden Parteien sich maßen, ließen keinen Zweifel offen. Es war ein Zwist, der noch mehr Todesopfer fordern würde. Das wusste auch Ramses.

So erreichten wir die alte Reichshauptstadt Theben. Schon aus der Ferne sah man im Osten die drei Berggipfel, die bekundeten, dass das Ziel der Reise nahe war.

Unsere Schiffe gingen am Westufer, der Totenstadt, vor Anker, die Rampen wurden herausgeschoben. Die Tempel der toten Pharaonen erhoben sich vor dem gelben Felsgebirge der Wüstenberge. Die Mitglieder der königlichen Familie standen wartend da, während Sarg und Truhen an Land gebracht wurden.

Endlich erschien auch Ramses. Sein Gesicht war finster. Er wirkte müde.

Der Leichenzug begann sich zu formieren. Sklaven trugen Salben, Speisen, Kleider und Juwelen für die Tote. Auf einem Schlitten, der von Ochsen gezogen wurde, standen vier Kanopen, die die Eingeweide der Königin enthielten. Vor dem Schlitten ging ein singender Priester. Auf einem zweiten Schlitten stand der Sarg Nofretaris, hinter dem Ramses zusammen mit dem Kronprinzen herging.

Nur die Priester und die königliche Familie durften von hier aus der verstorbenen Königin das letzte Geleit geben. Alle anderen blieben wartend zurück. Bald waren die von den Ochsen gezogenen Schlitten außer Sicht. Nur aus der Ferne hörte man noch den Totengesang der Priester.

Erst am Abend des vierten Tages kehrten die Trauernden zurück, und gemeinsam setzten wir ans andere Ufer über.

Der Pharao beabsichtigte, für einige Tage im alten Königspalast von Theben zu bleiben, bevor er nach Per-Ramses zurückkehren wollte. Wie viele andere blieben auch Menna und ich während dieser Zeit auf unserem Schiff wohnen, um nicht in irgendeine Herberge der dicht bevölkerten Stadt ziehen zu müssen. Gemeinsam schlenderten wir durch die Stadt, die durch die Anwesenheit des Pharaos zu neuem Leben erwacht war. Menna zeigte mir die gewaltige Tempelanlage Amuns, deren Dächer golden in der Sonne glänzten. Niemals in meinem ganzen Leben habe ich je etwas Prächtigeres gesehen. Anders als in Per-Ramses, der Stadt, die in wenigen Jahren aus dem Nichts entstanden war, fühlte man sich hier der seit vielen Generationen gewachsenen Tradition und Kultur der Ägypter nahe, verstand plötzlich, worauf dieses Volk so stolz war. Doch all diese neuen Eindrücke und Erlebnisse konnten mir nur für kurze Zeit Ablenkung verschaffen. Ich spürte, wie die Zeit verstrich, und wusste, dass ich jetzt handeln musste.

Ramses hatte den Tag seiner Rückreise bereits bestimmt und beabsichtigte, am Vorabend ein Gastmahl zu veranstalten, zu dem auch Menna geladen worden war.

Wir erschienen pünktlich. Es war das erste Gastmahl, das Ramses seit dem Tod Nofretaris gab, und die Stimmung der Geladenen war keinesfalls gut. Jeder fieberte voll banger Erwartung dem Erscheinen des Pharaos entgegen, versuchte sich vorzustellen, welche Laune Ramses mitbrachte. Jeder wusste, dass ihn der Tod Nofretaris sehr getroffen hatte, ihn der Streit innerhalb seiner eigenen Familie aber noch weit mehr beschäftigte.

Wir mischten uns unter die Gäste. Suchend schweifte mein Blick umher. Endlich entdeckte ich Merenptah, der sich angeregt mit dem Bürgermeister Thebens unterhielt. Auch auf den Gesichtszügen des jungen Prinzen konnte ich Spuren der Angst und Anspannung erkennen. Die letzten Wochen mussten ihm viel Kraft abgerungen haben. Ich wandte mich wieder Menna zu, ließ Merenptah jedoch keinen Moment aus den Augen. Ich wartete, hoffte, dass sich eine Gelegenheit bot, ihn ungestört sprechen zu können.

Ramses erschien. Er wirkte mürrisch, versuchte aber, seine schlechte Stimmung zu verbergen. Isis-Nefert folgte ihm. Man sah ihr an, dass sie es vorgezogen hätte, den Abend in ihren Gemächern zu verbringen. Allein ihre Furcht vor Ramses zwang ihr die Selbstbeherrschung ab, zu erscheinen.

Der Abend zog sich in die Länge. Die drückende Stimmung blieb. Ramses aß wenig, trank dafür umso mehr. Sein scharfer Blick streifte die anwesenden Gäste. Es schien, als suche er eine Antwort auf seine Frage. Für einen Augenblick trafen sich unsere Blicke. Zum ersten Mal fand ich keinen Spott in seinen Augen, sondern nur Gleichgültigkeit. Ich fragte mich, wie lange dieser Zustand der Betroffenheit und Ratlosigkeit bei ihm wohl anhalten würde. Ramses war nicht der Mann, der jemandem lange nachzutrauern vermochte. Schon bald würde er Nofretari aus seiner Erinnerung verbannen.

Die Zeit floss langsam, fast schleichend dahin. Es war bereits spät, da endlich löste sich Merenptah aus der Menge. Er sah müde aus, als er durch den Säulengang in den sich anschließenden Park hinaustrat. Von einer unbekannten Macht getrieben stand ich auf, sagte Menna, ich wollte kurz etwas Luft schnappen, und folgte Merenptah. Ich fand ihn sitzend am Rande eines kleinen Teiches. Er starrte versonnen ins Wasser und bemerkte mich erst, als ich unmittelbar hinter ihm stand. Erschreckt sah er auf. Nachdem er mich erkannt hatte, wandte er sich beruhigt wieder ab.

Ich spürte erneut Angst in mir. Mein Wille war jedoch stärker, überwand die Angst.

„Verzeiht, Hoheit", begann ich stockend. „Könnt Ihr mir für einen Augenblick Euer Gehör schenken?"

Er sah nicht auf, winkte nur ärgerlich mit der Hand.

„Ach, Hebräerin", murmelte er. „Belästige mich nicht mit deinen Angelegenheiten. Sie interessieren mich nicht. Geh und lass mich allein."

Unbeirrt fuhr ich fort:

„Es liegt mir fern, Eure Hoheit zu belästigen", versicherte ich eifrig. „Aber vielleicht wäre es doch ganz gut für Euch und für Eure edle Mutter, wenn Ihr mir einige Momente zuhörtet."

Ich sah, wie sein Kopf sich mir zuwandte. Eine böse Ahnung beschlich ihn, gebot ihm Vorsicht und Misstrauen.

„Was willst du?" fragte er mit lauernder Stimme, die mich zur Vorsicht mahnte. Eine eisige Kälte war in seine Augen getreten. Wieder spürte ich, in welch riskantes Abenteuer ich mich stürzte, wusste jedoch auch, dass es jetzt zur Umkehr zu spät war. Ich musste die Ruhe bewahren, durfte mich nicht von ihm einschüchtern lassen.

„Ich möchte Euch eigentlich nur darum bitten, für mich bei der edlen Isis-Nefert vorzusprechen, um mir eine Audienz bei ihr zu verschaffen."

„Warum sollte meine Mutter dich empfangen?"

Der Hohn in seiner Stimme war gespielt. Ich merkte, dass er dahinter seine Unsicherheit zu verbergen suchte.

„Ich will nicht lange darum herumreden, Hoheit, denn ich weiß, Eure Zeit ist kostbar. Ich besitze etwas, das Euch gehört, einen Ring und einen Becher. Ich glaube, es wäre nicht in Eurem Sinn, wenn diese Dinge in die falschen Hände gerieten. Darüber möchte ich gerne mit Eurer Mutter sprechen. Und ich möchte Euch warnen, Hoheit. Sollte mir etwas zustoßen, habe ich dafür gesorgt, dass diese Dinge den richtigen Weg finden."

Er sah mich fassungslos an, dann sprang er auf. Seine Hände legten sich um meinen Hals. Er schüttelte mich und drückte schließlich zu.

„Wo sind die Sachen? Gib sie heraus", schrie er außer sich.

Ich hielt seinem Blick stand, ließ mich von seinem Zornausbruch nicht beeindrucken.

Seine Wut legte sich ebenso schnell, wie sie gekommen war. Sein Verstand gewann die Oberhand, riet ihm, die Angelegenheit mit mehr Besonnenheit anzugehen.

„Was forderst du?" stieß er innerlich noch immer bebend hervor.

„Darüber möchte ich mit Eurer Mutter sprechen, Hoheit", antwortete ich.

„Meine Mutter hat im Augenblick Sorgen genug", zischte er.

„Ganz bestimmt wären ihre Sorgen weitaus größer, hätte ich nicht geschwiegen. Aber vielleicht wäre es besser gewesen, ich hätte Nofretari damals gewarnt, als ich sah, wie Ihr, Hoheit, das Gift in ihren Becher schüttetet."

Ich beobachtete, wie Merenptah sich ängstlich umblickte, bevor er antwortete:

„Bei allen Göttern Ägyptens, schweig. Wenn uns jemand hört." Er überlegte kurz, dann nickte er willig.

„Gut, du sollst deine Audienz bekommen. Ich werde dir eine Nachricht senden. Und jetzt geh. Man darf uns hier nicht zusammen sehen."

Ich sah ihn noch einmal scharf an.

„Glaubt mir, Hoheit, wenn ich Euch versichere, dass ich mich gut abgesichert habe. Trachtet mir lieber nicht nach dem Leben. Und wartet nicht zu lange mit Eurer Nachricht."

Ich drehte mich um und ging, überließ ihn der Wirkung meiner Worte.

Was diesem Gespräch folgte, war die schreckliche Zeit des Wartens. Angst und Unsicherheit beschlichen mich erneut, zehrten an meinen Nerven und bereiteten mir schlaflose Nächte. Immer wieder versuchte ich, mir vorzustellen, wie Isis-Nefert auf mein Gespräch mit Merenptah reagieren würde. Je länger ich darüber nachdachte, desto unsicherer wurde ich. Ständig fragte ich mich, ob ich wirklich nichts übersehen hatte, sich nicht doch ein Fehler in meinen Plan eingeschlichen hatte. Ich saß oft stundenlang grübelnd an Deck unseres Schiffes, in der Hoffnung, dass endlich etwas passieren würde.

Wir näherten uns bereits Per-Ramses, und noch immer hatte ich nichts von Isis-Nefert gehört. Meine Phantasie begann, mir die bösesten Streiche zu spielen, spiegelte mir die bösesten Ahnungen vor. Da endlich erreichte uns die Botschaft, die Menna nicht nur überraschte, sondern auch besorgte, mir hingegen meine Sicherheit zurückgab.

Es war zwei Tage bevor wir Per-Ramses erreichten. Die Boote legten an Land an, um Nahrung und Wasser aufzunehmen. Da kam einer unserer Diener an Bord. Er war völlig außer sich und berichtete uns fassungslos, dass Unbekannte vor einigen Tagen unser Haus überfallen und alles auf den Kopf gestellt hätten. Sie schienen etwas gesucht zu haben. Nachdem sie offensichtlich nichts gefunden hatten, waren sie wieder verschwunden, ohne auch nur einen Gegenstand mitzunehmen.

Ich sah, wie Mennas Stirn sich in Falten zog.

„Was kann das nur zu bedeuten haben?" fragte er mich, ohne jedoch eine Antwort zu erwarten.

„Was kann man bei uns gesucht haben?" fuhr er nach einiger Zeit nachdenklich fort. „Das kann nur auf Befehl des Pharaos geschehen sein. Ich werde zu ihm gehen und ihm von dem Zwischenfall berichten."

„Das würde ich nicht tun", warnte ich Menna. „Überlege doch. Wenn Ramses etwas bei uns gesucht hätte, wären seine Soldaten gekommen und nicht irgendwelche unbekannten Räuber. Ich glaube nicht, dass Ramses etwas darüber weiß. Jemand anders muss dahinterstecken. Wir sollten deshalb abwarten und nichts überstürzen. Vielleicht klärt sich alles von selbst auf."

Menna sah mich lange und durchdringend an. Misstrauen trat in seine Augen.

„Fast glaube ich, du weißt mehr darüber, als du mir sagst", murmelte er schließlich. „Überhaupt ist mir aufgefallen, dass du dich in den letzten Tagen recht merkwürdig benimmst. Du bist unruhig und schreckhaft. Was ist los, Sarah? Hab doch Vertrauen zu mir und sag mir, was dich bedrückt."

Ich zauberte ein künstliches Lächeln hervor und antwortete so ruhig wie ich konnte: „Du irrst dich, Menna."

Er fragte nicht weiter, aber ich sah seinem Gesicht an, dass er mir nicht glaubte.

Doch woran sollte ich glauben? Die Nachricht von der Durchsuchung unseres Hauses zeigte mir, dass mein Gespräch mit Merenptah den erwarteten Widerhall gefunden hatte. Ich hatte Isis-Nefert aufgeschreckt. Sie versuchte nun, aus der Enge, in die ich sie gedrängt hatte, herauszufinden. Wie lange würde es wohl noch dauern, bis sie einsah, dass ihre Bemühungen, die Beweise zu finden, vergeblich bleiben würden? Oder war es vielleicht doch möglich, dass sie Ring und Becher aufspüren würde? Nein! Ich verscheuchte diesen Gedanken gleich wieder. Das konnte, das durfte nicht sein.

Er war bereits dunkel geworden. Die Dienstboten hatten die Reste des Abendmahls, das wir an Deck eingenommen hatten, beiseite geräumt und waren dann schlafen gegangen. Auch Menna hatte sich bereits zurückgezogen. Es wurde kühl, ich begann zu frösteln. Deshalb erhob ich mich, um in die Kajüte zu gehen. Ich stand auf, drehte mich um und fuhr erschreckt zusammen. Ein Mann, in dem ich nach kurzer Zeit einen Diener Isis-Neferts erkannte, stand vor mir. Er musterte mich kühl, und ich fragte mich, wie lange er schon hinter mir gestanden haben mochte. Nachdem er sah, dass ich meinen Schreck überwunden hatte, flüsterte er:

„Komm mit. Meine Herrin will dich sprechen."

Er ging voran, kletterte die Rampe unseres Schiffs hinunter, auf der am Nachmittag Lebensmittel und Wasser an Bord geschafft worden waren. Er sah sich nicht mehr nach mir um.

Ich zögerte einen Moment, doch dann nahm ich all meinen Mut zusammen und folgte ihm. Er führte mich vorbei an all den vielen Booten, die über Nacht an Land verankert worden waren, damit sie von der Strömung nicht abgetrieben werden konnten. Vor dem Schiff der Großen Königlichen Gemahlin, das menschenleer dalag, blieb er stehen. Kein Wächter, kein Diener war zu sehen. Eine verhängnisvolle Stille breitete sich aus. Vor der in der Mitte des Bootes gelegenen Kajüte blieb der Mann stehen, öffnete die Tür und ließ mich eintreten.

Unklar hörte ich, wie sich die Tür hinter mir wieder schloss. Deutlich spürte ich meine Einsamkeit, ahnte die Gefahr, in der ich schwebte. Trotzdem war plötzlich jede Furcht von mir gewichen. Das Warten hatte mir Angst eingeflößt, doch jetzt, da ich der Bedrohung gegenüberstand, erwachten in mir ungeahnte Kräfte.

Eine Alabasterlampe brannte, erleuchtete den Raum schwach. Isis-Nefert saß auf einem mit einem Leopardenfell ausgelegten Sessel. Die Wände trugen Malereien, die Isis-Nefert beim Opfern darstellten. Hinter ihrem Stuhl stand Merenptah. Seine Hände ruhten auf den Schultern seiner Mutter. Sonst war niemand anwesend.

Ich kniete vor Isis-Nefert nieder, wie es vorgeschrieben war. Obwohl ich die Augen gesenkt hielt, spürte ich, dass sie mich aufmerksam musterte.

„Erhebe dich. Tritt näher", befahl die Große Königliche Gemahlin.

Ich gehorchte. Unmittelbar vor Isis-Nefert blieb ich stehen. Wir sahen uns einige Augenblicke lang abschätzend an, ehe Isis-Nefert wieder das Wort an mich richtete.

„Ich will nicht lange reden. Wir drei wissen, worum es geht. Es ist unnötig, noch einmal darüber zu sprechen. Du hast eine Audienz verlangt. Ich habe sie dir gewährt. Also sage mir schnell und unumwunden, was du willst."

Es entging mir nicht, dass Isis-Nefert es peinlich vermied, über Nofretari zu sprechen. Dies zeigte mir, wie unsicher Isis-Nefert sich fühlte, dass sie niemandem traute, ja, sogar fürchtete, hier und jetzt belauscht werden zu können. Obwohl sie versuchte, gleichgültig und gelassen zu wirken, sah ich deutlich die Anspannung in ihrem Gesicht, die Spuren der Angst. Doch selbst jetzt, in dieser für sie bedenklichen Lage, konnte sie die Verachtung, die sie für mich empfand, nicht verbergen. Weitaus schlimmer als die Tatsache, dass jemand ihr Geheimnis kannte, war für sie, dass gerade ich dieser Jemand war, ich, Sarah, die Hebräerin.

Ruhig und entschlossen wandte ich mich an Isis-Nefert:

„Eure Hoheit, die Große Königliche Gemahlin, hat Recht. Man weiß nie, wer Zeuge eines solchen Gespräches werden kann", antwortete ich, um ihr zu zeigen, dass ich ihre Befürchtungen genau kannte.

„Ich will deshalb nicht über das reden, was geschehen ist, sondern über das, was geschehen soll. Ich brauche Eurer Hoheit gewiss nicht schildern, in welch misslicher Lage ich mich befinde."

„Falls du glaubst, dass ich den Pharao in deiner Sache umstimmen kann, irrst du dich", unterbrach mich Isis-Nefert sofort.

„Ich weiß, dass Ihr das nicht könnt", erwiderte ich sachlich. „Darum geht es mir auch nicht. Es geht um ihre Hoheit, die Prinzessin Bent-Anat.

Ich irre mich gewiss nicht in der Annahme, dass sie Euch erzählt hat, was sie über mich in Erfahrung gebracht hat."

Ich sah, dass Isis-Nefert sichtlich überrascht war.

„Woher weißt du davon?" fuhr sie mich hitzig an.

„Ist das nicht gleichgültig, Hoheit? Wichtig ist nur, dass sie schweigt."

Ein schrilles Lachen entfuhr Isis-Nefert.

„Wie kommst du darauf, dass es mir gelingen könnte, Bent-Anat zum Schweigen zu bringen? Und warum sollte ich dies auch tun, Bent-Anat erweist dem Pharao doch nur einen Dienst, wenn sie ihn darüber aufklärt, dass eine Unruhestifterin, eine Majestätenbeleidigerin, eine Rebellin an seinem Hof ein und aus geht. Deshalb wurdest du doch verurteilt, oder irre ich mich da? Dann warst du geraume Zeit die Hure des Oberpriesters Wennofer, bis dich dieser unter recht mysteriösen Umständen abschob. Wenn ich mich richtig entsinne, ging es dabei um einen Mordanschlag auf das Leben des Edlen Wennofer, bei dem du eine recht zwielichtige Rolle spieltest, die den Schluss zuließe, dass du die Ermordung Wennofers plantest. Bent-Anat ist der Überzeugung, dass du eine Gefahr für den Hof und für den Pharao bist. Es ist ihre Pflicht, Ramses davon zu unterrichten. Eine Rebellin gehört nicht an den Tisch des Herrschers, weder sie noch ihr Mann."

Ich lächelte gelassen.

„Ich bin davon überzeugt, dass es Euch gelingt, Bent-Anats Meinung zu ändern."

Isis-Nefert sah mich feindselig an. Ihr gealtertes, runzliges Gesicht verzog sich zu einer hässlichen Fratze. Ich überlegte, dass sie gewiss einmal eine schöne Frau gewesen sein musste, die Jahre diese Schönheit jedoch völlig verzerrt hatten. Ihre Reize waren schon lange dahin, geblieben war ihr Ehrgeiz, nicht mehr für sich, sondern für ihre Kinder.

Nachdem eine Zeit lang Schweigen geherrscht hatte, fuhr ich fort:

„Wie Ihr selber sagtet, liegt ein dunkler Schatten auf meinem früheren Leben. Ich versichere Euch, Hoheit, dass ich ein Opfer übler Machenschaften geworden bin. Erpressung und Bestechung sind für dieses Urteil verantwortlich. Es wird Zeit, dass mir endlich Recht widerfährt. Ich bitte Euch um die Köpfe der Leute, die mir einst so übel mitgespielt haben, den des Richters Ti, den des Vorarbeiters Elia und den des Oberpriesters Wennofer."

Ein schriller Schrei entfuhr Isis-Nefert. Völlig fassungslos starrte sie mich an. Ihr Körper zitterte. Ihre Augen funkelten wild, Augen, die einmal sehr schön und anziehend gewesen sein mochten.

Merenptah, der bis jetzt geschwiegen hatte, stieß zornig hervor:

„Ich habe dich gewarnt, Mutter. Wir hätten nicht versuchen sollen, mit ihr zu handeln. Drehen wir ihr den Hals um, und es wird Ruhe geben."

Er wollte auf mich zugehen, aber Isis-Nefert hielt ihn zurück. Sie hatte ihre Fassung zurückerlangt und sah mich nun forschend an.

„Du glaubst, sie flunkert. Sieh sie dir an, Merenptah. Sieh sie dir genau an. Ich habe einige Erfahrung mit Menschen. Sie spielt nicht. Sie meint es ernst. Sie weiß genau, an welchem Abgrund sie steht, und wenn sie hinunterfällt, wird sie uns mitziehen. Sie hasst, und deshalb ist sie gefährlich, weit gefährlicher als ein Mensch, der aus Gewinnsucht handelt."

Sie wandte sich wieder an mich.

„Du hast mich in der Hand, Hebräerin, das wissen wir beide. Im Augenblick bleibst du die Siegerin. Aber hüte dich, den Bogen zu überspannen. Ich werde dafür sorgen, dass Bent-Anat schweigt. Du kannst auch den Kopf dieses Richters und des Vorarbeiters haben. Sie sind unnützes Gesindel, dessen Tod weiter nicht ins Gewicht fällt. Aber Wennofer kannst du von mir nicht bekommen. Ihn zu beseitigen, wäre für mich zu gefährlich. Nimm, was ich dir biete, oder lass es. Mehr lasse ich nicht aus mir herauspressen. Als Gegenleistung fordere ich Ring und Becher zurück."

Ich verneigte mich.

„Ich danke Eurer Hoheit für Ihren Großmut. Ich will mich mit dem, was Ihr bietet zufriedengeben. Becher und Ring kann ich jedoch nicht zurückgeben. Sie sind und bleiben das Pfand unseres Bundes."

Isis-Nefert kniff die Augen zusammen.

„Glaubst du, ich will ewig in deiner Hand bleiben?" zischte sie.

„Glaubt Ihr, ich bin des Lebens müde", erwiderte ich. „Ich werde nie wieder etwas von Euch fordern, das versichere ich Euch."

Isis-Nefert lachte. Es war ein grelles, hasserfülltes Lachen.

„Wir sind uns einig. Geh jetzt, ehe ich es mir anders überlege."

Ich verneigte mich noch einmal tief und verließ den Raum. Nachdem ich die Tür hinter mir geschlossen hatte, verharrte ich einen Augenblick regungslos. Jetzt, da die Gefahr vorüber war, spürte ich, wie meine Knie zitterten, der Schweiß aus meinen Poren drang. Ich hatte fast alles erreicht, was ich mir gewünscht hatte. Trotzdem fühlte ich mich nicht als Siegerin. Der Mann, den ich am meisten hasste, war mir entkommen – Wennofer. Ich wusste, solange er lebte, würde ich keine Ruhe finden, noch mit meiner Vergangenheit abschließen können. Gerade er sollte für das büßen, was er mir und meiner Familie angetan hatte.


## 9.

All das, wovon ich eben berichtete, ereignete sich im Jahre 29 der Regierung Pharao Ramses.

Nach der Rückkehr des Hofes in die neue Reichshauptstadt begannen die Vorbereitungen für das erste Sed-Fest Pharao Ramses, das anlässlich der dreißigjährigen Regierung des Pharaos stattfinden sollte. Nach dreißig Regierungsjahren wurde das Fest im Turnus von drei Jahren wiederholt. Damals ahnte noch niemand, wie viele Sed-Feste Ramses noch feiern würde, mehr als jeder Pharao vor ihm.

Ramses widmete sich den Vorbereitungen zu diesem Fest und vergaß darüber bald den Tod Nofretaris, denn es gab genügend Frauen und Mädchen, die den Pharao zu trösten versuchten. Sie rangen um die Gunst des Herrschers, verstrickten sich in die unselige Hoffnung, Nofretaris Platz einnehmen zu können. Doch eine zweite Nofretari sollte es nie wieder geben. Durch ihren Tod an nichts mehr gebunden, arteten Ramses Liebeleien immer mehr in wahre Orgien aus, so dass selbst die engsten Berater und Freunde des Pharaos ratlos den Kopf schüttelten, wenn die Rede auf die Zügellosigkeit und unersättliche Begierde des Pharaos kam.

Isis-Nefert sah schweigend über all das hinweg. Sie wusste genau, dass keines der Mädchen ihr gefährlich werden konnte. Keine besaß auch nur annähernd die Tugenden und Fähigkeiten, die Ramses bei Nofretari so geschätzt hatte. Sie alle hingen wie reife Früchte verführerisch an einem Baum. Doch wenn er sie pflückte und hineinbiss, stellte er fest, dass sie meist das nicht hielten, was sie versprachen. Deshalb warf Ramses sie fort und suchte weiter.

Ich glaube, er suchte nach etwas, das er nicht finden konnte, nach einer Frau wie Nofretari.

Äußerlich änderte sich in meinem Leben nach der Rückkehr nach Per-Ramses eigentlich nichts. Menna vergaß den Zwischenfall der Durchsuchung unseres Hauses bald. Und es ereignete sich auch nichts mehr, was sein Misstrauen neu hätte aufleben lassen können. Wie eh wurden wir als Außenseiter gemieden. Doch im Gegensatz zu früher bedrückte es Menna nicht mehr so, ja, er begann sogar sich damit abzufinden. Er ahnte nichts von der Gefahr, in der wir geschwebt hatten. Mehr als früher widmete er seine Zeit unseren Kindern, wobei er besonders das Herz der kleinen Tamid eroberte. Sie fühlte sich ganz zu ihrem Vater hingezogen, während Benja sich lieber zu mir gesellte. Damals machten wir uns darüber weiter keine Gedanken, war es doch oft so, dass Mädchen, wenn sie klein sind, sich in ihren Vater verlieben, Jungen sich hingegen mit Vorliebe der Mutter zuwenden. Welche Folgen das einmal haben würde, ahnten wir nicht.

Die Große Königliche Gemahlin hielt Wort. Bent-Anat schwieg. Kein Wort von dem, was sie über mich wusste, kam über ihre Lippen. Isis-Nefert hatte ihr klar gemacht, dass es nicht nur für sie und Merenptah tödliche Folgen haben würde, erführe Ramses von meinem Wissen, sondern dass auch alle anderen Kinder Isis-Neferts dann unter den Folgen zu leiden hätten. Bent-Anat behielt ihr Geheimnis für sich, doch dafür hasste sie mich noch mehr als früher. Sie mied mich, aber wenn wir uns trotzdem einmal begegneten, sprühten ihre Augen vor Zorn, der nicht hinausdurfte, der dazu verurteilt war, ewig im Verborgenen zu bleiben.

Auch ihr zweites Versprechen erfüllte Isis-Nefert. Es war einige Tage vor Beginn der Feierlichkeiten des Sed-Festes. Menna weilte gerade in Memphis, um den dortigen Bestand der Pferde ihrer Majestät zu überprüfen und dann anschließend Prinz Chaemwese, dem Hohenpriester von Memphis, Bericht zu erstatten. Chaemwese war von Pharao Ramses mit der Verkündung und den Vorbereitungen des Regierungsjubiläums beauftragt worden, und Menna war dazu bestimmt, nach der Inspektion dem Prinzen hilfreich zur Seite zu stehen. Ich zweifelte nicht daran, dass Menna diese Aufgabe auf Betreiben Isis-Neferts zugeteilt bekommen hatte. So konnte die Große Königliche Gemahlin sicher sein, dass er von den Ereignissen in Per-Ramses nichts mitbekommen würde.

Eines Abends betrat einer unserer Diener mein Schlafgemach und teilte mir mit, dass vor dem Haus die Sänfte der Großen Königlichen Gemahlin auf mich warte. Der Diener war nicht nur überrascht, sondern auch ein wenig verängstigt, denn er konnte sich nicht erklären, was das zu bedeuten hatte. Der Bann, der auf unserem Haus lag, ließ ihn nichts Gutes ahnen.

„Geh und sag, dass ich gleich kommen werde", beauftragte ich ihn, bemüht, diesen sonderbaren Vorfall so natürlich und selbstverständlich wie möglich erscheinen zu lassen. Innerlich fühlte ich mich jedoch recht unbehaglich, denn ich konnte mir nicht erklären, warum Isis-Nefert mich zu sehen wünschte. Allein die Tatsache, dass sie mich in aller Öffentlichkeit von ihren Trägern abholen ließ, beruhigte mich ein wenig.

Da ich gerade dabei gewesen war, zu Bett zu gehen, benötigte ich einige Zeit, bis ich bei der wartenden Sänfte erschien. Ich spürte, wie die Dienerschaft mich beim Hinausgehen beobachtete, und wusste, dass Menna von dieser Begebenheit erfahren würde. Ich musste mir also einen Grund für diesen Zwischenfall ausdenken.

Einer der Träger zog den Vorhang der Sänfte beiseite, um mich einsteigen zu lassen. Überrascht stellte ich fest, dass Merenptah in der Sänfte saß. Für einen Augenblick zögerte ich, überlegte, ob ich einsteigen sollte. Merenptah besaß nicht den kühlen Verstand seiner Mutter. Er neigte dazu, unbesonnen zu handeln.

„Was ist?" fragte Merenptah grinsend, da er mein Zögern bemerkte. Sofort überwand ich meine Zweifel und stieg ein. Er durfte auf keinen Fall merken, dass ich mich vor ihm fürchtete.

Der Vorhang fiel zu. Sie Sänfte setzte sich in Bewegung. Schweigend saßen wir uns gegenüber, maßen einander mit abschätzenden Blicken. Ich wagte nicht zu fragen, was dies zu bedeuten hätte, und Merenptah dachte nicht daran, es mir von sich aus zu erklären.

Die Träger der Sänfte legten ihren Weg mit raschen Schritten zurück. Ich versuchte, durch die Schlitze des Vorhangs zu spähen, um festzustellen, wohin ich gebracht wurde. Als ich bemerkte, dass wir uns bereits außerhalb der Stadt befanden, wurde ich immer ängstlicher. Konnte es möglich sein, dass Merenptah die Aufgabe hatte, mich zu ermorden?

Ich weiß nicht, wie lange es dauerte, bis wir unser Ziel erreichten. Irgendwann blieb die Sänfte unmittelbar vor dem Pavillon eines prächtigen Gartens stehe, und wir stiegen aus. Erst jetzt ließ sich Merenptah zu einer Erklärung herab.

„Meine Mutter hat befohlen, dass du Zeuge dessen wirst, was hier geschieht. Du sollst sehen, dass wir unser Wort halten. Wir hoffen, dass auch du dein Wort hältst."

Wie ich später erfuhr, befanden wir uns in dem Garten eines Landhauses, das Isis-Nefert außerhalb der Stadt besaß. Merenptah stieg die Stufen, die ins Innere des von Säulen getragenen Pavillons führten, hinauf, und ich folgte ihm. Die Träger blieben zurück.

Oben angekommen, deutete Merenptah auf eine Gruppe von Soldaten, die zur Leibgarde Isis-Neferts gehörten. In ihrer Mitte befanden sich zwei gebundene Männer. Beim Näher treten erkannte ich in ihnen Ti und Elia.

Auch die beiden hatten uns bemerkt. Ihre Gesichter waren gezeichnet von Angst und Ratlosigkeit. Einer der Soldaten, vermutlich ihr Anführer, trat aus der Gruppe heraus, ging auf den Prinzen zu und verneigte sich.

„Es ist alles geschehen, wie Ihr es befohlen habt, Hoheit", sagte er. Merenptah nickte zufrieden und sah mich dann verheißungsvoll an.

„Nun sollst du deine Rache haben, Hebräerin."

„Ich will Recht, nicht Rache, Hoheit", verbesserte ich den Prinzen.

Er lächelte ironisch. Der kleine Unterschied interessierte ihn nicht.

In diesem Augenblick wurde Elia klar, wen er vor sich hatte.

„Sarah", stotterte er überrascht und immer wieder. „Sarah…"

Hasserfüllt sah ich ihn an.

„Ja", erwiderte ich. „Du siehst richtig. Ich bin Sarah. Die Sarah, die du nie wiedersehen wolltest. Ich habe dir versprochen, dass du für deine Gemeinheiten bezahlen wirst. Heute ist der Tag gekommen. Heute wirst du für das büßen, was du mir und meiner Familie angetan hast."

Elia erbleichte. Sein Körper zitterte, während Ti mich nur forschend ansah und anscheinend vergeblich versuchte, mich mit irgendeinem Ereignis in Verbindung zu bringen. Wahrscheinlich hatte er in seinem Leben so oft Unrecht gesprochen, dass er sich an eine so kleine Affäre nicht erinnern konnte.

„Sarah", hörte ich Elia wimmern, nachdem er den ersten Schreck überwunden hatte. „Sarah! Lass dir doch erklären. Ich habe damals nicht anders gekonnt. Wennofer hat mich vor die Wahl gestellt, entweder zu sagen, was er wünscht, oder aber euer Schicksal zu teilen. Was hätte ich denn tun sollen?"

„Sei ruhig", fauchte ich ihn an. „Ich kenne den Goldreif, den du noch heute stolz an deinem Arm trägst. Für ihn hast du mich an Wennofer verkauft."

„Sarah, ich verspreche dir, ich werde versuchen, alles wieder gut zu machen. Bitte! Denk daran, dass wir uns einmal sehr nahe gestanden haben. Dein Vater wollte dich mir zur Frau geben. Und denk an deinen Bruder..."

Die Erwähnung Jacobs brachte das Blut in meinen Adern zum Stehen. Ich durfte es nicht zulassen, dass Elia über Jacob sprach. Zu leicht konnte Merenptah dadurch auf die Idee kommen, nach diesem Bruder zu forschen. Nur ein Gedanke beherrschte mich in diesem Augenblick. Ich musste Elia zum Schweigen bringen, bevor er Dinge verraten konnte, die niemand wissen durfte. Ich reagierte schnell und für alle unerwartet. Ich zog dem ersten Soldaten, der meinen Weg kreuzte, den Dolch aus dem Schaft, und ehe einer der Umstehenden es begriff, stieß ich ihn in Elias Brust.

„Das ist für meinen Vater", schrie ich außer mir. „Und das ist für meinen Bruder."

Ich stieß ein zweites und ein drittes Mal zu. Elias Blut spritzte aus den Wunden, besudelte mein Kleid, meine Hände. Sein Körper schwankte einen Augenblick, dann sank er zu Boden.

Fassungslos starrte ich auf ihn. Erst jetzt wurde mir bewusst, was ich getan hatte.

Es dauerte eine Weile, bis wieder Bewegung in die kleine Gruppe kam. Merenptah trat auf mich zu, nahm mir den blutverschmierten Dolch aus der Hand. Ich fühlte mich elend, hätte heulen können. Allein die Tatsache, dass alle Blicke auf mich gerichtet waren, verlangte mir die letzte

Selbstbeherrschung ab. Ich hatte mich hinreißen lassen von Angst und Hass, hatte eigenhändig einen Menschen getötet.

Merenptah gab dem Führer der Soldaten einen Wink. Ich sah, wie der Mann auf Ti zuging. Von Todesangst gepackt, begann der Richter laut zu schreien, was den Soldaten jedoch nicht beeindruckte. Gekonnt schnitt er Ti die Kehle durch.

Ich sah es und sah es wieder nicht. Angewurzelt stand ich da, war unfähig, mich zu bewegen. Plötzlich nagten Zweifel an meinem Herzen. War das die Rache, nach der ich mich gesehnt hatte? Ein Schnitt. Das Leben eines Menschen war ausgelöscht. Unwillkürlich fragte ich mich, ob ich richtig gehandelt hatte. Ich empfand keine Freude, keinen Triumph. Ich fühlte mich elend und niedergeschlagen. Was hatte es eigentlich für einen Sinn gehabt, die beiden Handlanger Wennofers zu töten? Plötzlich wusste ich es nicht mehr.

Merenptah entriss mich dem Trübsinn, indem er meinen Arm packte und mich mit sich fortzog.

„Komm", mahnte er. „Wir müssen gehen. Die Soldaten werden den Rest erledigen."

Ich folgte ihm gehorsam, denn ich hatte in diesem Augenblick keinen eigenen Willen. Erst als ich in der Sänfte saß, kam ich langsam wieder zu mir. Zitternd sah ich zu Merenptah hinüber, entdeckte jedoch weder Abscheu noch Entsetzen in seinem Gesicht.

„Wirklich, Hebräerin", sagte er. „Das hätte ich dir nicht zugetraut. Als du den Arm hobst und auf diese Laus einstachst, da glaubte ich, die Göttin Sachmet vor mir zu sehen."

Er schwieg eine Weile, dann fuhr er fort:

„Meine Mutter hat schon Recht, wenn sie sagt, du seiest gefährlich. Nicht jede Frau ist eine Kämpferin, so wie du. Das ist sicher etwas, was du mit der Edlen Isis-Nefert gemeinsam hast."

Ich war müde, fühlte mich beschmutzt und schlecht, sehnte mich nach Ruhe, aber Merenptah berührte das nicht.

„Weißt du eigentlich, Hebräerin, dass meine Mutter Bent-Anat erst auf die Idee gebracht hat, in deiner Vergangenheit zu stöbern? Ja, in der Hauptsache war sie es, die dich vom Hof entfernen wollte. Dass du die Ehre ihrer Tochter besudelt hast, spielte dabei nur eine untergeordnete Rolle. Mit ihrem scharfen Blick erkannte meine Mutter sofort, dass du eine Bedrohung bist. Arme Mama. Nun hat sie ihre ganzen Pläne ändern müssen."

„Warum erzählt Ihr mir das, Hoheit?" fragte ich, obwohl mir die Antwort im Grunde gleichgültig war.

„Ja, warum erzähle ich dir das? Vielleicht erzähle ich es dir, weil ich Mitleid mit dir habe. Ich will dich warnen, kleine Hebräerin. Falls dir etwas an deinem Mann, deiner Ehe liegt, geh von hier fort, bevor es zu spät ist. Du bist eine tapfere, kleine Person, aber den Intrigen dieses Hofes bist du nicht gewachsen. Rette dich, bevor du in dem Netz meiner Mutter gefangen bist."

Seine Rede beunruhigte mich. Trotzdem antwortete ich kühl:

„Warum solltet Ihr Mitleid mit mir haben? Gerade Ihr, Hoheit, hättet mich doch am liebsten umgebracht."

„Du hast Recht. Ich hätte dich am liebsten umgebracht. Ich hielt dich für eine gemeine Erpresserin, die ihren Vorteil aus dem zu ziehen suchte, was geschehen war."

„Und jetzt tut Ihr das nicht mehr?" fragte ich ungläubig.

„Du bist eine Erpresserin und seit heute sogar eine Mörderin. Aber ich weiß inzwischen auch, dass du gar nicht anders handeln konntest. Ich verurteile dich nicht für das, was du getan hast. Aber jetzt lass es gut sein und geh. Du hast dich da in ein Abenteuer gestürzt, dessen Folgen du nicht übersehen kannst. Du bist unabsichtlich zwischen die Fronten zweier Parteien geraten, die sich bis aufs Blut bekämpfen. Nofretari wird nicht das letzte Opfer dieses Kampfes bleiben. Wenn du glaubst, dass dich das nichts anginge, dass für dich die Angelegenheit erledigt sei, dann irrst du dich. Da meine Mutter dich nicht vernichten kann, wird sie dich für ihre Zwecke benutzen. Sie wird dich dem Löwen zum Fraß vorwerfen, und es wird ihr gleichgültig sein, ob du dabei zugrunde gehst."

Ich sah Merenptah mit großen, forschenden Augen an. Ich verstand nicht, was er meinte, aber instinktiv spürte ich, dass seine Warnung ernst und aufrichtig war.

Er wandte sich von mir ab, wich meinem Blick aus. Wahrscheinlich, so vermutete ich, bereute er bereits, mich gewarnt zu haben. Jedenfalls würde er mir keine weitere Erklärung geben, das war sicher. Ich musste selbst hinter das Geheimnis gelangen.

Vor unserem Haus angekommen, nickte Merenptah mir noch einmal kurz zu, als Zeichen dafür, dass ich mich entfernen dürfe.

Völlig durcheinander ging ich hinein. Ich hoffte inständig, dass die Dienerschaft schlafen gegangen wäre, denn ich wollte jetzt niemandem begegnen. Ungestört erreichte ich mein Schlafgemach. Schon glaubte ich, jedem fragenden Blick entkommen zu sein, da sah ich Seketa. Sie saß wartend auf einem Kissen neben meinem Bett. Sie war eingeschlafen gewesen, doch durch mein Eintreten aus dem Schlaf geweckt worden. Sie musterte mich forschend. Plötzlich trat Entsetzen in ihre Augen. Erst jetzt wurde mir bewusst, dass meine Kleider und meine Hände blutverschmiert waren. Ich öffnete die Lippen, um einige klärende Worte zu stammeln, aber mir fiel nichts ein. Stattdessen empfand ich erneut das ganze Ausmaß meines Elends. Ich starrte auf meine Hände, meine Kleider und begann zu schluchzen. Seketa kam auf mich zu. Sie stellte keine Fragen. Tröstend nahm sie mich in den Arm, führte mich zum Bett. Dann holte sie eine Schüssel mit Wasser und wusch das Blut von meinen Händen. Gefügig ließ ich mich von ihr ausziehen und beobachtete gleichgültig, wie Seketa meine blutverschmierten Kleider zu einem Bündel zusammenrollte und damit fort ging. Als sie nach einiger Zeit zurückkam, hatte ich mich bereits etwas gefangen.

„Ich…", stotterte ich. Aber so sehr ich auch überlegte, mir fiel keine Erklärung ein.

„Ich habe deine Kleider verbrannt", sagte Seketa ruhig. „Lege dich jetzt hin und versuche, etwas zu schlafen."

Wieder öffnete ich den Mund, um etwas zu sagen, doch Seketa kam mir zuvor.

„Sei jetzt ganz ruhig, Sarah. Ganz gleich, was passiert ist, wichtig ist nur, dass du jetzt da bist."

Sie deckte mich zu und setzte sich neben mich, in der Absicht, die Nacht über bei mir zu wachen.

Unruhig wälzte ich mich im Bett umher. Die Erinnerung an das Verbrechen, das ich begangen hatte, belastete mein Gewissen. Hinzu kam, dass mir die Rede Merenptahs durch den Kopf schwirrte. Was hatte er mir eigentlich sagen wollen, und warum? Erst gegen Morgen schenkte mir der Schlaf erlösendes Vergessen.

Ich erwachte erst gegen Mittag. Seketa saß immer noch neben mir. Dankbar sah ich sie an. Sie war eine wirkliche Freundin, die einzige, die ich besaß. Sie brachte mir das Frühstück ans Bett, Getreidebrei und Fruchtsaft. Ich schob es beiseite, denn ich hatte keinen Appetit.

Seketa betrachtete das unberührte Tablett und sagte:

„Sarah, ich möchte dir so gerne helfen, aber ich weiß nicht, wie."

„Oh Seketa", erwiderte ich gerührt. „Du hast mir schon so geholfen. Aber jetzt möchte ich allein sein."

Sie verstand, was ich meinte und ging.

Einige Zeit lang lag ich regungslos da, dann stand ich auf und kleidete mich an. Ohne auf die neugierigen Blicke der Diener zu achten, verließ ich das Haus. Ziellos schlenderte ich durch die Straßen, in der Hoffnung, Zerstreuung und Vergessen zu finden. Schließlich schlug ich den Weg ein, den ich schon einmal entlanggegangen war an jenem Tag, an dem ich nach Per-Ramses gekommen war. Ich weiß nicht, ob ich absichtlich hier entlangging, oder ob der Zufall meinen Schritt lenkte. Jedenfalls stand ich plötzlich an der Stelle, zu der mich Ramses einst geführt hatte. Die Erinnerung an jenes Zusammentreffen mit dem Pharao wurde wieder lebendig. Noch immer umgab der gleiche Frieden diesen malerischen Platz.

Ich weiß nicht, wie lange ich dort saß. Ich empfand kein Bedürfnis danach, zurückzukehren in diese hässliche Stadt, die mich zu dem gemacht hatte, was ich nun war, eine feige Mörderin.

Plötzlich spürte ich Unbehagen. Ich fühlte, dass ich nicht mehr allein war. Nur zögernd wagte ich es, mich umzudrehen. Da stand er – Ramses. Erschreckt fuhr ich zusammen, warf mich vor ihm zu Boden.

„Erheben dich, Sarah, Frau des Edlen Menna."

Seine Stimme war unergründlich, verriet nichts von seinem Gemütszustand.

Ich stand auf, murmelte bittend: „Verzeiht, Majestät", und wollte mich dann sofort entfernen.

„Hab ich dir gestattet zu gehen?"

Seine gebieterische Stimme hielt mich zurück.

„Entschuldigt, Majestät. Ich dachte nur…"

„Ich denke anders", unter brach er mich. „Setz dich wieder hin."

Ich musste gehorchen, ob ich wollte oder nicht. Schweigend setzte ich mich wieder und ertrug mit niedergeschlagenen Augen seinen forschenden Blick.

„Es ist lange her, dass wir hier zusammen waren."

Ich brachte nur leise „Ja, Majestät", hervor und wünschte mich in diesem Augenblick weit weg von diesem Ort. Wie hatte ich nur jemals wieder hierherkommen können?

„Du hast mich damals sehr beeindruckt", fuhr Ramses fort. „Du warst so erfrischend natürlich. Ich hatte gehofft, du würdest wieder hierherkommen, aber du kamst nicht."

Überrascht sah ich ihn an.

„Aber Majestät", stotterte ich verwirrt. „Wieso hätte ich das tun sollen? Meine Gegenwart schien Euch keinesfalls angenehm zu sein. Weshalb sonst hättet Ihr stets über mich hinweggesehen?"

Ramses' Stirn zog sich in Falten. Er musterte mich noch eindringlicher.

„Und warum bist du heute hier?"

„Ich weiß es nicht, Majestät", stammelte ich verlegen. „Ich hatte nicht damit gerechnet, Euch zu begegnen."

„Dann habe ich es also dem Zufall zu verdanken, dich heute hier zu treffen."

Ein Lächeln umspielte seinen Mund. Es verschwand jedoch sofort wieder. Sein Gesicht spannte sich. In seine Augen trat ein gieriges Leuchten. Ich begriff plötzlich, was er von mir wollte, verstand, warum er mich die ganze Zeit über so erbittert abgelehnt hatte.

Er lächelte wieder.

„Ich glaube, du beginnst mich zu verstehen. Ja, Sarah, ich will dich. Ich wollte dich damals, und ich will dich heute, jetzt und hier."

Ich wollte etwas sagen, wollte laut „Nein"
schreien, aber ich war nicht dazu fähig. Seine
Hände griffen nach mir, tasteten über meinen
Körper und streiften mir schließlich die Kleider
ab. Schweigend ließ ich ihn gewähren. Ich wollte
es nicht, aber ich wagte nicht, ihm Einhalt zu
gebieten. Er war der Pharao. In ganz Ägypten gab
es keinen Menschen, der es gewagt hätte, sich
seinem Willen zu widersetzen. Wie versteinert
lag ich da, während er sich über mich beugte, sein
Mund den meinen suchte.

In diesem Augenblick wusste ich, dass es
geschehen würde, genauso wie er es wünschte,
dass ich es nicht wagen würde, mich ihm zu
entziehen. Diese Erkenntnis entfachte in mir
einen unglaublichen Zorn. Wut und Hass packten
mich, wandelten sich unter seinen Küssen und
Liebkosungen in eine ungebändigte Leidenschaft,
die Liebe nicht hervorzubringen vermag. Ich
hasste Ramses ebenso sehr wie ich ihn begehrte.

Er spürte die ungebändigte Herausforderung
meines Körpers, den Sturm aus Hass, Gier und
Verzweiflung, die Erlösung suchte. Für ihn war
es eine neue, bis dahin unbekannte Art der Liebe,
die sein Blut in Wallung brachte. Sein scharfer
Verstand erkannte die Ursache meines
Verlangens. Doch gerade das peitschte ihn auf,
steigerte seine Lust ins Unermessliche.

Ich gab mich ihm hin, und in diesem
Augenblick des Zusammenseins gab es weder

Herrscher noch Beherrschte, sondern nur Frau und Mann, jeder damit beschäftigt, das eigene Verlangen zu stillen. Der Höhepunkt kam schnell. Er brachte die Befriedigung, nach der wir uns sehnten.

Ramses gab mich frei, ließ sich zur Seite rollen. Schweigend lagen wir nebeneinander. Ich wagte nicht, zu ihm hinüber zu sehen. Ich wünschte mir nur, schnell von ihm fort zu kommen, brachte jedoch nicht den Mut auf, ihn zu bitten, mich zu entlassen.

Nachdem Ramses eine Weile schwer atmend neben mir gelegen hatte, setzte er sich auf und sah mir ins Gesicht.

„Du weinst?" fragte er halb verwundert, halb beleidigt. „Jede andere Frau wird dich um dieses Abenteuer beneiden."

„Ich bin nicht jede andere, Majestät", entgegnete ich kühn.

Er lachte.

„Das habe ich gemerkt."

Mein Körper stand noch immer unter Spannung. Meine Glieder zitterten. Trotzdem richtete ich mich auf, wischte die Tränen fort und sah ihn flehend an.

„Darf ich jetzt gehen, Majestät?"

Er verzog ungehalten das Gesicht, willigte dann aber doch ein. Ich suchte meine verstreuten Kleider zusammen, zog mich so rasch ich konnte an und ging. Je weiter ich mich von ihm entfernte, desto schneller begann ich zu laufen.

Atemlos kam ich zu Hause an. Ich achtete nicht auf die entsetzt blickende Dienerschaft. Alles war mir gleichgültig. Ich stürmte in mein Zimmer, warf mich aufs Bett und überließ mich dem Sturm meiner Gefühle. Tränen rannen über meine Wangen. Ich ließ sie laufen.

Seketa stand plötzlich neben mir, legte ihre Hand auf meine Schulter.

„Sarah", flüsterte sie.

Ich sah auf.

„Bitte geh", schrie ich sie hysterisch an. „Geh, lass mich allein. Ich muss jetzt alleine sein."

Sie ging.

Ich weiß nicht, wie lange ich dalag, unfähig einen klaren Gedanken zu fassen. Der Morgen dämmerte wohl bereits, als ich endlich anfing, ruhiger zu werden und zu überlegen.

Ich hatte mich Ramses hingegeben. Ich hatte Menna betrogen, seine Liebe verraten. Doch weit schlimmer als das war die Tatsache, dass ich es nicht widerwillig getan hatte. Ich hatte das gleiche Verlangen, die gleiche Lust empfunden wie er. Es war diese Begierde, die mich so entsetzte, eine Begierde, die mir beim Zusammensein mit Menna völlig fremd geblieben war. Er hatte mich verzaubert, hatte in mir Gefühle geweckt, die ich vorher nicht kannte. Ich wusste, dass ich mich nach ihm sehnen würde, dass nur ein Wink von ihm genügen würde, und ich würde wieder zu ihm eilen. Ich begehrte ihn ebenso sehr wie ich ihn hasste. Gerade diese Hassliebe barg weit mehr Anziehungskraft als die schlichte, einfache Liebe, die mich mit Menna verband. Es war der Kampf, der mich zu Ramses zog. Es war ein Kampf, dessen Ausgang noch völlig im Dunkel lag. Er hatte in mir ein loderndes Feuer entfacht. Ich kannte die mögliche Gefahr, darin zu verbrennen. Trotzdem zog es mich magisch an.

Ratlos lag ich da und grübelte. Ich wusste nicht, was ich tun sollte. Ich wollte es Menna erzählen, und gleichzeitig war mir klar, dass kein Wort über meine Lippen kommen würde. Allein der Gedanke, dass es vorbei war, dass Ramses gehabt hatte, was er begehrte, beruhigte mich ein wenig. Es war geschehen, und ich wollte es so schnell wie möglich vergessen.

## 10.

Es gibt Zeiten im Leben jedes Menschen, da sehnt er sich nach Veränderung, wartet darauf, dass irgendein Ereignis ihn dem täglichen Einerlei entreißt. Er hofft vergeblich, alles um ihn herum bleibt taub und stumm. Dann wieder gibt es jene Perioden im Leben, da löst ein Geschehnis das andere ab, ohne dass die Zeit bleibt, zur Besinnung zu kommen. Er wünscht die Zeiten des Friedens und der Ruhe zurück, aber das Schicksal gönnt ihm keine Erholungspause.

Genauso erging es mir damals. Wie lange hatte ich darauf gehofft, eine Möglichkeit zu finden, dem trostlosen Dasein bei Hof zu entfliehen. Und nun plötzlich überschlugen sich die Ereignisse. Ich fand nicht die Zeit, Atem zu holen, geschweige denn, mir über die Geschehnisse und Folgen richtig klar zu werden. Zuviel stürzte auf mich ein, überrannte mich einfach.

Ich hatte mich gerächt an jenen Menschen, denen ich die Schuld an meinem Unglück zuschrieb. Trotzdem hatte ich nicht die erhoffte Befriedigung gewonnen, denn der eigentlich Schuldige blieb für mich unerreichbar. Gerade darum hasste ich Wennofer mehr als je zuvor. Die Ermordung Tis und Elias hatte aber auch eine gewisse Nachdenklichkeit in mir entfacht, hatte in mir Zweifel darüber aufkommen lassen, ob Rache wirklich zu dem führte, was man sich von ihr erhoffte. Vielleicht wäre ich damals zur Besinnung gekommen und hätte die Möglichkeit gefunden, das Vergangene zu begraben, hätte das Schicksal mir nur die nötige Zeit dazu gelassen. Anstatt mir in Ruhe die Frage zu stellen, ob es sich gelohnt hatte, dieses Verbrechen zu begehen, fand ich mich völlig unerwartet in den Armen des Pharaos wieder. Mein Hass lebte weiter. Ich hasste Ramses, weil er mich zu seinem willenlosen Opfer machte. Und ich hasste mich selber dafür, dass ich nicht die Abscheu dabei empfand, die ich für nötig hielt. Doch all das war noch nicht genug. Die Flut der Ereignisse sollte mich weiter fortreißen.

Kurz nach jenem Zusammentreffen mit dem Pharao brach der größte Teil des Hofes nach Memphis auf, um dort das erste Sed-Fest zu feiern. Anlässlich des dreißigjährigen Regierungsjubiläums hatte Ramses im Verlauf der Feierlichkeiten im Tempel von Memphis vor den Priestern zu tanzen, um dadurch zu beweisen, dass er noch immer in der Lage war, den Staat zu lenken. Dies beruhte auf einer uralten Tradition der Ägypter, die in früheren Zeiten Bedeutung gehabt haben mochte, nun jedoch nur noch als ein schöner, alter Brauch gepflegt wurde.

Nur wenige Pharaonen vor Ramses hatten ein solches Sed-Fest überhaupt erlebt. Die meisten waren vorher gestorben. Keiner ahnte damals, dass Ramses dreizehn Sed-Feste begehen sollte, mehr als jeder Pharao vor ihm.

Auch ich brach nach Memphis auf, denn Menna erwartete mich dort. Während mein Boot sich Memphis näherte, fragte ich mich besorgt, wie ich mich verhalten sollte. Ich war mir zwar sicher, dass Ramses weiter kein Interesse an mir zeigen würde und mich in Zukunft in Ruhe ließe, aber ich hatte nicht die geringste Ahnung, wie ich die Sänfte Isis-Neferts und mein merkwürdiges Verhalten danach Menna begreiflich machen konnte. Ich fand einfach keine Erklärung für diese Zwischenfälle. So rief ich am Abend vor unserer Ankunft in Memphis Seketa zu mir. Ich wusste nicht richtig, was ich ihr sagen sollte, aber mir war klar, dass ich ihre Hilfe benötigte.

Sie saß schweigend da, sah mich erwartungsvoll an, während ich unruhig in der Kabine auf und ab schritt und verzweifelt nach den passenden Worten suchte.

„Schau, Seketa", stieß ich schließlich hervor. „Du weißt selbst, welche Probleme Menna und ich haben. Du weißt, wie viel Menna für mich geopfert hat. Was du aber nicht wissen kannst, ist, dass wir kurz vorm Abgrund stehen. Ich habe, so gut ich konnte, versucht, uns vor dem Sturz in die Tiefe zu bewahren. Menna weiß von all dem nichts, und ich möchte vermeiden, dass er etwas davon erfährt, dass er auch nur die kleinste Ahnung von dem erhält, was uns drohte. Er hat auch so genug Sorgen. Darum brauche ich deine Hilfe. Du musst verhindern, dass auch nur ein Wort von den merkwürdigen Zwischenfällen an sein Ohr dringt."

Ich sah sie flehend an.

Sie schien einen Augenblick zu überlegen, dann antwortete sie:

„Ich weiß nicht, was mit dir ist, Sarah. Irgendetwas stimmt mit dir seit langem nicht. Vielleicht ist es wirklich besser, wenn du deine Geheimnisse für dich behältst. Von meiner Seite aus soll alles geschehen, um dir dabei zu helfen. Nur um eins möchte ich dich bitten." Sie sah mich plötzlich eindringlich, fast warnend an.

„Tu Menna nicht weh. Verletze ihn nicht."

Wir sahen uns einen Moment lang abschätzend an. Dann stand Seketa auf.

„Verlass dich auf mich", sagte sie im Hinausgehen. „Er wird nichts erfahren."

Verwirrt sah ich ihr nach. Zum ersten Mal begann ich über Seketa nachzudenken. Sie war jetzt dreißig Jahre alt, so wie ich. Doch soweit ich zurückdenken konnte, hatte Seketa nicht ein einziges Mal den Wunsch geäußert, ihre eigenen Wege zu gehen. Sie war bei uns geblieben, und ich hatte sie nie danach gefragt, warum. Nun plötzlich erkannte ich den Grund ihrer Treue. Sie liebte Menna noch immer. Nie würde sie die Kraft aufbringen, diese Liebe zu überwinden. Es genügte ihr, ihn zu sehen, in seiner Nähe zu sein. Mehr forderte sie nicht für sich. Aber wie vereinbarte sich das mit ihrer Freundschaft zu mir? Ich zweifelte nicht daran, dass ihre Freundschaft zu mir aufrichtig war, ohne jede Falschheit. Aber jetzt begriff ich auch, dass sich diese Freundschaft schnell in Feindschaft verwandeln konnte, wagte ich es, Menna zu enttäuschen.

Seketa hielt ihr Versprechen. Menna erfuhr nichts von den Begebenheiten, die sich während seiner Abwesenheit zugetragen hatten. Ich weiß nicht, wie Seketa das schaffte, und es interessierte mich auch nicht. Ich dachte nicht weiter über Seketa und ihre Gefühle nach, denn das Schicksal gönnte mir keine Ruhepause.

Mein Boot erreichte Memphis in den frühen Abendstunden. Menna erwartete mich bereits am Kai. Ein Diener hatte ihn vorab von meiner Ankunft unterrichtet.

Ganz Memphis war bereits mit Menschen überflutet. Selbst die übelsten Herbergen waren bis auf die letzte Schlafstelle belegt. Viele der Angereisten, die kein Lager mehr gefunden hatten, schliefen unter freiem Himmel. Es schien, als sei halb Ägypten zusammengeströmt, um an den Feierlichkeiten des Sed-Festes, das mehrere Tage dauern sollte, teilnehmen zu können.

Menna hatte beizeiten in einer kleinen, aber sauberen Herberge Zimmer für uns beschafft. Wir aßen gemeinsam zu Abend und gingen dann früh zu Bett, um am nächsten Tag ausgeruht zu sein. Ich war froh und fühlte mich erleichtert in seiner Gegenwart. Sein Anblick verscheuchte meine trüben Gedanken, besiegte meine Sorgen und Ängste. Als am nächsten Morgen der Pharao in seiner goldenen Barke vor den Mauern der Stadt eintraf, waren die Straßen bereits dicht gedrängt mit Zuschauern. Die Stadt erbebte vom Widerhall des Gesangs der Priester, der Handpauken, Sistren, Harfen und Hörnern. Der Geruch des Weihrauchs mischte sich mit dem Brandgeruch der geopferten Tiere.

Menna hatte mich bereits am frühen Morgen verlassen, denn als Vorsteher der Wagenlenker des Pharaos war es seine Pflicht, den Trupp Streitwagen, die den Zug des Pharaos begleiteten, anzuführen. So war ich in Begleitung Seketas unterwegs, um den Einzug des Pharaos zu beobachten. Doch die Straßen waren so überfüllt, dass es mir lediglich gelang, aus der Ferne einige Blicke auf den Zug zu erhaschen, der sich bereits den Tempelmauern näherte. Ramses saß stolz auf der goldenen Barke, die von Sklaven Schritt für Schritt mühsam mittels vergoldeter Taue vorwärts gezogen wurde. Priester und Tempeltänzer begleiteten den Zug. Es war ein Spektakel, das wohl keiner der Zuschauer jemals in seinem Leben vergessen würde.

Seit jenem verhängnisvollen Erlebnis hatte ich Ramses nicht wiedergesehen. Nun saß er nur wenige Schritte von mir entfernt auf dem Podest der Barke und war unerreichbar für mich. Er war damals 53 Jahre alt, doch noch so kräftig und vital, dass er jeden Jüngling in den Schatten zu stellen vermochte. Das Alter hatte ihm nichts anhaben können.

Bei seinem Anblick begann mein Herz wild rebellierend zu klopfen. Ich wusste, ich würde ihm im Verlauf der Feierlichkeiten begegnen, und davor fürchtete ich mich. Ich hatte Angst, man könnte etwas von dem merken, was in mir vor sich ging.

„Sarah", fragte Seketa plötzlich. „Was hast du? Du bist so bleich. Fühlst du dich nicht wohl?"

Ich sah sie an und stotterte nach kurzem Zögern verlegen: „Doch. Ich fühle mich sehr gut."

Ich glaube, damals ahnte Seketa zum ersten Mal, was ich zu verbergen versuchte, denn plötzlich traten Erstaunen und Entsetzen in ihr Gesicht.

„Sarah", murmelte sie betroffen.

Ich wandte mich von ihr ab, tat, als ob ich nichts gehört hätte. Wir bahnten uns mühsam einen Weg zurück zur Herberge.

Die restlichen Tage verließ ich unsere Unterkunft so gut wie nicht mehr. Ich glaubte nicht an die Götter, deshalb stießen die Zeremonien und Rituale bei mir auf wenig Interesse.

Doch am letzten Abend des Festes veranstaltete der Pharao ein Festmahl, zu dem auch wir eingeladen wurden. Das war genau das, wovor ich mich gefürchtet hatte. Ich würde Ramses wieder begegnen. Ich beruhigte mich, indem ich mir einredete, wenn ich diesen Abend überstanden hätte, wäre damit das Schlimmste vorüber. Danach würde sich langsam der Schleier des Vergessens über die ganze Geschichte senken. Wie sehr ich mich doch irren sollte!

Wir erschienen in dem großen, erleuchteten Speisesaal mit einer kleinen Verspätung, da Menna bei der Inspektion der königlichen Ställe aufgehalten worden war. Die geladenen Gäste standen nicht mehr plaudernd beieinander, sondern hatten bereits an den für sie bestimmten Tischen Platz genommen. Auch wir wurden von einem Sklaven zu unserem Tisch geführt. Wie gewohnt warteten die Diener mit dem Beginn des Essens auf den Pharao. Ramses erschien mit der für ihn üblichen Verspätung in Begleitung Isis-Neferts, Amunherchopschefs und Chaemweses. Er wirkte gut gelaunt, sprach Speisen und Wein in reichem Maße zu, während er die vorgeführten Darbietungen und Tänze verfolgte. Das Essen war beendet, Sklaven füllten die Becher der Gäste mit Wein nach. Eine Sängerin, begleitet von einem Harfenspieler, trat gerade auf. Das Mädchen war vielleicht dreizehn oder vierzehn Jahre alt, nicht sonderlich schön, besaß aber eine zauberhafte Stimme, die selbst die Gäste, die sich eben noch unterhalten hatten, veranlasste, das Gespräch abzubrechen und gebannt dem Gesang zu lauschen.

Auch ich verfolgte das Lied interessiert, das von der tragischen Liebe einer ägyptischen Prinzessin zu einem armen Fellachen handelte.

Wie die Geschichte endete, vermag ich nicht zu sagen, denn ein Sklave trat plötzlich auf mich und Menna zu. Er überbrachte uns die Einladung des Pharaos, zu ihm zu kommen und an seinem Tisch Platz zu nehmen.

Menna und ich sahen uns einen Augenblick verwundert an. Eine Einladung des Pharaos war eine besondere Ehre und wurde nur wenigen Auserwählten zuteil. Mennas erstes Erstaunen legte sich schnell. Er stand auf und zog mich hinter sich her. Ich vergaß die Sängerin, ihr Lied, ich vergaß alles um mich herum. Willenlos folgte ich Menna zu Ramses.

Wir verneigten uns vor ihm. Seine Hand wies auf zwei Kissen, auf denen wir uns niederließen. Eine Weile herrschte Schweigen. Ramses hörte weiter aufmerksam dem Lied zu, und wir warteten geduldig, worauf, wussten wir nicht.

Zufällig begegnete mein Blick Isis-Neferts. Sie sah mich kühl an. Ihre Augen durchbohrten mich beinahe. Ihr berechnender, kalter Blick, ihr herber, entschlossener Gesichtsausdruck flößten mir Furcht ein. Ich kann nicht sagen, warum, aber plötzlich konnte ich das Gefühl nicht loswerden, dass sie alles über mein Zusammentreffen mit Ramses wusste. Sie schien meine Ängste zu erraten, denn die Härte in ihrem Gesicht wich nun einem verächtlichen, spöttischen Grinsen. Gerade das beunruhigte mich noch mehr und erhärtete meinen Verdacht.

Nachdem die Sängerin den Saal verlassen hatte, wandte sich Ramses Menna zu. Etwas Gönnerhaftes trat in seine Miene.

„Früher warst du oft Gast an meinem Tisch, denn früher waren wir Freunde. Du hast diese Freundschaft zerstört, denn du hast gegen meinen Willen gehandelt. Ich gestehe", er warf mir ein Lächeln zu bevor er weitersprach, „ich kann deine Handlungsweise verstehen. Doch selbst das entschuldigt nicht, dass du das Verbot deines Pharaos missachtet hast. Doch dies liegt alles weit zurück. Darum finde ich, es ist Zeit, unsere Fehde zu beenden. Ich will dir verzeihen, was du getan hast."

Menna starrte Ramses verwirrt an. Er konnte nicht glauben, was er hörte. War es wirklich möglich, dass Ramses nach all den Jahren bereit war, einzulenken?

„Ich weiß nicht, wie ich Euch für Eure Gnade danken soll, Majestät", stotterte Menna.

„Bedanke dich nicht bei mir, sondern bei Chaemwese. Mir scheint, du hast ihn in der Zeit, in der du mit ihm zusammengearbeitet hast, auf deine Seite gezogen. Er hat für dich gesprochen."

Menna und ich sahen dankbar zu dem Lieblingssohn des Pharaos, der neben Isis-Nefert saß. Er lächelte Menna freundlich zu und drückte damit seine Zufriedenheit darüber aus, dass die Dinge den richtigen Lauf nahmen.

„Aber", erwiderte Menna noch immer überrascht, „ich habe Prinz Chaemwese, den Hohenpriester von Memphis, nie darum gebeten, für mich bei Euch ein gutes Wort einzulegen."

Ramses lachte amüsiert.

„Er hat es trotzdem getan, denn er erkannte wohl als erster, wie sinnlos unser Streit eigentlich ist. Keine Frau ist es wert, ihretwegen eine Freundschaft zu opfern", meinte er vieldeutig.

„Ich danke Euch, Majestät", wiederholte Menna noch einmal.

Dann unterhielten Ramses und Menna sich über alte Zeiten, während ich grübelnd meinen Gedanken nachging. Ich konnte noch immer nicht fassen, dass sich nun alles zum Guten gewandt hatte. Ich blickte in Mennas Gesicht, sah ein Leuchten in seinen Augen, das ich für immer verloren glaubte, und wusste, wie glücklich er in diesem Augenblick war. Ich empfand tiefe Dankbarkeit für Chaemwese und für das Wunder, das er bewirkt hatte. Nie würde ich ihm das vergessen. Isis-Neferts Stimme schreckte mich aus meinen Träumen.

„Da mein göttlicher Gemahl, der Pharao, in seiner Großmut beschlossen hat, diese Fehde zu beenden, würde ich mich freuen, dich ein wenig näher kennen zu lernen", sagte sie zu mir. „Ich bitte dich, mich morgen früh in meinen Gemächern aufzusuchen."

Der kalte Angstschweiß lief mir den Rücken hinunter. Ich stotterte:

„Gerne, Hoheit", während ich in Isis-Neferts Gesichtsausdruck die wahren Gründe zu erkennen suchte. Freundschaftliche Gefühle hegte sie für mich ganz gewiss nicht, dass wusste ich. Aber was sonst konnte sie von mir wollen? Böse Ahnungen beschlichen mich, obwohl ich sie nicht zu begründen vermochte. Ihre Aufforderung, sie zu besuchen, warf für den Rest des Abends einen dunklen Schatten auf mein Gemüt.

Es war bereits sehr spät, als Ramses beschloss, aufzubrechen. Er verabschiedete sich freundlich von Menna.

Menna stand auf, verneigte sich vor ihm und ging. Auch ich verneigte mich vor dem Pharao und wollte dann Menna folgen, doch da stand Pharao Ramses plötzlich in seiner ganzen Größe vor mir. Vergeblich versuchte ich, um ihn herumzugehen, sein Körper versperrte mir den Weg.

„Ich will dich wieder sehen", flüsterte er.

Das war keine Bitte, das war ein Befehl. Ich starrte ihn an und wusste in diesem Augenblick genau, warum er Menna nach all den Jahren der Ungnade jetzt wieder seine Huld schenkte. Ich war der Grund, nicht der Prinz Chaemwese. Solange ich seine Befehle befolgte, würde er Menna gegenüber Großmut üben. Doch so erschreckend dies auch sein mochte, weit mehr beunruhigte mich die Tatsache, dass ich nicht widerwillig seinem Befehl folgen würde, sondern dass irgendetwas mich zu ihm trieb, etwas, das ich nicht erklären konnte.

Ramses gab mir den Weg frei. Ich blickte mich ängstlich um, ob auch niemand den Zwischenfall beobachtet hatte. Gerade wollte ich mich beruhigt abwenden, da streifte mein Blick Isis-Nefert. Ihren scharfen Augen war nichts von dem entgangen, was zwischen Ramses und mir vorgefallen war.

Eilig stürzte ich davon und folgte Menna. Aber der Gedanke an das Zusammentreffen mit Isis-Nefert ließ mir keine Ruhe. Ich ahnte, dass sie mir Vorwürfe machen und drohen würde. Was sollte ich ihr darauf erwidern? Ich wusste nur eins an diesem Abend genau. Ich würde wieder zu ihm gehen, wenn er mich rief.

Während des Rückwegs zur Herberge wechselten Menna und ich kein Wort. Menna war zu überwältigt von dem, was er erreicht hatte. Er hatte damit schon lange nicht mehr gerechnet. Ich hingegen fühlte mich elend und niedergeschlagen, denn ich spürte, dass all das irgendwann in einer Katastrophe enden musste. Menna entging meine Niedergeschlagenheit völlig. Er war zu sehr mit sich und seinem vermeintlichen Triumph beschäftigt.

In der Herberge angekommen, täuschte ich Kopfschmerzen vor und zog mich sofort in mein Schlafgemach zurück.

Ich stand am nächsten Morgen mit den ersten Sonnenstrahlen auf. Meine Unruhe trieb mich aus dem Bett. Deshalb wartete ich nicht auf Seketa, die mir gewöhnlich beim Ankleiden half, sondern tat dies allein. Alles lag noch in tiefem Schlaf als ich die Herberge verließ. Ich streifte ziellos durch die Straßen und Gassen von Memphis. Noch war alles wie ausgestorben, doch ich wusste, bereits kurze Zeit später würden die ersten Bauern mit ihrem Obst, Getreide und Gemüse ankommen, um es auf dem Markt zu verkaufen. Ihre Ochsenkarren würden die schmalen Gassen versperren. Ihnen folgten gewöhnlich die Händler, die von den Handelsschiffen des Hafens strömten, um ihre vielen Waren feilzubieten. Dann würde Memphis sein wahres Gesicht zeigen. Es war ein Tummelplatz der verschiedensten Völker und Nationen.

Ich ging weiter und kam schließlich in die Nähe des Hafens. In den vielen Schenken und Tavernen dieses Stadtteils saßen die letzten von der Nacht übrig gebliebenen Zecher eingeschlafen vor ihren leeren Bierkrügen. Betrunkene, die ihren Weg nach Hause nicht mehr gefunden hatten, schliefen ihren Rausch am Straßenrand aus.

Es war der letzte Peretmonat. Die Luft war trotz der frühen Morgenstunden angenehm lau. Mein

Weg endete am Hafen. Ungewöhnlich viele Boote lagen vor Anker, was darauf zurückzuführen war, dass der Pharao in Memphis weilte.

Gerade wollte ich mich auf den Rückweg begeben, um zurück zu sein, bevor irgendjemandem mein Fehlen auffiel, da zog plötzlich eine seltsame Szene meine Aufmerksamkeit auf sich. Ein junger Bursche, höchstens sechzehn oder siebzehn Jahre alt, stürzte an mir vorbei. Es hätte nicht viel gefehlt, und er hätte mich umgerannt. Kaum hatte ich meinen ersten Schreck überwunden, da sah ich vier Soldaten an mir vorbeirennen, denen ein Aufseher folgte. Die vier verfolgten den Fliehenden und hatten ihn bald eingeholt und überwältigt. Der Aufseher war neben mir stehen geblieben und sah mich jetzt forschend an.

„Ihr scheint hier fremd zu sein, edle Dame, denn sonst würdet Ihr nicht allein spazieren gehen. In dieser Gegend treibt sich viel Pack und Gesindel herum."

Ich überhörte seine Warnung. Entsetzt beobachtete ich, wie die vier Soldaten den Jungen mit Schlägen und Tritten bedachten und ihn dann schließlich zu dem neben mir stehenden Aufseher schleiften. Das grobe mitleidlose Gesicht des Mannes verzog sich zu einem spöttischen Grinsen, während er sich wieder an mich wandte.

„Kein schöner Anblick für eine Dame wie euch."

Fassungslos starrte ich den jungen, hebräischen Sklaven an, der schmerzerfüllt stöhnte. Sein Rücken war mit blutigen Striemen übersät, das Gesicht von den Schlägen der Soldaten blutig und geschwollen. Doch trotz der Schmerzen funkelten die Augen des Jungen die Ägypter wild und hasserfüllt an.

„Was hat er getan?" fragte ich.

„Er hat versucht, zu fliehen", bekam ich zur Antwort.

„Und was wird jetzt mit ihm geschehen?"

„Er wird getötet werden", erwiderte der Aufseher. „Jeder Sklave, der zu fliehen versucht, muss sterben. Das ist der Befehl des Pharaos."

Meine Augen wanderten zwischen dem Aufseher und dem Jungen hin und her. Ich empfand tiefes Mitleid mit dem Unglücklichen, und der Wunsch, ihm zu helfen, wuchs übermächtig in mir.

„Wem gehört der Sklave?" forschte ich weiter.

„Dem Pharao."

Ich hatte keine Kupferkite, keinen Schmuck, nichts bei mir. Trotzdem fragte ich, von einem inneren Drang getrieben:

„Kann ich ihn kaufen?"

Als Antwort ertönte schallendes Gelächter.

„Edle Dame, verzeiht, wenn ich das sage, aber ich glaube wirklich, Ihr seid leicht sonderlich, um es vornehm auszudrücken. Nicht nur, dass Ihr zu einer ganz ungewöhnlichen Zeit allein hier spazieren geht, nein, jetzt wollt Ihr auch noch diesen Sklaven kaufen. Er ist ein Aufwiegler, ein Unruhestifter, und er bekommt die Strafe, die er verdient."

Sein spöttisches Geschrei brachte mich von meinem Vorhaben nicht ab.

„Was verlangt ihr für ihn?"

Meine Hartnäckigkeit ließ das Lachen aus seinem Gesicht verschwinden.

„Er ist unverkäuflich. Er gehört dem Pharao."

„Ich will ihn haben. Wenn du ihn mir nicht verkaufst, so werde ich den Pharao um ihn bitten."

Der Aufseher musterte mich verdrießlich und kratzte sich dabei nachdenklich am Kopf. Er wusste nicht richtig, was er tun sollte. War es möglich, dass ich Ramses kannte, dass ich mich gar über sein Benehmen beim Pharao beschweren würde? Selbst wenn er sich in diesem Fall korrekt an seine Anweisungen hielt, man konnte nie wissen. Nach einigem Zögern antwortete er schließlich:

„Geht zum Architekten Menech. Ihm ist der Sklave zugeteilt. Wenn er ihn Euch verkauft, soll es mir recht sein. Bis morgen früh lasse ich ihn gegen ein kleines Entgelt am Leben."

Ich schaute den Jungen an und dachte an Jacob. Ich musste alles versuchen, um sein Leben zu retten. Darum willigte ich in den Handel ein. Der Aufseher hielt fordernd seine Hand auf.

„Nein", lehnte ich ab. „Du bekommst dein Geld erst, wenn ich den Sklaven abhole. Wer garantiert mir sonst dafür, dass du dein Wort hältst."

„Und wer garantiert mir dafür, dass Ihr nicht vielleicht noch Eure Torheit einseht und es Euch anders überlegt?"

„Das ist dein Risiko", entgegnete ich. „Aber sei sicher, dass ich es mir nicht anders überlegen werde."

Er nickte grimmig, wandte sich von mir ab und ließ den Jungen von den vier Soldaten fortschleppen.

Ich blickte ihnen noch einen Moment nach, dann machte ich mich auf den Rückweg. Unterwegs kamen mir ernstliche Zweifel. Was würde Menna zu meiner Idee, den Sklaven zu kaufen, wohl sagen? Würde es mir gelingen, ihn zu überzeugen? Doch nicht nur das beunruhigte mich. Während meines Wortgefechts mit dem Ägypter hatte ich vergessen, was jetzt wieder drohend wie eine Steilwand vor mir lag, meine Audienz bei der Großen Königlichen Gemahlin.

Schon aus der Ferne sah ich Menna unruhig vor der Herberge auf und ab gehen. Er wartete. Eilig rannte ich ihm entgegen, blieb mit rasendem Atem vor ihm stehen.

„Sarah! Wo warst du? Ich habe dich gesucht."

„Ich konnte nicht richtig schlafen", entschuldigte ich mich. „Es ist so viel passiert."

Er lächelte verständnisvoll.

„Mir ging es ähnlich."

Er schien glücklich und zufrieden. Ich zögerte einen Augenblick, doch dann entschloss ich mich, Menna sofort von meinem Erlebnis zu berichten.

„Bitte", flehte ich ihn an. „Kaufe den Sklaven."

Menna sah mich vorwurfsvoll an.

„Wie konntest du nur allein in diese Gegend gehen?"

Doch dann erhellte sich sein Blick wieder ein wenig.

„Menech, sagst du. Ich kenne ihn gut. Es dürfte kein Problem sein, den Sklaven loszukaufen. Nur ob das eine gute Idee von dir ist, wage ich zu bezweifeln."

„Bitte, Menna", drang ich weiter in ihn.

Schließlich gab er nach.

„Also gut! Wenn es dir so wichtig ist, sollst du ihn haben. Aber erfüll du mir auch eine Bitte. Isis-Nefert hat dich zu sich befohlen."

Ich nickte stumm. Die Freude über Mennas Versprechen, den Sklaven zu kaufen, verschwand aus meinem Gesicht.

„Sei vorsichtig, Sarah", fuhr Menna fort. „Isis-Nefert ist gefährlicher als eine Schlange. Ich weiß nicht, was sie von dir will. Ich kann dich nur warnen."

„Ich pass schon auf, Menna", antwortete ich und versuchte, zuversichtlich zu lächeln, obwohl mir nicht danach zumute war.

„Komm!" Menna nahm mich in den Arm. „Lass uns frühstücken gehen. Ich habe riesigen Hunger."

Ich ließ mich von Menna fortziehen. Wieder wurde mir bewusst, was für einen guten und herzlichen Mann ich geheiratet hatte.

Isis-Nefert erwartete mich bereits. Als sich die Tür hinter mir schloss und ich vor ihr auf dem Boden niederkniete, fühlte ich einen Schauer über meinen Rücken laufen.

„Steh auf", forderte Isis-Nefert mich auf.

Ich sah mich forschend um, während ich mich erhob. Wir waren allein. Nicht einmal Merenptah war anwesend. Eine Weile herrschte eisiges Schweigen. Isis-Neferts Blick haftete auf mir, durchbohrte mich beinahe. Schließlich verzog sie ihre Mundwinkel zu einem abwertenden, geringschätzigen Lächeln, mit dem sie ihre ganze Überlegenheit zum Ausdruck zu bringen versuchte.

„Ich habe gewusst, dass du gefährlich bist, Hebräerin. Schon als ich dich das erste Mal sah, fühlte ich, dass ich dich vernichten sollte."

„Hoheit", versuchte ich sie zu unterbrechen, doch ihre sich erhebende Hand verbot mir zu sprechen.

„Jetzt rede ich und du hörst mir zu", sagte sie in einem Ton, der keinen Widerspruch duldete. „Ja, ich wollte dich vom Hof entfernen, denn jedes Mal, wenn du vor dem Pharao erschienst, da habe ich jenes begierige Funkeln in seinen Augen gesehen, ein Funkeln, das ich nur zu gut kannte. Und ich habe mich nicht geirrt. Du bist gefährlich. Du hast meiner Tochter den Mann gestohlen, den sie liebte. Dann, ich weiß nicht wie, hast du meinem Sohn Merenptah den Kopf verdreht, so dass dieser nun in seinem Herzen Groll gegen den eigenen Vater hegt, der besitzt, was er begehrt – dich!"

Ich wollte aufbegehren, ihr etwas entgegenhalten, aber ich wagte es nicht.

„Merenptah", fuhr Isis-Nefert mit Bitterkeit in der Stimme fort. „Bisher habe ich mich auf ihn verlassen können. Er war meine rechte Hand. Nun stehst du zwischen uns. Doch all das war dir nicht genug. Du hast dich Ramses hingegeben, und wenn ich die Lage richtig einschätze, so wirst du ihn in nächster Zeit häufiger sehen. Ich irre mich doch nicht, wenn ich annehme, dass er dich wiedersehen will?"

Ich nickte stumm.

„Das ist ein gutes Zeichen", sagte Isis-Nefert.

Ich sah sie überrascht an. Ihr entging mein Staunen nicht, denn sie lachte belustigt.

„Hast du erwartet, ich würde dir eine eifersüchtige Szene vorspielen? Was sollte das?

Der Harem des Pharaos ist der größte, den je ein Herrscher hatte. Es wimmelt darin nur so von hübschen Mädchen, aber keine von ihnen ist es wert, einen Gedanken an sie zu verschwenden. Die meisten von ihnen sehen den Pharao nur ein einziges Mal in ihrem Leben. Keines dieser Mädchen hat etwas, das Ramses fesseln könnte. Du hingegen besitzt diese Eigenschaft, das spürte ich vom ersten Augenblick unserer Bekanntschaft mit dem sicheren Instinkt einer Frau. Darum beabsichtige ich auch in Zukunft, deine Hilfe in Anspruch zu nehmen. Geh zu Ramses. Zieh seine Aufmerksamkeit auf dich, solange es dir möglich ist. Tu, was du willst, nur versuche nicht, dich gegen mich zu stellen."

„Hoheit", wandte ich entsetzt ein. „Ich liebe meinen Mann. Ich kann nicht wieder zu ihm gehen, nie wieder."

Isis-Nefert lachte laut und schrill auf.

„Närrin", fuhr sie mich schließlich an. „Du hast dir vielleicht wirklich vorgenommen, nie wieder zu ihm zu gehen. Trotzdem weiß ich genau, dass du seinem Ruf folgen wirst, denn er zieht dich ebenso an wie du ihn."

Ich erwiderte nichts, denn tief in meinem Innern fühlte ich, dass sie Recht hatte. Auch wenn ich mich noch so dagegen wehrte, ich würde ihm immer wieder erliegen.

„Ich sehe, du bist klug genug, dir nichts vorzumachen. Tue also dein Bestes. Fessle Ramses so lange wie möglich an dich."

Ich war völlig verwirrt. Hatte Isis-Nefert mich rufen lassen, nur um mir das zu sagen?

„Ich verstehe nicht. Was beabsichtigt Ihr damit, Hoheit."

„Ich will offen mit dir sprechen und dich nicht belügen, denn irgendwann kämst du ja doch dahinter. Für Ramses sind die Frauen nichts weiter als ein amüsanter Zeitvertreib. Doch dabei bleibt es leider nicht aus, dass die eine oder andere ihn etwas mehr interessiert, als es gut ist. Er, Ramses, ist das Licht Ägyptens. Von seinen Strahlen wird allerhand Ungeziefer angezogen, das glaubt, sich in seinem Licht sonnen zu können. Das wiederum hat Intrigen und Ränke zur Folge, von denen du keine Ahnung haben kannst. Jede, die sich bisher im Licht des Pharaos sonnte, glaubte, ihre eigenen Ziele und Wünsche durchsetzen zu können. Sie in ihre Grenzen zu weisen, hat mich immer viel Mühe gekostet. Aber gerade jetzt kann ich solche Machtkämpfe nicht brauchen. Ich stehe kurz vor meinem Ziel, und mit Hilfe der Götter werde ich es bald erreicht haben."

„Welches Ziel, Hoheit?" stotterte ich verwirrt. „Und was hat das mit mir zu tun?"

„Du hilfst mir, wenn du deine Chance beim Pharao nutzt und seine Gunst so lange wie möglich behältst. Bei dir kann ich sicher sein, dass du keine eitlen Pläne verfolgst, denn im Grunde deines Herzens liebst du deinen Mann. Als Gegenleistung für deine Hilfe biete ich dir meinen Schutz. Und noch etwas, Hebräerin. Vergiss nie, du und ich, wir sitzen im gleichen Boot. Wenn ich untergehe, gehst du mit mir unter. Ich weiß zu viel über dich und du zuviel über mich. Es wäre nicht gut, wenn wir uns bekämpften. Darum bedeutest du keine Gefahr für mich, wenn du mit Ramses das Bett teilst. Du kannst dich nicht gegen mich wenden. Du selbst hast dir diese Kette angelegt, nun trage sie."

Ich stand wie betäubt da. Ganz plötzlich sah ich Licht im Dunkel, wusste, welches Ziel Isis-Nefert verfolgte. Sie hatte Nofretari ermordet. Aber ihr Tod alleine ergab keinen Sinn. Der, der ihr eigentlich im Weg stand, war Amunherchopschef. Ihn musste sie beseitigen, damit Chaemwese Kronprinz werden konnte. Ich erbleichte. War mein Verdacht richtig, so konnte, so durfte ich nicht schweigen.

Isis-Nefert schien meine Gedanken zu erraten.

„Ich sehe, du hast mich sehr gut verstanden, vermutlich sogar besser als nötig. Doch selbst das hat keinerlei Bedeutung, denn auch, wenn du mich verraten möchtest, wirst du schweigen. Du hast zugesehen, wie Merenptah Nofretari das Gift gab. Du hättest Nofretari warnen müssen. Du hast es nicht getan. Auch dich trifft Schuld an ihrem

Tod. Die Rache des Pharaos würde nicht nur dich, sondern deine ganze Familie treffen. Vergiss das nicht."

Isis-Nefert schwieg einen Augenblick. Sie musterte mich kritisch. Endlich nickte sie befriedigt.

„Ich sehe, wie haben uns verstanden. Du kannst gehen."

Ich verneigte mich vor ihr. Dann verließ ich den Saal in der Gewissheit, dass Isis-Nefert Recht behalten würde. Ich musste schweigen, durfte sie nicht verraten.

Grübelnd stieg ich in die Sänfte, die mich zurück zur Herberge brachte. Während des Heimwegs arbeiteten meine Gedanken fieberhaft. Vergeblich suchte ich nach einem Ausweg. Schließlich musste ich einsehen, dass es keinen gab. Mir blieb nichts anderes übrig, als mich weiter vom Schicksal treiben zu lassen und zu hoffen, dass die Maschen groß genug sein würden, um hindurchzuschlüpfen. Aber auch daran glaubte ich eigentlich schon lange nicht mehr. Ich wusste, mein Weg würde eines Tages in einer Katastrophe enden. Nichts als Scherben würden übrig bleiben.

Menna erwartete mich bereits ungeduldig.

„Nun?" fragte er neugierig.

Ich lächelte ihn beruhigend an.

„Du hast dich ganz umsonst gesorgt", versicherte ich. „Sie hat wirklich nur mit mir plaudern wollen."

Während ich Menna belog, fühlte ich plötzlich einen stechenden Schmerz in mir. Eines Tages musste er die Wahrheit erfahren, und dann würde ich ihn für immer verlieren. Nichts von dem, was ich getan hatte und noch tun würde, konnte vor seinen Augen bestehen. Das einzige, das ich zu meiner Verteidigung vorzubringen vermochte, war, dass ich ihn trotzdem liebte.

„Warte hier einen Augenblick."

Menna ging hinaus und kehrte kurze Zeit später mit dem jungen Sklaven vom Morgen zurück.

„Ich habe die Zeit nicht ungenutzt verstreichen lassen", erklärte Menna. „Es war nicht schwer, ihn loszukaufen. Ich hoffe, er wird dir Freude bereiten, auch wenn ich es bezweifle. Trotzdem schenke ich ihn dir, Sarah, denn du hast ihn dir gewünscht."

„Du bist so lieb, Menna. Ich kann dir gar nicht genug danken."

Menna wandte sich an den jungen Hebräer.

„Das ist deine neue Herrin. Vergiss nie, dass du ihr dein Leben verdankst. Wenn du ihr jemals Ärger bereiten solltest, wirst du den Tag verfluchen, an dem du ihr begegnet bist."

Mennas Stimme verriet nur wenig Freundliches, und ich merkte, dass er von diesem Kauf nicht gerade begeistert war.

Der Junge kniete vor mir nieder. Ich erlaubte ihm aufzustehen. Während er sich er hob, sahen wir einander an. In seinen Augen war Ablehnung zu finden. Ich verstand Mennas Besorgnis. Es würde nicht leicht sein, diesen Jungen in den Griff zu bekommen.

„Wie ist dein Name?" fragte ich ihn.

„Levi", antwortete er.

Ich wollte noch etwas Freundliches zu ihm sagen, doch Menna kam mir zuvor.

„Geh hinaus. Seketa wird dir zeigen, wo du dich waschen kannst", befahl er kühl.

Ich spürte, er mochte ihn nicht.

Wir weilten noch zwei Tage in Memphis, dann kehrten wir mit dem Hof nach Per-Ramses zurück.

## 11.

Es folgte eine Zeit der scheinbaren Triumphe, des vermeintlichen Erfolgs. Waren wir bisher von den vornehmen und reichen Ägyptern, den Hohenpriestern, obersten Beamten und Freunden des Pharaos gemieden worden, rissen sich jetzt plötzlich alle um unsere Gunst. Wir wurden mit Einladungen überhäuft. Mennas alte Freunde riefen sich das ehemalige, gute Verhältnis zu

Menna ins Gedächtnis zurück, taten, als hätte es jene Zeit der Abwendung nie gegeben.

Damals begriff ich, dass in ganz Ägypten nur eine Meinung zählte, die Meinung des Pharaos. Er allein bestimmte.

Ich war es bald leid, an den vielen Festen teilzunehmen, mir die Heucheleien jener anzuhören, die mich vorher jahrelang gemieden hatten. Ich teilte Menna meine Bedenken hinsichtlich dieser Freundschaften mit, doch er lächelte nur.

„Was willst du, Sarah? So ist das nun einmal. Diese Menschen sind nicht so falsch, wie du glaubst. Aber sie sind feige. Keiner von ihnen hatte den Mut, sich gegen den Pharao zu stellen."

Mir blieb nichts anderes übrig, als es hinzunehmen. Ich versuchte, mir nichts anmerken zu lassen, aber meine Bedenken diesen Leuten gegenüber blieben bestehen.

Kurz nach meiner Rückkehr nach Per-Ramses erreichte den Hof eine Nachricht, die mich zutiefst erschütterte.

Prinz Moses war vom Pharao auf eine Inspektionsreise nach Pithom und Sukkoth geschickt worden. Er sollte für Ramses die Bauabschnitte an den dortigen, vom Pharao in Arbeit gegebenen Tempeln begutachten und dann Bericht erstatten. In Sukkoth wurde er zufällig Zeuge eines der üblichen Zwischenfälle. Ein ägyptischer Aufseher versuchte eine junge

Hebräerin zu vergewaltigen. Da passierte etwas, das keiner am Hof für möglich gehalten hätte. Moses erschlug in einem Anflug von Zorn den Aufseher.

Als Ramses davon erfuhr, tobte er wie ein Rasender und verurteilte den Prinzen, der sich, wie man erzählte, bereits auf der Flucht befand, zum Tode. Nicht einmal Bent-Anats flehende Bitten konnten Ramses starre Haltung gegenüber Moses erweichen. Ramses ließ im ganzen Land nach Moses suchen. Vergeblich. Der Prinz entkam.

Mir ging diese Geschichte sehr nahe. Ich erinnerte mich wehmütig daran, dass Moses mein einziger, wahrer Freund bei Hof gewesen war. Wie oft fragte ich mich, warum er es wohl getan haben mochte. War es im Zorn geschehen? Oder hatte Moses beim Zusammentreffen mit dem vom Pharao unterdrückten und ausgebeuteten Volk der Hebräer begriffen, wo sein wirklicher Platz war? Hatte er damals schon gefühlt, dass das eitle, stolze, ägyptische Volk nie sein Volk sein würde? War damals schon die Stimme jenes Gottes in ihm, der mir bis zum heutigen Tag fremd blieb? Ich weiß es nicht und werde es wohl auch nie erfahren.

Bent-Anat traf dieser Schicksalsschlag hart. Erst hatte sie den Mann verloren, den sie liebte, und nun war der Sohn, der ihr Trost und Halt gab, von ihrer Seite gerissen worden. Die so stolze, hochmütige Prinzessin wurde zum Schatten ihrer selbst. Auch Ramses empfand Mitleid mit seiner Tochter. Deshalb machte er sie zu seiner zweiten Gemahlin. Aber auch diese Ehre, die Ramses Bent-Anat zuteil werden ließ, half der Prinzessin nicht über ihren Verlust hinweg. Bent-Anat zog sich in ihre Gemächer zurück, die sie so gut wie nicht mehr verließ. Irgendwann starb sie dort allein und von allen vergessen.

Ramses verlor bald das Interesse an seiner gebrochenen Tochter. Er war nicht der Mann, den der Gram seiner Tochter lange betrübte. Er sah nie in die Vergangenheit, für ihn gab es nur die Zukunft.

Mit Levi hatte ich keinen sehr guten Fang gemacht. Er erwies sich als aufsässig und fügte sich nicht in die Ordnung unseres Haushalts ein. So sehr ich mich um ihn bemühte, mich mild und nachsichtig zeigte, ich konnte sein Herz nicht für mich gewinnen. Wenn ich ihn wegen seines rebellischen Verhaltens rügte, blinzelte er mich nur mit seinen großen, schwarzen Augen wild an. Es bestand kein Zweifel, er hasste mich.

Seketa beschwerte sich immer häufiger bei mir über ihn. Als sie merkte, dass ich mit meiner Güte und Nachgiebigkeit nichts erreichte und auch nicht gewillt schien, hart durchzugreifen, wandte sie sich mit ihren Klagen an Menna. Das hatte zur Folge, dass Menna mir eines Tages ernst ins Gewissen redete.

„So leid es mir tut, Sarah, aber du musst einsehen, dass es so nicht weitergehen kann. Entweder Levi fügt sich freiwillig, oder man muss ihn dazu zwingen. Was diesem jungen Sklaven fehlt, ist der Stock."

„Das glaube ich nicht", erwiderte ich. „So kannst du reden, weil du nicht weißt, was es heißt, unterdrückt und geschlagen zu werden."

„Manchmal ist das nötig, Sarah. Du hast es im Guten probiert. Du siehst, es hat nichts genützt. Du hast nur Undank geerntet. Tu, was du willst. Aber eins solltest du wissen. Meine Geduld ist langsam erschöpft. Wenn sich der Sklave nicht unterordnet, muss er aus dem Haus."

Ich schwieg, denn Menna war im Recht. So konnte es nicht weitergehen. Ich nahm mir wieder einmal vor, mit Levi zu reden und zu versuchen, ihn zur Vernunft zu bringen.

„Übrigens", fuhr Menna nach einiger Zeit versöhnlicher fort. „Ich war doch heute bei Pharao. Ramses will mich auf eine Inspektionsreise zu den syrischen Garnisonsstätten senden. Ich werde also für längere Zeit fort sein. Deshalb sollten wir uns jetzt nicht wegen solcher Nichtigkeiten streiten."

Ramses – Seit Monaten hatte ich vergeblich auf ein Wort von ihm gewartet. Ich hatte nach jenem Fest nichts mehr von ihm gehört, hatte ihn nur bei einigen Gastmahlen aus der Ferne gesehen. Schon wagte ich zu hoffen, er hätte mich vergessen.

Anfänglich betrübte mich dieser Gedanke ein wenig, doch dann empfand ich sogar eine gewisse Erleichterung darüber. Nun plötzlich musste ich mich wieder den Tatsachen stellen.

„Wirst du lange fortbleiben?" fragte ich betroffen.

„Es wird schon lange Zeit dauern, Sarah, vielleicht ein halbes Jahr oder länger."

„Ein halbes Jahr", flüsterte ich erschrocken.

„Ja, Sarah. Es tut mir leid, aber ich muss dem Befehl des Pharaos gehorchen. Das musst du doch einsehen. Außerdem", fuhr er fort, „hat Ramses mir versprochen, dass er sich deiner annehmen wird. Du brauchst dich also nicht zu fürchten."

Ich nickte. Ich verstand nur zu gut. Ramses schickte Menna fort, um sich meiner bei Bedarf anzunehmen. Empörung und Wut packten mich. Aber ich empfand auch eine gewisse Furcht. War ich dem Pharao so wichtig, dass er es für nötig hielt, Menna fortzuschicken? Oder steckte am Ende gar Isis-Nefert dahinter? Die Erinnerung an sie erschreckte mich.

„Wann wirst du abreisen?" fragte ich betroffen.

„Schon übermorgen."

„Übermorgen", wiederholte ich in Gedanken. „Schon so bald?"

Menna nickte stumm, und ich merkte, dass er nicht gern ging und mich allein zurückließ. Besorgt fragte ich mich, ob er etwas ahnte. Doch ich verscheuchte die Befürchtung gleich wieder. Das war völlig unmöglich.

So reiste Menna ab, und ich fühlte mich furchtbar einsam. In seiner Gegenwart empfand ich Sicherheit und Geborgenheit, ohne ihn spürte ich doppelt so deutlich, dass ich eine Fremde war und stets bleiben würde.

Ramses rief mich, und ich folgte seinem Ruf. Voll freudiger Erwartungen fieberte ich den Augenblicken unserer Begegnungen entgegen, um dann elend und niedergeschlagen nach Hause zurückzukehren. Ich wusste, ich tat etwas Verbotenes. Jedes Mal nahm ich mir von neuem vor, nie wieder zu ihm zu gehen. Aber sobald er nach mir sandte, zerschmolzen meine guten Vorsätze zu nichts, und ich ging wieder zu ihm. Ich hasste ihn, weil er mit mir spielte, und ich hasste mich noch mehr, weil ich mit mir spielen ließ.

Unsere Treffen blieben nicht lange ein Geheimnis. Bald wusste der ganze Hof, wer die neue Favoritin des Pharaos war. Die Männer huldigten mir wie einer Göttin. Die Frauen schauten mir eifersüchtig und neidvoll nach. Doch niemand wagte es, sich mir zu nähern. Jeder fürchtete den Zorn des Pharaos.

Isis-Nefert beobachtete das Geschehen mit ihren scharfen Adleraugen aus der Ferne. Sie schien mit dem Verlauf der Dinge zufrieden zu sein, denn sie ließ mich in Ruhe und widmete sich wichtigeren Angelegenheiten.

So verrann die Zeit. In mir wuchs die Gewissheit, dass Menna bei seiner Rückkehr die Wahrheit erfahren musste. Aber Menna kam nicht zurück. Ramses Befehle hielten ihn in Syrien fest.

Oft lag ich nächtelang wach und stellte mir dann immer wieder dieselbe Frage: Warum wandte Ramses sich nicht endlich von mir ab? Warum schenkte er gerade mir stets von neuem seine Aufmerksamkeit? Allmählich fand ich die Antwort. Ramses, der Eroberer, dem alle Frauen rückhaltlos zuflogen, war bisher noch keiner Frau begegnet, die ihn ebenso sehr hasste wie liebte. Er spürte, dass ich ihm nie wirklich gehören würde, denn im Grunde meines Herzens liebte ich nur Menna. Diese Tatsache gönnte ihm keine Ruhe, trieb ihn immer wieder in meine Arme.

Auch in unserem Haus blieb es nicht aus, dass bald jeder der Diener Bescheid wusste. Doch keiner wagte es, darüber ein Wort zu verlieren. Nicht einmal Seketa erwähnte es, doch ich sah ihrem Gesicht an, dass sie sich sorgte. Nur einer schwieg nicht. Levi. Durch Zufall wurde ich eines Tages Zeuge eines Zwischenfalls, von denen es wohl schon öfter welche gegeben haben mochte, die man mir aber stets vorenthalten hatte.

Ich war gerade auf dem Weg ins Kinderzimmer, um Tamids und Benjas Fortschritte beim Lernen ein wenig zu beobachten, da hörte ich aus einem der Nebenzimmer lautstarkes Gezanke. Unwillkürlich folgte ich den Stimmen, in der Absicht, Frieden zu stiften. Plötzlich blieb ich wie angewurzelt stehen. Levis Stimme tönte an mein Ohr, ließ mich erstarren.

„Herrin soll ich sie nennen. Respekt und Achtung soll ich ihr entgegenbringen. Wer ist sie denn schon? Eine ganz gewöhnliche Hure. Selbst die einfachste Straßendirne ist ehrbarer als sie, denn die gibt wenigstens zu, dass sie eine Hure ist. Doch diese feine Dame, die aus demselben Dreck kommt wie ich, bildet sich ein, etwas Besseres zu sein. Warum auch nicht? Sie ist schließlich die beste Hure Ägyptens, die Hure des Pharaos."

Eine schallende Ohrfeige ließ Levi verstummen.

„Wie kannst du es wagen, so von deiner Herrin zu sprechen?" schrie Seketa außer sich. Dann verstummte sie, denn sie hatte mich gesehen.

Bleich, am ganzen Körper zitternd, stand ich da.

„Sarah", stotterte Seketa sichtlich verlegen. „Hör nicht auf das, was er sagt. Er weiß nicht, wovon er spricht."

„Doch, das weiß er ganz genau", erwiderte ich. „Er spricht aus, was alle anderen nur denken."

„Nein, Sarah, das ist nicht wahr. Du bist keine Hure. Er ist der Pharao. Wer kann es wagen, sich seinem Wunsch zu widersetzen? Wenn es ein anderer wäre, so hätte dieser Sklave gewiss Recht. Aber…"

Ich lachte laut auf.

„Er!" rief ich zornig. „Er ist ein Gott, ich weiß. Pah! Ein ganz gewöhnlicher Mann ist er, so wie alle anderen, nur ein wenig eitler und selbstherrlicher. Der Pharao! Du glaubst, man müsste ihn lieben. Du irrst. Ich hasse ihn, so sehr, dass ich es gar nicht beschreiben kann. Aber mehr noch hasse ich mich selbst"

„Sarah!"

Entsetzt starrte Seketa mich an.

„Wie kannst du das sagen?"

„Ich sage es, weil es wahr ist", erwiderte ich, drehte mich um und ging ins Kinderzimmer. Aber im Gegensatz zu sonst bereitete es mir an diesem Tag keine Freude, den Unterricht der Kinder zu verfolgen. So stand ich schon bald wieder auf und ging in mein Zimmer zurück. Ich warf mich aufs Bett und ließ meinen Tränen freien Lauf. Die Worte Levis hatten mich getroffen, denn ich hatte den Funken Wahrheit darin erkannt.

Seketa klopfte und trat ein.

„Sarah, es tut mir leid, dass ich störe, aber…"

„Was aber?" fuhr ich sie ungehalten an.

„Jemand wünscht dich zu sprechen."

„Schick ihn weg."

„Das habe ich versucht, aber er ließ sich nicht abweisen. Er will bleiben, bis er dich gesehen hat."

Verärgert stieß ich mit dem Fuß gegen ein Kissen, das auf den Boden fiel.

„Auch das ist eine Folge meines Verhältnisses mit dem Pharao", knirschte ich verdrießlich. „Dauernd kommen irgendwelche Leute mit ihren Sorgen zu mir, damit ich bei Ramses für sie bitte. Aber wer kümmert sich um meine Sorgen?"

In der Tat hatten sich solche Bittgesuche bei mir gehäuft, seitdem meine Beziehung mit Ramses bekannt geworden war.

„Wer ist es denn?" fragte ich.

„Es ist der Oberpriester des Osiris, Wennofer."

Mein Blut erstarrte. Mein Atem versagte. Mit weit aufgerissenen Augen sah ich Seketa an. Wennofer – Was konnte ihn von Abydos hierher nach Per-Ramses, zu mir führen? War das ein Zufall, oder wusste er, wer ich war? Wie gelähmt saß ich da. Ich war unfähig, eine Entscheidung zu treffen.

„Sarah", mahnte mich Seketa. „Was ist? Soll ich ihn abweisen?"

Langsam kam ich wieder zu mir, überwand meinen Schrecken.

„Nein, führe ihn ins Empfangszimmer und sage ihm, dass ich gleich kommen werde. Und noch etwas, Seketa. Sorge dafür, dass wir ungestört sind."

Seketa nickte und ging. Ich stand auf, wischte mir die Tränen aus meinem Gesicht, holte tief Atem und folgte ihr. Wennofer – schreckliche

Erinnerungen lebten in mir auf, und ich fragte mich, ob ich wohl jemals Vergessen finden könnte.

Als ich eintrat, verließ Seketa augenblicklich den Empfangssaal. Wir waren allein. Einige Augenblicke verharrten wir schweigend, starrten uns nur gegenseitig an. Schließlich rang sich Wennofer dazu durch, das Gespräch zu beginnen.

„Sarah. Ich kann es nicht glauben, und doch ist es wahr. Wer hätte gedacht, was aus der kleinen Hebräerin, die ich aus dem Schmutz zog, einst werden würde."

Ich sah ihn und glaubte, mir würde sich jeden Moment der Magen umdrehen. Er war noch fetter geworden. Von seinem kahl geschorenen Schädel rann der Schweiß auf das dicke, aufgedunsene Gesicht, so dass selbst der Salbkegel, den er auf dem Kopf trug, den Schweißgeruch nicht überdecken konnte. Er widerte mich an. Deshalb wollte ich so schnell wie möglich das unangenehme Zusammentreffen beenden.

„Spar deine Worte", herrschte ich ihn barsch an. „Sag, was du willst, und dann geh, damit ich deinen Anblick nicht länger ertragen muss."

„So unfreundlich zu einem alten Bekannten?" Er grinste mich frech an. „Vergiss nicht, Sarah, was du heute bist, verdankst du mir."

Ich konnte mich nicht beherrschen, ich bebte vor Zorn.

„Dank! Bist du gekommen, weil du Dank von mir erwartest? Wofür? Dafür, dass du das Leben meines Vaters auf dem Gewissen hast? Oder vielleicht dafür, dass du das Leben meines Bruders zerstört hast? Oder erwartest du am Ende gar dafür Dank, dass ich vier Jahre das Bett mit dir teilen musste? Bei allen Göttern Ägyptens, ich wäre lieber gestorben, als mich von dir anfassen zu lassen. Aber selbst das hast du verhindert. Du hast mich mit dem Leben meines Bruders erpresst. Nun stehst du da und erwartest Dank. Wenn ich könnte, wie ich wünschte, ich hätte dir längst gegeben, was du verdienst."

Mein Zornausbruch berührte ihn wenig. Er blieb ruhig und gelassen.

„Du bist ungerecht, Sarah. Ohne mich wärst du heute nicht, was du bist. Ganz Ägypten sprach damals von der Hebräerin, die der Prinzessin den Geliebten stahl. Ich wusste sofort, das konntest nur du sein. Ich habe dich deinen Weg gehen lassen und nie versucht, dir Schwierigkeiten zu bereiten. Ich habe tatenlos mit angesehen, wie Ti und Elia auf deinen Wunsch hin ermordet wurden. Ich…"

„Komm zur Sache. Was willst du?" unterbrach ich ihn. „Du bist sicher nicht gekommen, um dich deiner guten Taten zu rühmen."

„Gut, ich komme zur Sache. Du bist heute die Geliebte des Pharaos. Du bist eine mächtige und einflussreiche Frau, denn Ramses ist von dir besessen. Du siehst, ich bin gut unterrichtet."

„Von deinem Sohn, dem Kammerherrn des Pharaos", warf ich verächtlich ein.

„Ja! Doch kommen wir zum Kern. Ich weiß, du hasst mich. Trotzdem solltest du vernünftig sein. Ich bin gekommen, um dir Frieden anzubieten."

Ich konnte nicht anders. Ich musste lachen. Ich verstand plötzlich, was ihn veranlasst hatte, mich aufzusuchen. – Angst! Er befürchtete, ich könnte versuchen, Ramses gegen ihn aufzuwiegeln.

„Solange wir beide leben, wird es zwischen uns keinen Frieden geben, Oberpriester. Bis zum heutigen Tag hat mich deine Gemeinheit und Niedertracht verfolgt. Glaubst du, ich könnte je vergessen? Vier Jahre meines Lebens hast du aufgefressen und mich dabei noch betrogen. Du hast mich glauben lassen, mein Bruder würde zurückkehren und weiterleben können wie vorher. Ich habe gesehen, wie er lebt. Das ist auf deinen Befehl geschehen. Nein, Wennofer, solange ich lebe, werde ich nicht ruhen, bis ich mich an dir gerächt habe."

„Du begehst einen großen Fehler, Sarah. Mach mich nicht zu deinem Feind", warnte er.

„Mein größter Fehler war, dass ich dich damals nicht umgebracht habe. Aber vielleicht hat dies auch sein Gutes. Es hat mir die Genugtuung gebracht, dich heute vor mir zittern zu sehen. Ja,

Wennofer, zittere nur weiter. Du hast allen Grund dazu."

Er kam auf mich zu, packte mich bei den Schultern.

„Ich weiß, du hasst mich aus ganzem Herzen. Aber lasse deinen Hass nicht über deinen Verstand siegen. Ich bin ein einflussreicher und mächtiger Mann mit vielen guten Beziehungen. Solltest du jemals versuchen, gegen mich zu intrigieren, wird dir das schlecht bekommen. Fasse dies als eine Warnung auf, die ich sehr ernst meine."

Sein fetter Körper bebte unter dem weißen Leinen. Keuchend rang er nach Luft. Angeekelt wandte ich das Gesicht ab. Er ließ mich los, begab sich zur Tür, drehte sich dort aber noch einmal nach mir um.

„Ich hätte dich längst vernichten sollen, Sarah. Ich tat es nicht, weil ich ein törichter, alter Narr war, der dich noch immer liebte. Ich habe dich aus dem Schmutz gezogen. Ich habe zugesehen, wie du zur Göttin wurdest. Aber nimm dich in Acht, sonst versinkst in dem gleichen Schmutz wieder, aus dem du kommst."

Er ging.

Ich starrte nachdenklich hinter ihm her. Ich hatte plötzlich das Gefühl, einen Fehler begangen zu haben. Ich hätte mich nicht von meinem Zorn hinreißen lassen und ihm offen den Krieg erklären dürfen. Während ich noch grübelte, was ich unternehmen sollte, schreckte mich ein Geräusch auf. Ich sah mich um. Hinter einer Säule stand Levi und sah mich verlegen an.

„Wie lange stehst du schon da?" fragte ich erschreckt.

„Ich hatte Euch hierher gehen sehen und war Euch gefolgt. Ich wollte Euch sagen, dass ich bereue, was ich da vorhin für dummes Zeug geredet habe. Ich wollte wieder gehen, als ich merkte, dass Ihr nicht allein seid, habe aber nicht gewagt, mich von der Stelle zu rühren, aus Angst, Ihr könntet mich bemerken."

„Dann hast du alles gehört?"

„Ja", erwiderte er kleinlaut.

„Dir ist doch klar, dass das, was du eben erlauscht hast, für kein fremdes Ohr bestimmt war?"

Er nickte und sah mich ängstlich an. Zum ersten Mal fand ich etwas Unterwürfiges, Bittendes in seinem Blick.

Ratlos stand ich da. Ich wusste nicht, was ich tun sollte. Er hasste mich. Ihn zum Schweigen zu bringen, wäre das einzig Richtige gewesen. Während meine zwiespältigen Gefühle noch miteinander rangen, sagte Levi:

„Ich weiß, dass ich mich bisher nicht als guter, ergebener Diener gezeigt habe. Ich verspreche Euch, dass sich dies ändern wird, Herrin. Ihr überlegt, ob ihr mich umbringen sollt oder nicht. Ich habe keine Angst vor dem Tod. Als ich an jenem Morgen davonlief, tat ich dies in der Gewissheit, dass man mich fangen und töten würde. Damals erschien mir der Tod wünschenswerter als die Sklaverei. Ihr habt mir das Leben gerettet, habt mich gut behandelt, und ich habe mich nicht dankbar gezeigt. Ich habe Euch gehasst, weil ich in Euch eine jener Hebräerinnen sah, die sich an die Ägypter verkauften. Ich war im Unrecht. Aber ich verstehe, wenn Eure Geduld erschöpft ist."

Ich stand da, sah in seine großen, dunklen Augen und fühlte, dass ich ihm nie ein Leid würde zufügen können.

„Du hasst alle Ägypter, nicht wahr? Auch ich habe einmal empfunden wie du, doch das ist lange her. Ich habe gelernt zu unterscheiden. Jedes Volk bringt Gutes und Schlechtes hervor. Ich hoffe, dass auch du irgendwann zu dieser Einsicht gelangen wirst. Sage mir, warum man dich zum Sklaven gemacht hat."

Er erzählte mir, dass er mit einem Mädchen verlobt gewesen sei, dass es mit der Treue nicht so genau genommen habe. Sie schenkte ihre Gunst jedem Ägypter, der sie begehrte. Er sei völlig ahnungslos gewesen. Eines Tages habe er sie mit einem Aufseher überrascht und diesen in seinem Zorn niedergeschlagen. Daraufhin habe man ihn vor Gericht gestellt und verurteilt. Erst hier seien ihm die Augen über das Tun seiner Braut geöffnet worden.

„Ich hatte geglaubt, man hätte ihr Gewalt angetan, deswegen ging ich auf den Ägypter los. Sie hat mich ausgelacht und beschimpft. Sie war nichts als eine schmutzige Hure. Leider habe ich das zu spät erkannt."

„Und in mir hast du ihr Ebenbild gesehen?"

Er nickte und sah mich flehend an. Ich konnte nicht anders, ich musste ihm vergeben.

„Weißt du, dass mich deine Worte von vorhin tief getroffen haben, weil du nämlich gar nicht so Unrecht hattest."

Er schüttelte energisch den Kopf.

„Nein, Herrin, ich habe mich geirrt. Ihr seid keine Hure. Euer Herz ist voll Güte und…" Er hielt mitten im Satz inne.

„Was?" fragte ich.

„Und", fuhr er zögernd fort. „Ihr seid sehr hilflos und einsam, trotz aller Macht und Ehren, die Euch zuteil werden. Ihr sehnt Euch nach Ruhe und Frieden, aber Euer Herz kann keinen Frieden finden."

Ich seufzte tief.

„Glaubst du an den Gott unseres Volkes?" fragte ich ihn.

Levi nickte eifrig.

„Dann schwöre mir bei diesem Gott, dass du nie ein Wort von dem, was du eben hörtest, weitererzählen wirst. Und wenn du die Zeit findest, dann bete für mich und diesen Frieden, von dem du sprachst."

Er schwor, und ich glaubte ihm.

Von diesem Tag an änderte sich Levis Verhalten völlig. Seine Aufsässigkeit schwand, und mit der Zeit wurde er mein treuster Diener und auch mein Freund. Ich fühlte, ich konnte ihm vertrauen, und so wurde er nach und nach zum Mitwisser meiner Geheimnisse. Er rechtfertigte das Vertrauen, das ich in ihn setzte, und blieb bei mir, als alle anderen sich von mir abwandten. Und selbst heute, da ich alt und grau, einsam und verlassen bin, da ich dem Leben den Rücken gekehrt habe und von den Menschen nichts mehr wissen will, ist er noch immer an meiner Seite.

## 12.

Menna war im ersten Schemumonat, dem Beginn der Erntezeit, nach Syrien aufgebrochen. Der Erntezeit waren die vier Monate des Achit gefolgt, die Zeit der Überschwemmung, in der das Ackerland zu einem riesigen braunen See wurde. Wie jedes Jahr war der Fluss langsam zurückgewichen und hatte den Fellachen die fruchtbare, schwarze Erde freigegeben. Diese hatten ihre Felder bestellt. Wie die Priester es vorausgesagt hatten, konnten die Bauern auf eine reiche Ernte hoffen. Ein Jahr war ins Land gezogen, und ich war immer noch allein. Besorgt fragte ich mich immer öfter, wie lange Ramses Menna noch von mir fernzuhalten gedachte. Gelegentlich hatte ich Briefe von Menna erhalten, doch nie fand ich ein Wort oder auch nur eine Andeutung über den Zeitpunkt seiner Rückkehr.

Zu dieser Zeit verbreitete sich bei Hof ein Gerücht, das ständig neue Nahrung erhielt. Erst schenkte ich dem Gerede nur wenig Beachtung, aber mit der Zeit befielen mich Zweifel, und schließlich bestätigte Isis-Nefert mir, was ich nicht hatte glauben wollen.

Die Große Königliche Gemahlin hatte mich bis dahin unbehelligt gelassen. Sie hatte sich damit begnügt, aus der Ferne genau zu beobachten. Eines Tages nun zitierte sie mich zu sich.

„Du scheinst die Aufgabe, die ich dir zugedacht habe, nicht sonderlich gut zu erfüllen. Den Pharao gelüstet es nach anderen Frauen. Ich spreche nicht von jenen flüchtigen Liebeleien, denen sich Ramses hingibt, sondern von Frauen, die gefährlich sein können."

„So stimmt es also, was man sich erzählt?" fragte ich.

„Ja", entgegnete die Große Königliche Gemahlin verdrossen. „Ramses hat Suta als Brautwerber nach Chatti gesandt. Der Pharao beabsichtigt, die älteste Tochter des Hetiterkönigs zu seiner Gemahlin zu machen. Diese hetitische Prinzessin, so erzählt man, ist nicht nur schön, sondern auch überaus klug und darum gefährlich."

Ratlos zuckte ich die Schultern.

„Es tut mir leid, Hoheit, aber…"

„Das nützt mir nichts", unterbrach Isis-Nefert mich barsch. „Der Erfolg lag zum Greifen nahe. Nun liegt er wieder in weiter Ferne. Ich werde alt und bin es langsam leid, unselige Machtkämpfe auszutragen. Ich sehne mich nach Ruhe. Doch diese Ruhe kann ich erst finden, wenn ich mein Ziel erreicht habe."

Einige Augenblicke musterte mich Isis-Nefert eindringlich, dann forderte sie mich auf: „Berichte mir von deinem Verhältnis zu Ramses, genau und ausführlich."

Widerwillig gehorchte ich, erzählte dieser grauenvollen, kalten, berechnenden Frau jede intime Einzelheit, die sie zu hören wünschte.

Grübelnd saß Isis-Nefert vor mir, ließ sich kein Wort meiner Schilderung entgehen. Ihre Gedanken, dunkel wie die Nacht, schweiften durch den Raum, durchleuchteten meinen Bericht bis in die kleinste Einzelheit. Schließlich wandte sie sich wieder an mich. In ihren Augen lag ein kalter Glanz, der mir Furcht einflößte.

„Hör zu, Hebräerin", sagte sie. „Du wirst genau das tun, was ich von dir verlange. Wenn du Ramses das nächste Mal triffst, wirst du ihn bitten, deinen Gatten zurückkehren zu lassen.

Lass uns sehen, wie er darauf reagiert und berichte mir."

„Ich verstehe nicht, Hoheit", stotterte ich verwirrt.

„Du sollst auch nicht verstehen", erwiderte sie verächtlich. „Du sollst tun, was ich verlange."

Ich nickte.

Isis-Nefert winkte mit der Hand. Die Audienz war beendet. Ich verneigte mich und ging.

Mir blieb nicht viel Zeit, über Isis-Nefert nachzudenken. Noch am selben Abend rief Ramses mich zu sich. Wir liebten uns mit der gleichen glühenden Leidenschaft wie immer. Nichts ließ darauf schließen, dass er meiner überdrüssig war. Und doch – hatte ich mir jemals vorstellen können, dass dieser Mann, in dessen Armen ich zu verbrennen glaubte, sich den wildesten Orgien hingab. Nie hatte ich darüber nachgedacht, was sich wohl zwischen ihm und anderen Frauen abspielen mochte. Es hatte mich nicht interessiert. Der Mann, der mir jetzt zärtlich über den Rücken strich, war mir vertraut. Aber da gab es noch den anderen Ramses, dessen Gesicht ich nicht kannte, von dem ich nichts wusste und auch nichts wissen wollte. Das wurde mir nun zum ersten Mal klar.

„Majestät", flüsterte ich schüchtern. „Darf ich Euch um etwas bitten?"

„Natürlich", erwiderte er lächelnd. „Jeder bittet mich, warum nicht auch du?"

„Dann bitte ich Euch inständig, Majestät, lasst meinen Gemahl endlich aus Syrien zurückkehren."

Das Lächeln auf seinem Gesicht erstarb. Ein zorniges Funkeln trat in seine Augen.

„Vermisst du ihn so sehr, dass du mich gerade darum bitten musst?"

Ich spürte, dass er verärgert war, darum wagte ich es nicht, ihn anzusehen. Einige Augenblicke herrschte eisiges Schweigen, dann fragte Ramses: „Warum willst du, dass er zurückkehrt, Sarah? Bist du unzufrieden? Bedeutet er dir mehr als ich?"

Etwas Lauerndes lag in seiner Stimme. Ängstlich schüttelte ich den Kopf, denn ich wagte nicht, ihm ehrlich zu antworten.

„Du liebst ihn", stellte er noch immer verstimmt fest. „Trotzdem kommst du zu mir. Warum?"

„Ihr seid der Pharao, Majestät", antwortete ich unterwürfig.

„Ist es nur das? Ist das wirklich alles?"

„Nein", entgegnete ich.

Ramses sah mich eindringlich mit scharfem Blick an, dann sagte er: „Du hast mich damals beeindruckt, weil du ehrlich und offen warst. Willst du nicht auch heute ehrlich sein? Was ist los?"

Ich zögerte erst, faste dann aber doch meinen Mut zusammen.

„Man sagt, Ihr würdet die Tochter des Hethiterkönigs zur Gemahlin nehmen."

Ramses begann laut zu lachen.

„Was hat das mit uns zu tun?" fragte er. „Bist du eifersüchtig? Es gab stets andere Frauen und es wird auch in Zukunft andere Frauen geben."

Ich fasste mir ein Herz und entschloss mich, offen zu sprechen.

„Es ist schwer zu erklären. Majestät. Wenn ich mit Euch zusammen war, hatte ich hinterher stets das Gefühl, Unrecht getan zu haben. Ich muss in mein Leben Ordnung bringen. Ich kann nicht länger mit dieser Lüge leben."

„Dir ist doch klar", Ramses wurde plötzlich ernst, „dass du dich bei Mennas Rückkehr entscheiden musst. Du kannst nicht zwei Männer lieben. Weder ich noch Menna würden das hinnehmen. Und noch etwas sollst du wissen. Ich bin nicht bereit, dich aufzugeben, darum werde ich nicht unterliegen."

Sein Ton war bestimmt, duldete keinen Widerspruch.

„Ich werde Menna zurückrufen."

„Und die Prinzessin?" fragte ich vorsichtig.

Ramses lachte.

„Ich befürchte, du bist tatsächlich eifersüchtig. Ich heirate sie, um damit den Frieden zwischen Ägypten und Chatti endgültig zu besiegeln. Eigentlich war es nicht einmal meine Idee, diese Prinzessin ins Land zu holen. Hori brachte mich auf den Gedanken. Du musst zugeben, es ist kein schlechter Einfall."

Hori – der Kammerdiener des Pharaos. – Ein Verdacht erwachte in mir. Hinter diesem Plan steckte Wennofer, der versuchte, meinen Einfluss bei Hof zu untergraben.

Ramses verscheuchte meine Gedanken. Er nahm mich in die Arme, und wieder gab ich mich jener verhängnisvollen Leidenschaft hin, die ich schon so oft verwünscht hatte.

Am nächsten Tag erstattete ich Isis-Nefert Bericht. Ich kam mir dabei wie eine Verräterin vor, die den Pharao der Kobra zum Biss darbot. Ihr gegenüber äußerte ich auch meinen Verdacht, Wennofer betreffend, denn ein bestimmtes Gefühl sagte mir, dass er wirklich versuchte, mich zu vernichten. Allein würde ich ihm schutzlos ausgeliefert sein.

Isis-Nefert hörte mir schweigend zu. Als ich geendet hatte, sagte sie nachdenklich:

„Es war mehr als nur dumm, dass du Wennofer gedroht hast. Doch es ist geschehen und nicht mehr zu ändern. Ich werde versuchen, ihn zu beruhigen. Du aber, Hebräerin, wirst den Pharao bei Laune halten. Halte ihn von der Hethiterprinzessin fern."

„Und mein Gemahl?" warf ich ein.

„Der Pharao hat es dir doch gesagt. Er duldet keine Niederlage. Das Wort des Pharaos ist Gesetz."

So wurde Mennas und mein Schicksal besiegelt, ohne dass einer von uns hätte Einspruch erheben können. Ramses hielt sein Versprechen. Er rief Menna zurück nach Per-Ramses. So sehr ich mich auch darauf freute, ihn wieder zu sehen, so sehr fürchtete ich mich andererseits vor dem Zusammentreffen. Was sollte ich ihm sagen, wie sollte ich versuchen, ihm zu erklären? Ich wusste es nicht. Ich legte mir die Worte zurecht, um sie dann wieder zu verwerfen. Ich ahnte nicht, dass ich mir vergeblich den Kopf zerbrach.

Eines Abends stand Menna in der Tür. Der Sturm, der den ganzen Tag über gewütet hatte, war gerade im Begriff, sich zu legen. Sein Körper war mit Schweiß und Sand bedeckt. Er musste seit Tagen unterwegs gewesen sein, ohne sich eine längere Pause zu gönnen. Er wirkte müde und erschöpft. Er stand da und sah mich an. In seinen Augen lag ein tiefer Schmerz, die Bitterkeit der Enttäuschung.

Ich spürte, es bedurfte keiner Erklärung mehr. Er wusste es bereits. Wie oft hatte ich mir in meinen Gedanken diesen Augenblick vorgestellt. Ich hatte Menna zornig vor mir gesehen und versucht, seinen berechtigten Zorn zu besänftigen. Und nun war die Wirklichkeit ganz anders, ohne jeden Streit, ohne jede Auseinandersetzung. Er stand nur da und sah mich mit fragenden, entsetzten Augen an wie ein verwundetes Tier. Das tat mehr weh als alles andere, denn es bekräftigte mein Schuldgefühl.

„Du weiß es", flüsterte ich schließlich, denn ich ertrug dieses Schweigen nicht länger.

Er nickte und sah mich weiter unverwandt an.

„So sag doch etwas", bat ich. „Schreie, brülle, aber stehe nicht nur so da."

„Was wäre da noch zu sagen?" fragte Menna bitter.

Erst jetzt sah ich die Papyrusrolle in seiner Hand. Sie trug das Siegel des Pharaos. Ramses hatte also die Sache in die Hand genommen und das gründlich, dachte ich verärgert.

„Und was soll nun werden?"

Menna ließ sich auf eins der Kissen sinken und vergrub den Kopf in seinen Händen.

„Er hat dich immer schon gewollt und ich Narr habe es nicht gemerkt", sagte er düster. „Bei allen Göttern Ägyptens, Sarah. Deine Schönheit hat dir Seth verliehen, damit sie Unfrieden stiftet. Was nun werden soll, fragst du mich. Warum fragst du das nicht ihn, den allmächtigen Gott, den starken Stier? Was mich betrifft, so werde ich dir sagen, was ich tun werde. Nichts! Du und ich, wir werden jeder seine eignen Wege gehen. Tu, was du willst und mit wem du es willst. Nur eins sage ich dir. Ich werde mich nicht von dir trennen. Nie! Du bist meine Frau, und du wirst meine Frau bleiben, denn diesen letzten Triumph über mich gönne ich ihm nicht."

Ich fühlte, dass es im Augenblick unmöglich war, mit Menna vernünftig zu sprechen. Deshalb schwieg ich.

Er stand auf und ging, ohne mir noch einen Blick zu schenken. Mit ihm ging ein Teil von mir. Nichts als eine tiefe Leere ließ er zurück. Ich empfand einen so tiefen, zerreißenden Schmerz, dass ich nicht einmal Tränen fand.

Mit Mennas Heimkehr zog die Kälte in unser Haus ein. Nicht nur, dass Menna und ich uns aus dem Weg gingen, kaum noch ein Wort miteinander wechselten, nein, auch unsere Kinder spalteten sich in zwei Lager.

Tamid wandte sich ihrem Vater zu, während Benja sich zu mir gesellte. Selbst die Dienerschaft spaltete sich. Nur Seketa versuchte, zwischen den verhärteten Fronten zu vermitteln, doch ihre Versuche blieben erfolglos. Es war eine Atmosphäre des Grauens. Menna litt, und das schmerzte mich am meisten. Trotzdem hielt er an seinem Entschluss fest. Er begann wieder zu trinken und kehrte oft erst in den frühen Morgenstunden aus den Freudenhäusern der Stadt zurück.

Ich glaube, er spürte selbst, dass er so nicht weitermachen durfte, wenn er nicht endgültig verfallen wollte. Darum nahm er den Auftrag des Pharaos, die Hethiterprinzessin von der Grenze des Reichs in die Hauptstadt zu geleiten, dankbar an. Er brach auf, ohne sich von mir zu verabschieden, und er nahm mein Herz mit sich, ohne es auch nur zu ahnen.

Ich ging nach wie vor zu Ramses, doch innerlich entfernte ich mich immer weiter von ihm. Deutlicher als je zuvor fühlte ich, dass es in meinem Leben nur einen Mann gab, der mir etwas bedeutete, dem ich die Liebe entgegenbrachte, die wirklich zählte. Aber es war zu spät. Der Bruch war da, und er war endgültig.

Ramses las in meinem Herzen. Er ahnte, was ich empfand. Langsam begann er einzusehen, dass er mich nie ganz besitzen würde. So wartete ich darauf, dass er sich von mir abwandte. Aber genau das Gegenteil war der Fall. Öfter als je zuvor rief er mich zu sich. Er überhäufte mich mit kostbaren Geschenken, so dass ich bald eine sehr reiche Frau war. Aber mein Herz gewann er nicht.

Menna kehrte zurück, begleitet von Maa-Neferu-Re, der Tochter des Hethiterkönigs Chattusil. Den Namen Maa-Neferu-Re verlieh ihr Ramses, und ich muss gestehen, dass ich ihren ursprünglichen Namen nicht kenne.

Es war eine prächtige Karawane, die in Per-Ramses Einzug hielt. Tausende von Rindern und Pferden, zehntausende Ziegen und Schafe, dazu Wagen mit Gold- und Silberschmuck beladen, kostbare Möbel und feines Geschirr, Geschenke des Hethiterkönigs an den Pharao. Das kostbarste Geschenk aber war ganz ohne Frage seine älteste

Tochter, die allgemeine Bewunderung fand. Und schon fragte man sich, ob sie wohl im Stande wäre, mich zu verdrängen.

Auch ich musste eingestehen, dass sie überaus schön, gebildet und klug war. Wennofer hatte eine gute Wahl getroffen, und Isis-Nefert allen Grund, sich zu sorgen.

Ramses erste Zurückhaltung wich bald stürmischer Begeisterung. Er schien zufrieden, und nur das war wichtig.

Weniger zufrieden schien Maa-Neferu-Re. Für sie, die blutjunge Prinzessin war Ramses zwar ein sehr vitaler, aber doch alter Mann. Man hatte ihr nicht verschwiegen, was sie in Per-Ramses erwartete, eine Ehe mit einem lüsternen, alternden, größenwahnsinnigen Herrscher. Sie sah in ihrer Heirat nichts anderes als ein politisches Opfer, das sie dem Vater zu bringen hatte. Ihr war bekannt, dass sie sich hüten musste, Fehler zu begehen, denn sonst würde ihr Weg im Harem des Pharaos bei seinen vielen anderen, verschmähten Nebenfrauen enden. Und noch etwas war der Prinzessin bewusst. Sie besaß in Ägypten mehr Feinde als Freunde. Ihr größter und mächtigster Feind war Isis-Nefert. Ich bedauerte das junge, hübsche Mädchen, denn ich sah den beschwerlichen, steinigen Weg, der vor ihr lag.

Die Hochzeit wurde mit großem Aufwand gefeiert und das Ereignis an allen großen Tempeln des Landes festgehalten.

Schon bald nach dem Eintreffen der Prinzessin sah ich Ramses nicht mehr. Er zog sich ganz von mir zurück, widmete seine ganze Aufmerksamkeit seiner neuen Gemahlin.

Damals bekam ich deutlich zu spüren, was es bedeutet, die Gunst des Pharaos verloren zu haben. Die hämischen, verächtlichen Blicke derer trafen mich, die noch kurz zuvor um meine Zuneigung geworben hatten. Wie falsch doch des Menschen Herz ist, es wendet sich stets dem Sieger zu. Aber das berührte mich eigentlich nur wenig, denn diese Menschen waren mir schon immer gleichgültig gewesen. Weit mehr betrübte mich, dass Menna nach wie vor unversöhnlich und ablehnend blieb. Jedes Mal, wenn ich auf ihn zuzugehen versuchte, wandte er mir den Rücken zu. Er wollte mich nicht anhören, lehnte jede Erklärung ab.

„Jetzt, da er dich nicht mehr braucht, glaubst du, du könntest zu mir zurückkehren. Nein, Sarah, ich sammle nicht die Brocken auf, die von seinem Tisch fallen", sagte er einmal zu mir. Von diesem Tag an wusste ich, dass unsere Trennung endgültig war. Menna würde mir nie verzeihen können.

Die gespannte Atmosphäre in unserem Haus blieb. Manchmal glaubte ich, es nicht länger ertragen zu können.

Die Zeit verrann, und Ramses Liebe zu Maa-Neferu-Re schwand. Sie hatte sich ihm hingegeben, wie man es von ihr verlangte, doch Leidenschaft hatte Ramses in ihr nicht wecken können. Er begann ihrer überdrüssig zu werden. Zwar ließ er ihr weiterhin alle Ehren zuteil werden, die einer Großen Königlichen Gemahlin zukamen, ansonsten aber mied er ihre Gegenwart.

Isis-Neferts Zorn legte sich. Sie triumphierte.

„Geh zu ihm", riet sie mir.

Aber ich lehnte ihr Ansinnen entschieden ab. Es wäre auch unnötig gewesen, denn Ramses, der Allmächtige, der Gott, kam zu mir.

Er betrat unser Haus zu einer Stunde, von der er wusste, dass Menna nicht anwesend sein würde. Die erschrockenen Diener warfen sich vor ihm nieder, berührten mit der Stirn den Boden. Ramses schenkte ihnen keine Beachtung. Er folgte der völlig verwirrten Seketa zu mir. Ich saß gerade im Garten und sah Benja beim Zeichnen zu, da stand er plötzlich vor mir. Er lächelte mich siegessicher an.

„Lass deine Diener deine Sachen packen. Wir werden verreisen. Es ist Zeit, dass ich mich wieder einmal meinem Volk zeige und selbst begutachte, was in meinem Namen gebaut wurde."

„Aber Majestät", begehrte ich auf.

„Kein aber", entgegnete Ramses. „Du wirst mich begleiten. Das ist ein Befehl. In drei Tagen reise ich, und du kommst mit mir."

Er verschwand, ohne meine Huldigung zur Kenntnis zu nehmen. Völlig verwirrt sah ich ihm nach. Ich konnte es immer noch nicht fassen, und doch war es wahr. Ramses war zu mir zurückgekehrt. Ich gestehe, damals empfand ich einen Triumph in meinem Herzen. Aber dieser Triumph hatte auch einen bitteren Beigeschmack – Menna. Was würde er sagen? Würde er überhaupt etwas sagen?

Er sagte nichts. Er schwieg und versuchte nicht, mich zurückzuhalten. Die Enttäuschung hatte sein Herz völlig verhärtet. Ich glaube, er ahnte nicht einmal, dass ein Wort von ihm mich zurückgehalten hätte und ich nicht mit Ramses gegangen wäre.

So wies ich Seketa an, meine und Benjas Sachen zu packen. Ich hatte auch Tamid mit mir nehmen wollen, doch sie weigerte sich. Sie wollte bei ihrem Vater bleiben. So bat ich Seketa, während meiner Abwesenheit gut auf sie aufzupassen und gestattete nur Levi, mich zu begleiten. Im Zuge der Reisevorbereitungen überkam mich plötzlich fast Erleichterung. Die Kälte des Hauses drohte mich in der letzten Zeit fast zu erdrücken, und so war ich froh, ihr für einige Zeit entfliehen zu können.

Meine Freude fand ein jähes Ende, als ein Diener Isis-Neferts mir den Befehl der Großen Königlichen Gemahlin überbrachte, sie unverzüglich aufzusuchen.

Nichts Gutes ahnend, trat ich bei Isis-Nefert ein. Die Große Königliche Gemahlin lag müde auf einem Diwan. Ihr Haar war völlig ergraut, ihre Augen wirkten abgekämpft und müde, ihr Gesicht war von tiefen Furchen durchzogen. Sie versuchte nicht mehr, ihr Alter zu verbergen. „Du siehst, mir bleibt nicht mehr viel Zeit, Hebräerin. Ich habe gehört, du darfst Pharao auf seiner Reise begleiten. Das ist gut."

Ich sah sie an und fragte mich unwillkürlich, was sie wohl von mir wollte.

Sie lächelte und fuhr fort:

„Ramses wird nicht nur dich, sondern auch Amunherchopschef auf seine Reise mitnehmen. Und nun höre mir gut zu, denn ich werde es kein zweites Mal sagen."

Sie zog unter ihrem Gewand ein Fläschchen hervor, das sie mir reichte.

„Dieses wirst du dem Kronprinzen während der Reise geben."

Ich erbleichte.

„Nein", protestierte ich.

Isis-Nefert blieb ruhig, sah mich gelassen an.

„Du wirst."

„Nichts und niemand kann mich zwingen, das zu tun."

Ein fast mitleidiges Lächeln glitt über ihr Gesicht, verlieh ihr ein gespenstisches Aussehen.

„Du wirst", wiederholte sie langsam und bestimmt. „Ich bin alt geworden und habe nicht mehr lange zu leben. Daher ist es mir gleichgültig, was mit mir geschieht. Nur eins ist für mich von Bedeutung. Ich will noch erleben, dass Chaemwese Kronprinz wird. Du wirst Amunherchopschef das Gift geben. Ich gebe dir drei Monate Zeit."

„Und wenn ich es nicht tue?" fragte ich herausfordernd.

„Dann wird dein Mann sterben, den du doch liebst", erwiderte sie. „Solltest du mich dann noch immer nicht verstanden haben, wird ihm deine Tochter folgen."

Ich zitterte. Um mich herum begann sich alles zu drehen. Ich griff nach dem Fläschchen und ging. Ich konnte in diesem Augenblick keinen klaren Gedanken fassen, nur mein Verlagen, so schnell wie möglich von dieser schrecklichen Frau fort zu kommen, trieb mich voran.

Was nun? Was konnte ich tun? Je länger ich auf dem Rückweg darüber nachdachte, umso auswegloser erschien mir meine Situation. Der einzige, der die Macht besessen hätte, dieses Verbrechen zu verhindern, wäre Ramses gewesen. Doch an ihn wagte ich mich nicht zu wenden, denn dann wäre ich gezwungen gewesen, ihm die ganze Wahrheit zu beichten.

Niemand wusste besser als ich, dass es dafür längst zu spät war. Je länger ich überlegte, desto klarer erkannte ich, dass mir nichts anderes übrig bleiben würde, als mich zwischen dem Kronprinzen und meiner Familie zu entscheiden.

So betrat ich am nächsten Morgen das königliche Schiff in der Gewissheit, dass ich mich in das Unvermeidliche zu fügen hätte. Die strahlenden, glänzenden Augen meines Sohnes, die voll freudiger Erwartung dem Kommenden entgegensahen, vermochten mich nicht zu trösten. Sie besaßen nicht die Kraft, meinen Trübsinn zu verjagen.

Ich erinnerte mich an die Ermordung Tis und Elias. Sie waren Verbrecher gewesen, die den Tod verdienten. Doch was hatte mir der Kronprinz getan? Ich war ihm bisher kaum begegnet, hatte keine drei Worte mit ihm gewechselt. Nichts würde je diesen Mord rechtfertigen können. Auch wenn viele behaupteten, es wäre eine Wohltat für Ägypten, wenn Amunherchopschef stürbe, so konnte dies mein Gewissen nicht beruhigen. Was ging mich Ägypten an? Voll Bitterkeit musste ich mir eingestehen, dass ich einmal den falschen Weg gegangen war. Nun war es zur Umkehr zu spät. Ich musste weiter geradeaus gehen.

# 13.

Es war eine kleine Flotte, die den Nil entlang segelte. Allen voran glitt die Barke des Pharaos durchs Wasser, an deren Masten weiße und blaue Wimpel flatterten. Überall strömten die Menschen am Ufer zusammen, sobald sie aus der Ferne das Schiff erblickten. Ehrfürchtig warfen sie sich zu Boden, um dem Einen zu huldigen.

Ramses genoss die Reise. Tagsüber ließ er sich auf den weichen Kissen und Teppichen nieder, die vor seiner Kajüte lagen, und betrachtete die vorbeiziehende Landschaft – sein Ägypten. Schon lange hatte ich ihn nicht mehr so froh und ausgelassen gesehen. Nur in Gegenwart seines Sohnes Amunherchopschef überflog oftmals ein Schatten sein Gesicht und sein Lachen verschwand.

Was ich bis dahin aus fremdem Mund gehört hatte, wurde für mich nun zur Gewissheit. Zwischen Ramses und Amunherchopschef türmten sich unüberwindbare Barrieren auf. Aber woran mochte das liegen? Erst im Verlauf der Reise begann ich langsam zu verstehen, was Ramses von seinem Sohn trennte.

Von Geburt an wird der Mensch mit Eigenschaften versehen, die ihm eine Einzigartigkeit verleihen und ihn von allen anderen unterscheiden. Ramses hatte das Schicksal großzügig mit dem ausgestattet, was ein großer Herrscher brauchte. Zwar besaß er mehr schlechte als gute Eigenschaften, die ihm seine Götter verliehen hatten, doch verdankte er dem Gesamtbild seinen Ruhm und seine Größe. Was immer man Ramses vorwerfen mag, eins bleibt unumstritten. Er war eine überragende Führungspersönlichkeit. Ganz anders verhielt es sich mit dem Kronprinzen. Er war ein stiller, in sich gekehrter Mensch, der wenig Sinn für Krieg und Eroberung zeigte. Er liebte die Kunst mehr als den Streitwagen, sprach gerne und viel üppigen Speisen und dem Wein zu, und nicht zu Unrecht hielten viele ihn für verweichlicht. Der Pharao hatte ihm eine strenge und harte Erziehung zukommen lassen, um ihn richtig auf seine spätere Stellung vorzubereiten. Doch selbst Ramses musste eines Tags einsehen, dass seine Bemühungen vergeblich bleiben würden. Nichts konnte Amunherchopschef je zu dem Mann machen, der Ramses war. So lebte der Kronprinz im Schatten des Pharaos, ertrug geduldig die ständige Kritik und Verachtung des Vaters, und ich vermutete, er verfluchte manchmal die Tatsache, dass er als erster Sohn des Pharaos zur Welt gekommen war. Welch herrliches, bequemes Leben wäre ihm beschieden gewesen, wäre er nur irgendeiner der vielen Söhne des Pharaos. Ihm war bewusst, dass nicht nur er und sein Vater, sondern auch viele einflussreiche Leute in Ägypten das Schicksal verfluchten, und fast würde ich glauben, er ahnte, dass seinem Leben irgendwann einmal gewaltsam ein Ende gesetzt werden würde.

Ich bedauerte diesen schlaffen, rundlichen Prinzen, dessen Leben bisher nichts anderes als ein Kampf gewesen war. Der Gedanke, dass gerade ich es sein sollte, die ihn aus dem Weg räumen würde, bereitete mir schlaflose Nächte. Warum hatte das Schicksal gerade mich dazu bestimmt, die Geschicke Ägyptens zu lenken? Meine Frage blieb ohne Antwort. In den Nächten, in denen die Müdigkeit mich übermannte, wurde ich von bösen Träumen geplagt, und meistens erwachte ich schweißgebadet und schreiend aus dem Schlaf. Dann dauerte es jedes Mal geraume Zeit, bis ich begriff, dass ich nur geträumt hatte. Tagsüber versuchte ich, gleichgültig zu erscheinen, doch auf meinem Gesicht zeichneten sich bald deutlich die Spuren meines gepeinigten Herzens ab.

Eines Nachts, als ich wieder einmal zitternd und schreiend erwachte, stand plötzlich Levi neben meinem Lager.

„Herrin", sagte er besorgt. „Irgendetwas stimmt seit langem mit Euch nicht. Was quält Euch?"

„Nichts", antwortete ich. „Es war ein Traum, der mich erschreckte."

„Ihr träumt oft schlecht, Herrin. Und Ihr redet im Schlaf wirre Dinge, die sich schrecklich anhören."

Ich erbleichte.

„Was habe ich gesagt?" fragte ich scharf.

„Nichts, was irgendeinen Sinn ergeben würde, Herrin", antwortete er. „Aber ich merke, dass Ihr leidet. Ich möchte Euch so gerne helfen."

Traurig schüttelte ich den Kopf.

„Du kannst mir nicht helfen, Levi. Niemand kann das."

Doch er ließ nicht nach.

„Manchmal hilft es schon, wenn man sich jemandem anvertraut. Ich bin ein guter Zuhörer und verschwiegen. Versucht es, Herrin. Vielleicht ist Euch dann wohler."

Der Schein der Öllampe fiel auf sein Gesicht. Sein offenes, ermunterndes Lächeln, seine forschenden, ehrliche Augen verwirrten meinen Verstand. Der Wunsch, nach all den Jahren des Schweigens endlich mit einem Menschen über das reden zu können, was mich bedrückte, wuchs in mir. Ich spürte, er würde mich verstehen. So begann ich zu erzählen, erst zögernd, doch schließlich fließend. Die Worte sprudelten aus mir hervor, so als hätten sie all die Jahre auf diesen Augenblick gewartet.

Nachdem ich geendet hatte, zog ich vorsichtig das Fläschchen hervor, das ich seit Beginn der Reise bei mir trug und zeigte es ihm. Erleichtert erkannte ich, dass ich diesen Mord nie begehen würde.

„Ich danke dir, Levi", flüsterte ich kaum hörbar. „Du hast mir wirklich geholfen, denn jetzt weiß ich, dass ich dieses Gift nicht brauche. Ich werde es nicht tun."

„Und Euer Gatte, Eure Tochter?" murmelte Levi.

Tränen der Ratlosigkeit rannen mir über die Wangen.

„Ich weiß es nicht", hauchte ich kraftlos. „Geh jetzt. Lass mich allein." Ich legte das Fläschchen sorgsam in meine Schmucktruhe. Levi warf mir noch einen forschenden Blick zu, dann stand er auf und ging.

Wie versteinert blieb ich allein zurück. Ein Gedanke war plötzlich in mir erwacht, beherrschte mich immer mehr, nahm immer deutlichere Gestalt an. Konnte das der Ausweg sein, nachdem ich gesuchte hatte? Die Idee, das Fläschchen zu öffnen und selbst das Gift zu nehmen, zog mich in ihren Bann. Welchen Sinn könnte es für Isis-Nefert haben, Menna und Tamid zu töten, wenn ich nicht mehr lebte? Sie würde es nicht tun, dessen war ich gewiss. Und Benja – wäre er bei Menna nicht besser aufgehoben als bei mir, der Hebräerin? Die Ägypter sollten sein Volk sein und nicht die versklavten Hebräer. Je länger ich darüber nachdachte, umso genauer erkannte ich, welchen Weg ich einzuschlagen hätte.

Der Morgen graute bereits, als ich das Fläschchen wieder aus dem Versteck holte. Wie lange würde es dauern, bis das Gift wirkte? Entschlossen, es am Abend nach dem Mahl beim Pharao einzunehmen, legte ich es zurück. Törichtes Herz – warum zögerte ich damals? Weshalb schob ich die Entscheidung hinaus? Wie oft habe ich mir diese Frage gestellt? Heute weiß ich, dass es mein Schicksal war, nicht zu sterben.

Es war der Tag, an dem wir Dendera erreichten. Ich fühlte mich erleichtert. Das Grauen der vergangenen Nacht war von mir gewichen. Ich kleidete mich an und trat an Deck. Eine leichte, frische Brise wehte mir ins Gesicht, vertrieb meine Müdigkeit. Hier in der Nähe und doch für das Auge unsichtbar lag die Tempelstadt Dendera, das Heiligtum der Göttin Hathor, der Göttin des Tanzes und der Liebe. Dies war der erste Tempel, den der Pharao auf seiner Reise zu besuchen beabsichtigte. Dendera war berühmt für seine Sternenwarte, von der aus die Priester jede Nacht die Bewegungen der Gestirne des Himmels beobachteten.

Von Schiff aus sah ich zu, wie die Sklaven die Sänften für den Landgang des Pharaos von den Booten trugen. Ramses hatte mich eingeladen, ihn zu begleiten, und ich hatte eingewilligt, denn mich interessierten die sagenumwobenen Priester Denderas, von denen es hieß, sie könnten die Geschicke der Menschen voraussagen.

Levi brachte mir das Frühstück in die Kajüte. Darum wandte ich meinen Blick ab und ging zurück. Ich fühlte mich leicht und unbeschwert, aller Sorgen enthoben. Benja kam herein und ließ sich verschlafen neben mir auf ein Kissen fallen. Mit dem Heißhunger eines Knaben verspeiste er das Fladenbrot und einige Stück Kuchen. Zärtlich streifte ihn mein Blick. Es würde ihm wehtun, mich zu verlieren, aber schließlich war es auch zu seinem Besten. Zwar war er jetzt noch ein Knabe, doch diese Tatsache täuschte mich nicht darüber hinweg, dass er schon sehr bald zum Mann heranreifen würde, und eines Tages würde es ihm zukommen, das Erbe seines Vaters anzutreten. Ich wäre auf diesem Weg nur ein Hindernis, denn ich war und blieb eine Hebräerin. Ich konnte plötzlich nicht anders, ich musste ihm sagen, was ich für ihn empfand, jetzt sofort, bevor es zu spät war.

„Ich liebe dich, mein Sohn, und ich bin sehr stolz auf dich. Sei deinem Vater ein würdiger Nachfolger."

Er sah mich unbekümmert an mit den unschuldigen Augen eines Kindes.

„Aber natürlich Mutter."

Unwillkürlich wandte ich meinen Blick von Benja, denn ich spürte, dass ich beobachtet wurde. Levis große, forschende Augen bekamen auf einmal einen sorgenvollen, ängstlichen Ausdruck. Ich fühlte, er ahnte etwas von meinem

Vorhaben. Ich wollte seinen Verdacht enthärten, doch ich kam nicht mehr dazu. Ein Diener des Pharaos betrat die Kajüte und teilte mir mit, dass Ramses mich erwartete. So stand ich auf und folgte dem Diener, denn den Pharao durfte man nicht warten lassen.

Amunherchopschef hatte sich bereits in seiner Sänfte niedergelassen. Ein Baldachindach spendete ihm Schutz vor der Sonne. Der Pharao hatte es vorgezogen, einen thronähnlichen, unbedachten Stuhl zu wählen, damit das an der Straße zusammengeströmte Volk ihn gut sehen konnte. Er trug einen reich gefalteten Lendenschurz, der von einem breiten goldenen Gürtel gehalten wurde und einen breiten, in den Königsfarben blau und weiß gefärbten Halskragen. Seinen Kopf bedeckte der Nemes, der von einer goldenen Kobra verziert wurde. Ich konnte nicht umhin, einen Augenblick stehen zu bleiben und die beiden Männer miteinander zu vergleichen. Welch ein Unterschied! Ramses sprühte vor Kraft und Elan, während man dem Gesicht des Kronprinzen ansah, dass er schon jetzt die Anstrengungen des Tages fürchtete.

Ein Diener des Pharaos riss mich aus meiner Betrachtung.

„Kommt", forderte er mich auf. „Nehmt Platz."

Ich ging auf die Sänfte zu, deren Inneres durch Vorhänge vor den Blicken der Neugierigen geschützt wurde, und ließ mich auf die bequemen Kissen sinken. Der Zug setzte sich in Bewegung.

Eine breite, gepflasterte Straße führte direkt vom Nil zum Heiligtum der Göttin. Doch der Weg dorthin war lang. Es war Sommer. Ramses hatte die heißeste Jahreszeit für seine Reise gewählt, was ich mir nur dadurch erklären konnte, dass der Pharao wieder einmal einem plötzlich erwachten Verlangen, ohne groß zu überlegen, nachgegeben hatte. Schon bald stand die Sonne hoch am Himmel, und ihre Strahlen brannten erbarmungslos auf die Menschen nieder. Trotzdem warteten die Menschen weiter geduldig am Rand des Weges, um einen Blick auf den Herrscher zu erhaschen.

Endlich waren wir am Ziel angekommen. Der Oberpriester der Hathor begrüßte den Pharao feierlich. Danach schritt Ramses, gefolgt von seinem Sohn und einigen auserwählten Priestern, ins Allerheiligste, um der Göttin ein Opfer darzubringen.

Ich blieb wartend bei den Soldaten zurück, die unseren kleinen Trupp begleiteten. Nachdem der Pharao sein Opfer verrichtet hatte, ließ er mich rufen, und gemeinsam mit Amunherchopschef stiegen wir eine schmale Treppe hinauf, die auf das Tempeldach führte. Von hier aus hatte man einen herrlichen Blick auf die Tempelstadt und das Tal, in dem sie lag. Am Horizont erhoben sich die Berge der Wüste. Ramses ging weiter zu einem kleinen Gebäude, das auf dem Tempeldach errichtet worden war. Ein alter Mann, der seine Zeit längst überlebt hatte, kam auf den Pharao zu und verneigte ehrfürchtig sein Haupt vor ihm. Ramses lächelte den zahnlosen Alten freundlich an und sagte:

„Setzen wir uns, weiser Hui. Die Götter haben dir ein langes Leben beschieden. Ich bin gekommen, um zu hören, was sie dem Pharao und seinem Nachfolger verheißen."

Ramses setzte sich auf eins der Kissen und der Alte hockte sich neben ihn. Auch Amunherchopschef und ich setzten uns, während ich interessiert die Bilder an der Decke betrachtete.

„Das sind die einzelnen Sternzeichen, unter denen wir Menschen geboren werden", erklärte mir der Alte. „Sie, die Sterne, bestimmen unser Geschick. Sie sind der Leitfaden unseres Lebens. Ich habe die Sterne befragt, Majestät, denn ich ahnte, dass ihr mich aufsuchen würdet", wandte er sich an Ramses. „Die Sterne sind Euch günstig gesonnen. Sie geben Euch noch viele Jahre, damit ihr Euer Werk vollenden könnt. Kein Pharao vor Euch wird auf eine so lange Regierungszeit zurückblicken können, wie sie Euch beschieden sein wird."

Ramses schwieg einen Moment nachdenklich, dann fragte er:

„Und mein Sohn, der Kronprinz, wie sieht seine Zukunft aus?"

Das Gesicht des Alten verdunkelte sich, und mir war, als ob eine überirdische Kraft von diesem Alten ausging.

„Verzeiht, Majestät, wenn ich Euch die Wahrheit sage. Das Geschick des Kronprinzen wird sich bald erfüllt haben. Sein Weg nähert sich dem Ende."

Ich erschrak, und auch in Ramses' Augen entdeckte ich einen seltsamen, undurchdringlichen Schein, von dem ich nicht sagen konnte, ob er Freude oder Grauen widerspiegelte.

Amunherchopschef wurde totenblass. Nach einigen Augenblicken stand er auf und verließ wie ein gehetztes Tier den Raum. Ramses ließ ihn gehen. Er sah ihm nicht einmal nach. Einer Laune folgend, fragte er den Alten:

„Und was ist mit ihr? Verrate mir, wie ihre Zukunft aussieht."

Der Alte zog die Stirn in Falten.

„Sie ist der dunkle Schatten in Eurem Leben, Majestät. Niemand vermag sich seines Schattens zu entledigen. Eure Sterne und die ihren sind eng miteinander verbunden. Ihr Licht wird erst erlöschen, wenn Eure Majestät zu Osiris geworden ist."

Grübelnd starrte Ramses vor sich hin. Die Worte des Weisen sagten viel und doch wieder nichts. Wie waren seine Worte zu deuten? Ramses stand auf und ging. Ich wollte ihm folgen, doch der Blick des Alten hielt mich zurück.

„Du hast viel Leid erfahren, Hebräerin. Und du wirst noch mehr Leid erdulden müssen, denn dein Herz ist von Hass vergiftet. Doch das ist dein Schicksal. Das Leben eines Menschen ist nicht mehr als ein kleines Steinchen in einem Mosaik. Ohne den Stein wäre das Bild unvollkommen. Die Geschicke der Menschen erfüllen sich nach dem Willen der Götter und nie nach dem Willen von uns Menschen. Nimm dies als Trost. Das ist das einzige, was ich dir auf deinen Weg mitgeben kann."

Ein leichter Schauder erfasste mich. Die Prophezeiung des Weisen machte mich betroffen. War es wirklich möglich, dass es Menschen gab, die die Gabe besaßen, aus den Sternen die Zukunft herauszulesen? Eilig war ich Ramses gefolgt und hatte ihn auf der Treppe eingeholt.

„Glaubt Ihr an das, was der Alte sagte, Majestät?" fragte ich während des Abstiegs.

Der Pharao drehte sich zu mir um. Sein Gesicht war ernst, als er bestimmt antwortete: „Hui irrt sich nie. Er behält immer Recht."

Obwohl ich Zweifel hegte, beunruhigten mich die Worte des weisen Priesters. Doch schließlich siegte mein Verstand, der mir sagte, dass Hui sich diesmal irren musste. Nichts konnte mich daran hindern, meinem Leben ein Ende zu setzen und den Mord an dem Kronprinzen nicht zu begehen.

Der Pharao führte mich durch den Tempel der Hathor, der Göttin mit den Kuhhörnern auf dem Kopf. Beiläufig stellten wir dabei fest, dass der Kronprinz sich von seinen Trägern zurück zu den Booten hatte tragen lassen. Diese Tatsache entlockte dem Pharao nur ein leichtes Achselzucken.

Der Abend dämmerte bereits, als wir zu den Schiffen zurückkehrten. Ich fühlte mich müde und erschöpft und wollte mich deshalb auf mein Schiff begeben, aber Ramses hielt mich zurück. So ging ich mit ihm. Während wir uns auf den weichen Kissen und Teppichen, die die Kajüte des Pharaos schmückten, liebten, vergaß ich die Anstrengungen des Tages, ja in diesem Moment spielte sogar die Zukunft keine Rolle mehr. Es gab nichts als ihn und mich. Ein Diener brachte uns danach kühlen Wein, Fleisch und Brot. Ein triumphierendes Gefühl erfüllte mich beim Abendessen. Es war der letzte Abend, den ich Ramses schenkte. Nicht er würde mich verlassen, sondern ich ihn. Welche Niederlage für ihn, den Allmächtigen, den Gott!

Es war spät, als ich auf mein Schiff zurückkehrte. Lautlos schlich ich zum Bett meines Sohnes. Er lag in tiefem Schlummer. Zärtlich strich ich durch sein Haar und küsste ihn sanft auf die Stirn. Dann ging ich in meine

Kajüte. Ich holte einen Becher hervor, füllte ihn mit Wein. Dann ging ich zum Schmuckkästchen, um das Fläschchen hervorzuholen. Er war nicht mehr da. Fassungslos starrte ich in das Kästchen und konnte es einfach nicht glauben.

„Levi!"

Ein Gedanke kam mir. Hatte ich nicht bereits am Morgen vermutet, dass er einen Verdacht hegte? Er allein wusste, wo das Fläschchen lag. Nur er konnte es entwendet haben. Während ich noch grübelte, stand Levi an der Tür. Er war so leise eingetreten, dass ich ihn nicht hatte kommen hören. Er war blass, und ich gewann den Eindruck, dass er sich fürchtete.

„Hast du das Fläschchen genommen?" fragte ich beton ruhig.

„Ja, Herrin", antwortete er kleinlaut.

„Und was hast du damit getan?" forschte ich weiter.

Er schwieg und wich meinem Blick aus.

„Hast du es in den Nil geworfen oder nur versteckt? Wenn du es noch hast, dann gib es mir zurück."

Levis Blick wanderte durch den Raum und blieb schließlich an mir haften.

„Ich kann Euch das Gift nicht zurückgeben", brachte er stockend hervor.

„Warum nicht?"

Panische Angst packte mich.

„Ich war gerade auf dem Vorratsschiff, um Benjas Mittagessen zu holen, da kehrte der Kronprinz zurück. Sein Diener kam und füllte einen Krug mit Wein für seinen Herrn und ging dann, um Brot und Fleisch zu richten. Einen Augenblick lang war ich allein mit dem Krug. Ich wollte es nicht tun. Es ist einfach passiert, ich weiß nicht wie."

Ungläubig starrte ich ihn an.

„Du willst damit sagen, dass du…."

Er nickte. Tränen der Verzweiflung traten in seine Augen.

Tausend Gedanken durchliefen in diesem Augenblick meinen Kopf. Doch zum Schluss blieb nur ein Gedanke übrig. Der Weise würde Recht behalten. Was er sagte, war die Wahrheit. – Das Leben eines Menschen ist nichts als ein Stein in einem Mosaik. Jeder Stein, und wenn er noch so klein und unbedeutend schien, war doch nötig, um das Gesamtbild zu vollenden. – So würde Amunherchopschef sterben und Isis-Nefert ihr Ziel erreichen. Damals fühlte ich mich zum ersten Mal in meinem Leben plötzlich müde und alt.

„Herrin! Bitte glaubt mir doch, ich wollte es wirklich nicht tun. Aber dann stand dieser Krug da, und es war wie ein Zwang."

Überrascht sah ich auf. Ich hatte vergessen, dass er da war.

„Mach dir keine Vorwürfe", sagte ich ruhig. „Die Ägypter würden sagen, es war der Wille der

Götter. In unserem Volk würde man behaupten, es sei Gottes Wille gewesen. Was davon wohl stimmen mag? Ich weiß es nicht. Weißt du es?"

Er schüttelte niedergeschlagen den Kopf.

„Geh jetzt schlafen."

Er verneigte sich und ging. Ich wusste, er würde in dieser Nacht nicht schlafen. Und auch ich fand in dieser Nacht keine Ruhe. Ich sah das schmerzerfüllte Gesicht Amunherchopschefs vor mir, das mich mit weit aufgerissenen anklagenden Augen anstarrte.

„Du bist schuld. Du hast diesen Jungen in deine üblen Machenschaften hineingezogen. Du hättest es wissen müssen."

Ich lag schweißgebadet in meinem Bett, lauschte in die Stille der Nacht und wartete. Nichts geschah. Alles blieb ruhig.

Gegen Morgen hörte ich Pferdehufe und Wagenräder. Streitwagen näherten sich uns, blieben direkt vor dem Ankerplatz unserer Boote stehen. Ich hörte Schritte und Stimmen, nicht mehr. Danach war alles wieder still. Nur gelegentlich war noch das Schnauben oder Wiehern eines Pferdes zu vernehmen.

Eine seltsame Unruhe hielt mich nicht länger im Bett. Ich stand auf, zog mich an und ging an Deck. Ich sah Levi vor meiner Kajütentür sitzen. Er hatte dort die ganze Nacht verbracht. Seine Augen waren rotumrandet, sein Gesicht leichenblass.

„Du musst dich jetzt zusammennehmen", sagte ich kühl. „Du darfst dir nichts anmerken lassen, sonst fällt der Verdacht sofort auf dich. Und das würde nicht nur für dich, sondern auch für mich schlimme Folgen haben. Was geschehen ist, kann niemand mehr ändern. Versuche, damit fertig zu werden."

Ich wandte mich von ihm ab und blickte zum Schiff des Pharaos. Ramses stand an Deck und lauschte schweigend dem Bericht eines Boten. Der Mann verneigte sich kurze Zeit später vor Ramses und ging. Der Pharao blieb in Gedanken versunken stehen und schaute über die Reling in die Fluten des Nils.

Meine Unruhe steigerte sich. Ich spürte, dass etwas Bedeutendes passiert sein musste. Deshalb stieg ich die Rampe meines Schiffs hinunter und näherte mich dem Schiff des Pharaos. Die wachhabenden Soldaten ließen mich ungehindert passieren. Zögernd näherte ich mich Ramses, aber er sah nicht auf. Eine Weile stand ich wartend da, doch Ramses regte sich nicht. Schließlich fasste ich Mut und sagte:

„Majestät."

Der Pharao drehte sich um.

„Verzeiht, ich wollte Euch nicht stören. Wenn Ihr es wünscht, gehe ich wieder."

„Nein. Bleib."

Er schwieg einen Augenblick, dann fuhr er fort:

„Ich befürchte fast, wir müssen unsere Reise abbrechen und nach Per-Ramses zurückkehren. Schade! Wie gerne wäre ich nach Theben gereist, um die Fortschritte an meinem Totentempel zu betrachten. Und noch viel lieber hätte ich meinen und Nofretaris Tempel in Nubien inspiziert. Weißt du, dieser Tempel ist eines meiner Lieblingsprojekte. Das muss nun wohl warten."

„Ist etwas geschehen?" fragte ich vorsichtig.

„Ja! Die Große Königliche Gemahlin, meine Frau Isis-Nefert, ist gestorben. Sie war krank, schwer krank. Ich habe schon lange damit gerechnet."

Ich stand da und starrte ihn fassungslos an. Isis-Nefert war bereits tot gewesen, als Levi den Kronprinzen vergiftete. Seine Tat war völlig sinnlos gewesen. Warum war der Bote nicht einen Tag früher gekommen? Jetzt lag der Kronprinz im Sterben. Ich wusste plötzlich, das war kein Zufall, das war der Wille einer höheren Macht, die die Geschicke der Menschen lenkte. Nichts geschah ohne Sinn, nur wir Menschen waren oftmals unfähig, den Sinn der Ereignisse zu erkennen. Amunherchopschef starb, weil er sterben sollte.

Ramses und ich wurden durch schreckliche Schreie aus unseren Gedanken geschreckt. Die Schreie kamen vom Schiff des Kronprinzen. Ein Diener rannte aufgeregt aus dcr Kajüte seines Herrn, und schon kurze Zeit später verlangte er von den Soldaten, die das Schiff des Pharaos bewachten, vorgelassen zu werden. Die Soldaten gewährten ihm nach kurzem Zögern den Durchgang, denn sie spürten wohl, dass etwas Grauenvolles, Entsetzliches in der Luft lag. Der Diener kam angerannt, fiel vor dem Pharao auf die Knie und stammelte immer wieder noch ganz außer sich:

„Majestät! Majestät! Der Kronprinz. Er ist tot."

Ramses gebot dem Mann zu schweigen und beauftragte einen Soldaten, seinen Leibarzt holen zu lassen. Der Mann eilte davon, während Ramses stillschweigend und regungslos stehen blieb. Ich sah seine Augen und versuchte, darin zu lesen. Was ich sah, erschreckte mich. Trauer und Freude spiegelten sich gleichzeitig in ihnen, und mir war, als wüsste er nicht, welches der beiden Gefühle die Oberhand erringen sollte. Schließlich sagte er versonnen:

„Er ist gestorben, damit Ägypten leben kann."

Er sah mich an.

„Es entsetzt dich, was ich sage. Aber um über ein Reich herrschen zu können, muss man oft seine persönlichen Gefühle in den Hintergrund stellen. Er war mein Sohn, und als solchen habe ich ihn geliebt. Trotzdem ist es gut, dass er gestorben ist, denn Ägypten ist mehr wert als ein Menschenleben."

Noch immer stand ich mit weit aufgerissenen Augen da und sah den Pharao an. Erst jetzt erkannte ich die ganze Wahrheit. Ramses hatte gewusst, dass man seinen Sohn irgendwann einmal ermorden würde. Nun war es geschehen, und er nahm es hin wie eine unumgängliche Notwendigkeit. Was für ein Mensch war dieser Mann? Mich schauderte. Ich wollte nicht länger darüber nachdenken.

Der Leibarzt des Pharaos stellte den Tod des Kronprinzen fest, und Ramses fragte nicht weiter nach der Ursache. Er ließ die Flotte wenden, und wir segelten zurück nach Per-Ramses. Hier brachte man den Leichnam des Kronprinzen in das Haus des Todes, wo er neben dem Leichnam Isis-Neferts für die Ewigkeit vorbereitet wurde. Welche Laune des Schicksals! Wie viele Jahre hatte die Große Königliche Gemahlin auf diesen Augenblick gewartet. Erst nach ihrem Tod konnte sie triumphieren.

Das Begräbnis fand mit dem Aufwand statt, der den Mitgliedern der königlichen Familie zukam. Gleich nach der Beisetzung wurde Prinz Chaemwese zum Kronprinzen erhoben, etwas, das jeder erwartet hatte. Zu erwähnen wäre vielleicht noch, dass ich nach der Beisetzung Isis-Neferts Merenptah wieder begegnete. Er war bald nach Nofretaris Tod von Ramses zum Obersten Heerführer ernannt und nach Theben geschickt worden. Dies geschah gewiss auf Betreiben der Großen Königlichen Gemahlin, die ihren Sohn von jener verhängnisvollen Leidenschaft zu heilen suchte, die sie mir gegenüber einmal angedeutet hatte. Merenptah kannte besser als irgendein anderer Isis-Neferts Pläne. Nicht ohne Grund befürchtete Isis-Nefert deshalb, Merenptah könnte ihr durch eine Unbesonnenheit schaden. Hatte er mich nicht damals zu warnen versucht? Ich hatte seine Warnung nicht verstanden. Und selbst wenn ich erkannt hätte, was er mir zu sagen versucht hatte, es wäre doch geschehen, denn es stand in meinen Sternen geschrieben, noch bevor ich geboren wurde.

Nach der Bestattung zog ich wieder in unser Haus in Per-Ramses. Doch die gespannte Atmosphäre bedrückte mich immer mehr. Deshalb entschloss ich mich dazu, mir eine Villa in der Nähe der Stadt Pithom zu kaufen, ein Zufluchtsort, den ich immer dann aufsuchte, wenn ich glaubte, es nicht mehr ertragen zu können. Hier lebte ich in der Nähe meines Bruders und konnte ihm und seiner Familie hilfreich unter die Arme greifen. Seit dem Tod Isis-Neferts brauchte ich die Entdeckung meines Geheimnisses nicht mehr zu fürchten, denn ich fühlte, dass zwischen Merenptah und mir ein stilles Einvernehmen bestand, das zum Schweigen verpflichtete. Weder Jacob noch ich verloren jemals wieder ein Wort über jenen Tag, an dem ich ihm mein Geheimnis zur Aufbewahrung übergeben hatte.

Meine Zusammentreffen mit dem Pharao fanden immer noch statt, auch wenn sie mit der Zeit immer seltener wurden. Doch es bekümmerte mich nicht, dass der Pharao es immer häufiger vorzog, sich jüngeren Frauen zuzuwenden. Ich stand damals in der Blüte meiner Jahre und wusste nur zu gut, dass ich schon bald zu welken beginnen würde, dass das Alter bereits die ersten Spuren auf mein Gesicht gezeichnet hatte.

Was Menna und mich betraf, so herrschte weiterhin eine schneidende Kälte zwischen uns. Nachdem er den Ausschweifungen in den Freudenhäusern überdrüssig geworden war, hatte er sich eines Tages Seketa zugewandt. Er liebte sie nicht, und sie wusste das. Doch ihre alte Leidenschaft gewann die Oberhand, siegte über ihre Freundschaft zu mir. Sie versuchte zuerst, es vor mir zu verbergen, denn sie kannte meine Gefühle für Menna. Aber die bösen Zungen schweigen nie still, wenn es darum geht, gehässig zu sein. So gestand sie mir dann doch, was ich bereits wusste. Ich gestehe, es schmerzte mich trotzdem, es aus ihrem Mund bestätigt zu hören.

Ich hielt mich deshalb immer häufiger in Pithom auf, denn ich ertrug es nicht, Menna mit ihr zu sehen. Manchmal hegte ich sogar den Verdacht, dass Menna nur zu Seketa ging, um mir weh zu tun. Benja begleitete mich fast jedes Mal, und ich spürte, dass er sich immer weiter von seinem Vater entfernte, während Tamid, die inzwischen zu einem jungen hübschen Mädchen erblüht war, eindeutig Partei für ihren Vater ergriff. Ich hatte mehr als nur einmal versucht, ihr Herz zu gewinnen, doch sie wandte mir nur den Rücken zu, denn sie glaubte fest daran, dass ich ihren Vater verraten hatte. Die Trennung der Familie war vollzogen.

Wie bereits erwähnt, begann ich, mein Alter zu spüren, doch die Glut meines Körpers war noch nicht ganz erloschen. Je seltener ich den Pharao sah, umso öfter spürte ich das ungestillte Verlangen meines Körpers. Mein Leben war leer und unausgefüllt. In meiner Einsamkeit suchte ich immer häufiger bei Levi Trost, dem einzigen Menschen, dem ich Vertrauen entgegenbrachte. Er kannte mich und meine Geheimnisse, und der Tag kam, an dem er auch meinen Körper kennen lernte, meine Leidenschaft und meine Sehnsüchte. Er wärmte nachts meinen Körper und stillte mein Verlangen.

So verrann die Zeit, und langsam begann ich, mich mit meinem Los abzufinden. Ich war bereit, mein Leben in der Zurückgezogenheit meines Hauses in Frieden zu beenden. Aber noch einmal sollte das Schicksal mit beiden Händen nach mir greifen und nichts als einen Haufen Trümmer übriglassen.

# 14.

Wovon ich nun berichten will, ereignete sich im 42. Regierungsjahr Pharaos Ramses.

Mein Leben war seit einiger Zeit sehr ruhig geworden. Es hatte weder Höhen noch Tiefen gegeben, und schon wagte ich zu hoffen, auch den Rest meiner Tage in diesem Frieden verbringen zu dürfen. Ich hatte den einzigen Mann, den ich je liebte, verloren, und ich glaubte damals, dass nichts diesen Schmerz jemals übertreffen könnte. Wie sehr ich mich doch irrte!

Das Verhängnis begann damit, dass Menna mich in meinem Haus in Pithom aufsuchte. Er war erst vor kurzem von einer Reise aus Nubien zurückgekehrt, auf der ihn Tamid begleitet hatte. Erst wollte ich dem Diener nicht glauben, der mir Menna meldete, denn Menna hatte mich in all den Jahren niemals in Pithom besucht. Ich vermutete sogar, dass er seine Reise in den Süden Ägyptens unternommen hatte, weil ich für längere Zeit nach Per-Ramses gekommen war. Etwas verunsichert betrat ich deshalb den Empfangssaal, denn ich fand für Mennas Besuch keine Erklärung. Er war es wirklich. Wie so oft, wenn ich ihm in den letzten Jahren begegnet war, fühlte ich plötzlich einen Stich in meinem Herzen, spürte die alte Wunde, die nicht heilen wollte. Ich stand ihm gegenüber und sah ihn fragend an. Sein Haar war ergraut, auf seinem Gesicht zeichneten sich tiefe

Falten ab. Aber im Gegensatz zu den meisten älteren, reichen Ägyptern war sein Körper noch immer schlank und muskulös.

Er begegnete meinem Blick etwas verlegen. Ich merkte, er wusste nicht richtig, wie er beginnen sollte.

„Ein schönes Haus, das du dir gekauft hast", sagte er schließlich.

„Ja, ich bin mit dem Kauf zufrieden", erwiderte ich betont unverbindlich. All die Jahre war er mir ausgewichen, hatte mich gemieden wie eine ansteckende Krankheit. Auch wenn ich ihn noch immer liebte, so half mir das nicht über die Tatsache hinweg, dass er mich ebenso sehr verletzt hatte wie ich ihn. Deshalb sah ich keine Veranlassung, ihm entgegenzukommen.

Eine Weile herrschte eisiges Schweigen, bis Menna endlich weitersprach:

„Oh Sarah", murmelte er. „Es gibt so vieles, was ich dir sagen möchte, aber es fällt mir so schwer, den richtigen Anfang zu finden. Wir haben uns doch einmal geliebt. Auch wenn das der Vergangenheit angehört, so gibt es doch noch manches, was uns verbindet. Ist es nicht Zeit, unsere Feindschaft zu begraben und Freunde zu werden?"

„An meiner Bereitschaft dazu hat es nie gemangelt. Du warst es…"

„Ich weiß es", unterbrach er mich. „Ich habe dich zu sehr geliebt, um es einfach verstehen und verzeihen zu können. Ich habe lange gebraucht, um darüber hinwegzukommen. Aber vielleicht ist es trotzdem noch nicht zu spät? Schon unseren Kindern zuliebe sollten wir lernen, wieder miteinander ohne Bitterkeit zu reden."

Wir standen uns gegenüber wie zwei Fremde. Erst jetzt bemerkte ich, dass ich Menna noch nicht einmal gebeten hatte, Platz zu nehmen.

„Setzen wir uns", schlug ich vor. Dann rief ich nach einem Diener und befahl, Wein zu bringen.

„Was ist der Grund deines Besuches?" fragte ich freundlicher, nachdem der Diener unsere Becher mit Wein gefüllt hatte und wieder gegangen war. „Du bist doch nicht nur gekommen, um mir das zu sagen."

„Nein", gestand er. „Der eigentliche Grund meiner Reise ist Tamid. Wie du weißt, hat sie mich auf meiner Reise nach Nubien begleitet. Wir statteten auch dem Tempel der Isis einen Besuch ab. Hier lernte Tamid einen Mann kennen, in den sie sich sofort verliebte. Er stammt aus einer einflussreichen und begüterten Familie und bekleidet trotz seiner Jugend ein hohes Amt. Auch er hat an unserer Tochter Gefallen gefunden und möchte sie gerne heiraten. Er wird schon bald nach Per-Ramses kommen und um ihre Hand anhalten. Ich möchte dich bitten, zur Hochzeit nach Per-Ramses zu kommen. Es ist Tamids größter Wunsch."

„Wenn du ihn für den richtigen hältst, habe ich keine Einwände", antwortete ich. „Ich werde kommen."

Er stand auf, um sich zu verabschieden. In diesem Augenblick öffnete sich die Tür.

„Sarah!"

Jacob stand vor uns. Als er sah, dass ich nicht allein war, murmelte er: „Entschuldigung", und wandte sich wieder ab, um zu gehen.

In Mennas eben noch freundlich lächelndes Gesicht trat Misstrauen. Zu meiner Überraschung entdeckte ich, dass ihn Eifersucht quälte. Und plötzlich begriff ich, dass er nie aufgehört hatte, mich zu lieben.

„Bleib", rief ich Jacob nach.

Er drehte sich um und kam auf mich zu.

„Ich wollte dich wirklich nicht stören", entschuldigte Jacob sich.

„Du hast nicht gestört", erwiderte ich. „Menna wollte gerade aufbrechen. Trotzdem möchte ich die Gelegenheit nutzen, euch einander vorzustellen. Das ist Menna, mein Gatte. Ich habe dir schon viel von ihm erzählt."

Jacob verneigte sich leicht.

„Sarah hat mir wirklich viel von Euch berichtet, Herr, und nur Gutes. Sie sagte, Ihr seid der einzige Ägypter, dem sie Dank schulde."

Ich sah Menna an. Das nicht weichende Misstrauen in seinem Gesichtsausdruck amüsierte mich.

„Das, Menna, ist mein Bruder Jacob."

Die Spannung wich aus seinem Gesicht. Er sah mich verwundert an.

„Du hast mir nie erzählt, dass du einen Bruder hast."

Ich sah Menna tief in die Augen.

„Es gibt so vieles, was du nicht weißt. Und vielleicht ist das auch gut so."

Es fiel Menna sichtlich schwer, sich von mir zu lösen. Er hätte das Gespräch gerne fortgesetzt, aber wir waren jetzt nicht mehr allein. So verabschiedete er sich von uns und ging, aber ich fühlte, seine Gedanken blieben bei mir zurück.

Einige Tage später brach ich nach Per-Ramses auf. Noch ahnte ich nicht, dass es das letzte Mal in meinem Leben sein sollte.

In mir war eine Hoffnung erwacht, die mich völlig in ihren Bann zog. Sollte es möglich sein, dass Menna und ich noch einmal zueinander finden könnten, nicht in Liebe, sondern in Freundschaft? Je länger ich darüber nachdachte, desto zuversichtlicher wurde ich. War nicht das Ende jeder großen Liebe die Freundschaft, besaß sie nicht meist größeren Wert als die Leidenschaft?

Meine Hoffnungen wurden durch Mennas Verhalten gestärkt. Er begegnete mir mit Freundlichkeit, und ich bemerkte, dass er bereit war, mir entgegenzukommen.

Auch Tamid traf ich zu meiner großen Freude verändert an. Ihre kalte, abweisende Art mir gegenüber war verschwunden. Die Liebe hatte ihr Herz geöffnet. Fast wurde mir ein wenig wehmütig ums Herz, als ich Tamid strahlend wie einen Frühlingsmorgen vor mir sah. Sie hatte ihr ganzes Leben noch vor sich, und ich hoffte für sie, dass es ein langes, glückliches und erfülltes Leben sein würde. Ich fragte nicht nach dem Mann, der diese junge Knospe zum Blühen gebracht hatte. Jeder war mir recht, solange er Tamid nur glücklich machen würde.

So kam der Tag, an dem Tamid mir mitteilte, dass ihr künftiger Mann zu Besuch käme, um offiziell um ihre Hand zu bitten.

„Ich bin so glücklich, Mutter, ich könnte heute jeden Menschen umarmen."

Ich lächelte nur, denn ich gönnte ihr ihr Glück.

Der Abend kam. Alles war für das Festmahl vorbereitet. Menna und ich standen auf unseren Gast wartend  im Empfangssaal, während Tamid mit dem Ankleiden nicht fertig zu werden schien. Ein Diener meldete das Eintreffen des Gastes, und Menna ließ ihn hereinführen.

Ein junger Mann, schlank und hochgewachsen, elegant im Auftreten und mit der angeborenen Arroganz des ägyptischen Hochadels, trat ein. Er trug trotz seiner Jugend bereits das Gewand eines Oberpriesters, ein weiteres Zeichen dafür, dass er aus gutem Hause stammte. Ich wusste nicht warum, aber etwas an ihm stieß mich sofort ab. Beherzt ging er auf Menna zu und umarmte ihn freundschaftlich. Wie ich feststellen musste, waren die beiden sehr vertraut miteinander und die Angelegenheiten betreffs der Hochzeit schon so weit gediehen, dass es keiner der beiden mehr für nötig hielt, weiter darüber zu sprechen. Der junge Mann wandte sich nun mir zu und verneigte sich leicht. In seine Augen trat eine gewisse Zurückhaltung, so dass ich mich unweigerlich fragte, was man ihm wohl über mich erzählt haben mochte.

Menna stellte uns einander vor.

„Das ist meine Frau Sarah."

An mich gewandt fuhr er fort:

„Und dieser junge Mann ist Wennofer, der Sohn von Juju, dem künftigen Oberpriester von Abydos. Er ist ein fleißiger, junger Mann, denn trotz seiner Jugend ist er bereits Oberpriester der Göttin Isis. Du siehst, unsere Tochter kann sich glücklich schätzen, ihn zum Gatten zu bekommen."

Ich stand wie versteinert da. Mir war, als hätte mir jemand einen Schlag ins Gesicht versetzt – der Sohn des Juju, der Enkel Wennofers, des Oberpriesters von Abydos. Das war es, was mich auf den ersten Blick an ihm gestört hatte, die nicht zu leugnende Ähnlichkeit, die er mit seinem Großvater hatte.

„Sarah!"

Menna entriss mich dem Alptraum und holte mich in die Wirklichkeit zurück. Erst jetzt wurde mir bewusst, dass die beiden Männer mich verwundert anstarrten.

„Entschuldigt", bat ich. „Mir war einen Moment lang übel. Jetzt ist es vorbei."

Während ich noch dastand und den jungen Oberpriester ansah, hatte in meinem Kopf nur noch ein Gedanke Raum. Niemals würde ich es zulassen, dass meine Tochter mit diesem Mann den Krug zerbrach.

Tamid und Benja stießen zu uns. Gemeinsam gingen wir ins Speisezimmer. Das Mahl wurde aufgetragen und wieder abgeräumt. Ich nahm es nur am Rande wahr, war unfähig, einen Bissen herunterzubringen. Mich beschäftigte nur die bange Frage – wie konnte ich diese Ehe verhindern? Mit Schrecken bemerkte ich die verliebten Blicke, die Tamid und Wennofer miteinander tauschten. Ich verfluchte mein Schicksal, das mir einfach keinen Frieden schenken wollte. Ich fühlte mich versucht, den Mund zu öffnen und eine Geschichte zu erzählen, meine Geschichte. Ich verwarf diesen Gedanken wieder, denn die Folgen schreckten mich. Morgen würde die ganze Stadt diese Geschichte kennen. Das wollte ich vermeiden.

„Dann sind wir uns also einig", hörte ich Menna sagen. „Die Hochzeit wird heute in einer Woche stattfinden, denn ich sehe ein, dass du deine Verpflichtungen hast und deshalb möglichst bald nach Hause reisen willst."

„Nicht nur ich, sondern auch mein Vater und mein Großvater, die mich begleiten, zieht die Arbeit nach Hause zurück. Ich wollte euch nicht drängen, aber da wir uns in allen Fragen einig sind, sehe ich keinen Grund, die Hochzeit noch hinauszuzögern."

„Dein Großvater begleitet dich?" mischte ich mich plötzlich in das Gespräch ein.

„Ja", antwortete Wennofer. „Er ist ein alter und kranker Mann, dem es sehr schwerfiel, diese Reise auf sich zu nehmen. Dennoch wollte er es sich nicht nehmen lassen, bei der Hochzeit anwesend zu sein. Warum fragst du? Kennst du ihn?"

„Ja", antwortete ich. „Ich bin deinem Großvater schon begegnet."

Ich fragte mich, ob er etwas von seinem Großvater und mir wusste, entschied jedoch nach reiflicher Überlegung, dass dies nicht der Fall war. Seine Ahnungslosigkeit war nicht gespielt, sie war echt. Gleich nach dem Essen rief ich Benja zu mir.

„Sag deiner Schwester, dass ich sie sprechen möchte, sobald sich unser Gast verabschiedet hat. Und entschuldige mich bitte bei den anderen, denn ich fühle mich nicht wohl. Deshalb ziehe ich mich jetzt zurück."

„Was ist mit dir, Mutter?" fragte Benja besorgt.

„Gar nichts, mein Sohn. Tu nur, worum ich dich gebeten habe."

Ich ging in mein Zimmer. Unruhig schritt ich auf und ab und wartete. Ich wurde das Gefühl nicht los, dass ein Fluch auf mir lastete, der meine Vergangenheit immer wieder lebendig werden ließ. Ich musste diese Hochzeit verhindern, und ich sah nur den einen Weg, dies zu tun. Ich musste Tamid die Wahrheit erzählen.

Es war bereits spät, als es an meiner Tür klopfte und Tamid eintrat und fragte: „Fühlst du dich ein wenig besser, Mutter?"

„Setze dich bitte, Tamid, und höre mir zu. Ich weiß, dass du deinem Vater mehr zugetan bist als mir. Ich weiß auch, dass du dich den Ägyptern näher fühlst als den Hebräern. Aber trotzdem bin ich deine Mutter, Tamid, das darfst du nie vergessen. Ich will dir eine Geschichte erzählen, meine Geschichte. Ich will, dass du mir aufmerksam zuhörst. Weder dein Vater noch dein Bruder kennen diese Geschichte, und sie sollen sie auch nie erfahren. Auch dir hätte ich sie sicher niemals erzählt. Doch nun bin ich dazu gezwungen."

„Ich verstehe nicht…"

„Unterbrich mich jetzt nicht, sondern höre mir nur zu. Ich war sechzehn und lebte mit meinem Vater und meinem Bruder in Pithom. Dort begegnete ich eines Tages durch Zufall einem Oberpriester. Der Mann wollte mich in seine

Sänfte ziehen und vergewaltigen, doch mein Bruder eilte mir zu Hilfe. Damit begann das Verhängnis über meine Familie hereinzubrechen, denn dieser Priester verzieh die Niederlage nicht, noch schwand seine Gier nach mir. Man stellte uns vor Gericht, bestach Zeugen und Richter und verurteilte uns. Man brachte uns auf ein Schiff, das Jacob und meinen Vater in die nubischen Steinbrüche, mich aber als Sklavin zu jenem Priester bringen sollte. Mein Vater starb während des Transports. Jacob und ich aber wurden dem Priester ausgeliefert. Ich musste mit ansehen, wie dieser Mann meinen Bruder fast zu Tode peitschte. Gewiss hätte er ihn umgebracht, wäre ich nicht mit ihm gegangen. Ich kann dir nicht beschreiben, was ich damals empfand. Ein Bericht darüber wäre wohl auch kaum etwas für ein gut erzogenes junges Mädchen wie dich. Nur eins kannst du mir glauben, Tamid. Ich wäre lieber gestorben, als das zu erdulden, was ich erdulden musste. Aber da war mein Bruder, dessen Leben von mir abhing. Vier Jahre lang blieb ich bei diesem Mann, Jahre, die ich nie vergessen habe."

Ich sah meine Tochter an, deren Augen sich vor Entsetzen geweitet hatten.

„Das habe ich nicht geahnt, Mutter."

„Wie solltest du auch?" erwiderte ich. „Es gibt noch so vieles mehr, von dem weder du noch dein Vater oder Benja etwas ahnen. So kannst du mir glauben, dass ich deinen Vater immer geliebt habe und ihn auch heute noch liebe. Diese Vergangenheit ist mein Verhängnis. Jedes Mal, wenn ich glaube, vergessen zu können, holt sie mich wieder ein. Doch lass uns zum Kern der Sache kommen. Kannst du verstehen, dass ich diesen Priester aus ganzem Herzen hasse?"

„Ja, Mutter, aber…"

„Aber du fragst dich, was das mit dir zu tun hat. Ich will es dir sagen, mein Kind. Dieser Priester war der Oberpriester des Osiris, Wennofer, der Großvater deines Bräutigams."

„Nein", stieß Tamid entsetzt aus.

„Doch, mein Kind", erwiderte ich ruhig. „Glaub mir, ich hätte dir dies alles niemals erzählt, wenn du nicht seinen Enkel heiraten wolltest."

„Aber was haben Wennofer und ich damit zu tun? Warum musstest du mir das erzählen?"

Tränen rannen über Ihre Wangen. Ihre Stimme klang verzweifelt. Doch ich fuhr ungerührt fort:

„Weil du dir über eins klar sein musst, Tamid. Wennofer und ich sind Todfeinde. Solange ich lebe, werde ich nicht ruhen, bis ich mich an ihm und seiner Familie gerächt habe. Er hat das Leben meines Vaters, deines Großvaters auf dem Gewissen. Er hat das Leben meines Bruders, deines Onkels zerstört. Von mir will ich gar nicht erst reden. Ihn und seine Familie verfolgt mein Hass. Deshalb kannst du diesen Mann nicht heiraten. Solltest du es dennoch tun, reise ich morgen früh ab. Von dem Tag an, da du diesem Mann gehörst, bist du nicht mehr meine Tochter, denn dann hast du deine eigene Familie verraten und diesen Ekel erregenden Mann wieder über mich triumphieren lassen. Entscheide dich, Tamid."

„Aber ich liebe ihn doch, Mutter", schluchzte sie. „Was kann er für die Verbrechen seines Großvaters?"

„In ihm fließt das Blut seines Großvaters. In dir fließt das Blut deines Großvaters. Solange dieses Verbrechen nicht gesühnt ist, kann es keinen Frieden geben."

Die Tränen auf Tamids Gesicht versiegten. Ruhig stand sie auf und sagte: „Ich habe verstanden, Mutter", und ging. Ihr Zustand war erbarmungswürdig. Sie sah elend aus, als sie aus dem Zimmer schlich. Noch heute werfe ich mir vor, dass ich sie so hatte gehen lassen. Doch mein Hass machte mich blind, verschloss mein Herz.

Kurz nachdem Tamid gegangen war, trat Benja vom Garten aus in mein Zimmer. Er sah mich nur an, und ich wusste plötzlich, dass er alles mit angehört hatte.

„Ich habe mir Sorgen um dich gemacht. Du warst den ganzen Abend über so niedergeschlagen. Deshalb wollte ich noch einmal nach dir sehen. Du hast richtig gehandelt, Mutter", sagte er fest. „Niemals darf es geschehen, dass Tamid sich mit dieser Familie verbindet."

Ich lächelte schwach. Ich fühlte mich matt und müde.

„Geh jetzt, Benja. Lass mich allein", bat ich.

Nachdem er gegangen war, legte ich mich erschöpft nieder und fiel in einen tiefen, traumlosen Schlaf, aus dem ich erst am späten Morgen erwachte. Die Sonne stand schon hoch am Himmel, doch im ganzen Haus herrschte tiefe Stille. Nichts regte sich, kein Laut war zu hören. Es war, als ob alles Leben gewichen wäre. Mir fielen die Ereignisse des letzten Abends ein, und ein unheimliches Gefühl erfasste mich. Ich stürzte aus dem Zimmer den Gang entlang. Vor Tamids Zimmer blieb ich schließlich stehen. Die im Zimmer herumstehenden Diener wichen beiseite, ließen mich vorbei. Tamid lag auf ihrem Bett aufgebahrt. Auf ihrem noch gestern so strahlenden, blühenden Gesicht lag nun ein Schatten des Todes. Ihre Augen waren erstarrt, doch ich erkannte noch immer den flehenden, Hilfe suchenden Blick darin, der mich bat, Erbarmen zu üben.

Menna stand neben ihrem Leichnam. In seinen Augen sah ich fassungsloses Entsetzen. Benja stand neben ihm und stützte seinen Körper, der plötzlich der eines alten Mannes geworden war.

„Warum nur, Sarah, warum? Warum hat sie das getan? Sie stand doch erst am Anfang ihres

Lebens, war glücklich und zufrieden. Und dann das. Was haben wir nur falsch gemacht? Was haben wir verbrochen, dass wir so gestraft werden?"

Er sprach mit mir, doch sein Blick wandte sich keinen Augenblick von Tamid ab. Der maßlose Schmerz, der ihn quälte, verzerrte sein Gesicht.

Ich schwieg betroffen, denn ich wusste, dass mich die Schuld an Tamids Selbstmord traf. Warum hatte ich nicht schweigen und die Vergangenheit begraben können? Mein unseliger Hass hatte meine Tochter in den Tod getrieben. Ich war kalt, gefühllos und blind gewesen, hatte ihr empfindsames, liebendes Herz mit Füßen getreten.

„Warum, Sarah?" fragte Menna erneut. „Sag mir, warum?"

Ich stand regungslos da und konnte nicht antworten.

„Sag es mir, warum", schrie Menna nun völlig außer sich, so dass ich bereits befürchtete, er würde den Verstand verlieren.

„Vielleicht ist dies der Preis für eine große Liebe, die nicht hätte sein dürfen", flüsterte ich.

Die Sklaven und Diener, die bis dahin regungslos im Zimmer und Gang gestanden hatten, um die Ruhe der Toten nicht zu stören, zogen sich jetzt geräuschlos zurück. Nur Seketa wich nicht von Mennas Seite, während Levi sich schützend neben mich stellte, aus Angst, Menna könnte sich völlig vergessen.

„Ich verstehe es nicht, Sarah, ich verstehe es einfach nicht."

Menna war wieder ganz ruhig geworden.

„Aber ich verstehe es", mischte sich Benja in das Gespräch ein. „Du hast Mutter niemals verstanden, Vater. Du hast es auch nie versucht."

„Benja", unterbrach ich ihn.

„Nein, Mutter", fuhr er ungeachtet meiner Mahnung fort. „Ich schweige nicht. Es ist Zeit, dass er endlich begreift, wer du wirklich bist. Du hast Mutter zu deiner Frau gemacht, weil du sie liebtest. Du hast sie in deine Welt geholt und dich nie gefragt, welche Welt die ihre ist. Was weißt du eigentlich von ihr? Nichts! Gar nichts! Du hast dich von ihr betrogen gefühlt, weil sie zu Ramses ging. Das hat dich so sehr in deiner männlichen Eitelkeit verletzt, dass du vor der Wirklichkeit die Augen verschlossen hieltest. Und nun stehst du hilflos vor Tamids Leichnam und fragst warum. Ich gebe dir die Antwort, Vater. Tamid ist tot, weil du dich nie um Mutter und ihre Sorgen gekümmert hast. Du ahnst ja nicht einmal, wie viel Leid sie erduldet hat. Aber damit soll jetzt Schluss sein, denn jetzt werde ich tun, was eigentlich deine Aufgabe gewesen wäre. Ich werde dich rächen, Mutter, an dem Mann, der Großvaters Leben auf dem Gewissen hat, der Onkel Jacob so übel mitgespielt hat und der dich wie ein dunkler Schatten verfolgt, denn nun trägt er auch noch die Schuld an Tamids Tod."

Noch ehe er zu Ende gesprochen hatte, war er aus dem Zimmer gerannt. Angst erfasste mich. Ich sah das drohende Unheil vor mir und wusste nicht, wie ich es verhindern sollte.

„Wovon spricht er?" fragte mich Menna.

„Stell jetzt keine Fragen", schrie ich hysterisch. „Geh und halte ihn auf. Du musst ihn aufhalten, denn sonst verlierst du auch noch deinen Sohn."

Menna stand noch immer regungslos da.

„Hol ihn zurück", schrie ich fast wahnsinnig vor Angst.

Langsam begann Menna die Situation zu erfassen. Die Angst um Benja bezwang die Trauer um Tamid.

„Sag mir, wohin er gehen will."

„Zum Oberpriester Wennofer. Er wird versuchen, ihn umzubringen."

Menna rannte davon, und ich sandte Levi hinter ihm her.

Was folgte, waren angstvolle, bange Stunden des Wartens, der Unsicherheit, Stunden, in denen Hoffnung und Verzweiflung einander ablösten, und zum Schluss blieb nichts als Furcht.

Am späten Abend kehrte Menna mit Levi heim. Er brauchte nichts zu sagen, ich sah es seinem Gesicht an, dass er das Unheil nicht hatte verhindern können.

„Er ging von hier direkt zum Haus des Hori, in dem der Oberpriester wohnte. Er stellte sich als Tamids Bruder vor und verlangte Wennofer zu sprechen. Man ließ ihn ein, führte ihn zum Oberpriester. Benja muss sich erst gar nicht lange mit Worten aufgehalten haben. Voller Zorn stürzte er sich mit dem Dolch in der Hand auf den Oberpriester. Ein Nubier erfasste blitzschnell die Situation und eilte Wennofer zu Hilfe. Benja erstach erst ihn, dann Wennofer. Als ich zum Haus kam, führten ihn bereits Soldaten ab. Für einen Augenblick sah ich ihn. Als er mich erkannte, sagte er: „Ich musste es tun, Vater. Verzeih mir."

„Nein", schrie ich wie von Sinnen. „Nein, das darf nicht wahr sein. Wir müssen etwas unternehmen. Wir müssen ihm helfen."

„Wie sollen wir das tun?" fragte Menna. „Unser Sohn ist ein Mörder. Man wird ihn zum Tode verurteilen."

„Du musst zu Ramses gehen", verlangte ich von Menna. Er schüttelte nur den Kopf.

„Ich war bei Ramses. Er hat es abgelehnt, uns zu helfen. Niemand wird Benja helfen. Er wird sterben, wie Tamid gestorben ist, denn das ist der Wille des Pharaos. Aber vielleicht könntest du Ramses umstimmen."

Ich konnte nicht umhin, ich musste lachen.

„Wie kommst du darauf? Nein, Menna, ich würde die gleiche Antwort erhalten wie du. Das ist die Rache des Pharaos an mir, dafür, dass er nicht bekommen hat, was er wollte."

„Dann können wir nichts mehr tun, Sarah."

„Doch", entgegnete ich Menna, denn ich war noch nicht gewillt, den Kampf aufzugeben.

Ich rief nach Levi und befahl ihm, mir meinen Umhang zu bringen.

„Wo willst du hin, Sarah? Lass mich dich begleiten."

„Nein, Menna", antwortete ich entschieden. „Diesen Weg muss ich allein gehen. Es ist nur eine kleine Hoffnung, aber ich muss es versuchen."

Ich ging an ihm vorbei und verließ das Haus. Es war schon tiefdunkle Nacht, als ich den Palast erreichte. Ich blieb vor dem wachhabenden Soldaten stehen und verlangte von ihm, mich dem Prinzen Merenptah zu melden.

Nach dem Tod Isis-Neferts war Merenptah wieder nach Per-Ramses zurückgekehrt, doch ich war ihm nie begegnet.

Der Soldat lehnte es erst ab, meinen Wunsch zu erfüllen, aber ein Silberdeben änderte seine Meinung. Er ging und kehrte erst nach geraumer Zeit wieder zurück.

„Folgt mir. Ihre Hoheit erwartet Euch."

Die Hoffnung in meinem Herzen wuchs.

Der Mann führte mich durch unzählige Gänge zu den Gemächern des Prinzen. Er öffnete schließlich eine Tür und ließ mich eintreten. Es war ein großer Raum, der durch den Schein einer Öllampe nur schwach erleuchtet wurde. Merenptah saß auf einem aus Holz gefertigten, mit Schnitzereien reich verzierten Stuhl. Ich verneigte mich vor ihm. Als ich mich wieder aufrichtete, trafen sich unsere Blicke. Er sah mich kühl an und sagte:

„Ich hatte befürchtet, dass du zu mir kommen würdest."

„So wisst Ihr also, worum es sich handelt?" entgegnete ich.

Er nickte.

„Die ganze Stadt spricht von dem Selbstmord deiner Tochter und dem Blutbad, das dein wahnsinniger Sohn angerichtet hat."

„Ihr wisst, dass er nicht wahnsinnig ist. Ihr kennt den Grund der Tat."

„Ja", antwortete er. „Aber es war eine recht sinnlose Tat. Wennofer wäre ohnehin bald gestorben."

„Sicher habt Ihr Recht, Hoheit. Es war eine sinnlose Tat. Doch wenn der Mensch in Zorn gerät, fragt er nicht lange nach dem Sinn."

„Und was erwartest du jetzt von mir?"

Sein Gesicht wurde plötzlich sehr ernst. Etwas Lauerndes trat in seine Augen.

„Ihr seid der einzige, der meinen Sohn noch retten kann, Hoheit. Es gibt sonst niemanden mehr, an den ich mich wenden könnte."

„Warum sollte ich dir helfen, Sarah? Bist du gekommen, um mich zu erpressen?"

Ich schüttelte müde den Kopf.

„Nein, Hoheit, ich will Euch nicht erpressen. Das, was ich von Euch weiß, habe ich vergessen. Ich gab Euch damals mein Wort, es nie wieder zu benutzen, und ich halte mein Wort."

„Warum sollte ich dir sonst helfen?"

Seine Stimme war ein wenig wärmer geworden.

„Ich weiß es nicht, Hoheit. Ich bin verzweifelt. In der Verzweiflung kommt man oft auf die merkwürdigsten Ideen."

Hilflos stand ich vor ihm, suchte angestrengt nach den passenden Worten. Ich fand sie nicht. Einen Augenblick herrschte Schweigen, dann fragte Merenptah plötzlich:

„Warum bittest du den Pharao nicht um Gnade? Er allein kann deinen Sohn begnadigen."

„Er würde es ablehnen. Das ist seine Art, Rache an mir zu nehmen, dafür, dass ich ihm nie wirklich gehört habe. Das hat seinen männlichen Stolz verletzt, und Ramses ist nicht der Mann, der das jemals verzeiht."

„Ich verstehe", sagte Merenptah. „Aber wie soll ich dir dann helfen? Auch ich könnte nur versuchen, meinen Vater umzustimmen. Doch du kennst ihn gut genug. Du weißt selbst, dass er sich von niemandem beeinflussen lässt."

Ich nickte. Er hatte Recht. Ich wollte mich bereits zum Gehen wenden, da sagte Merenptah:

„Eine Möglichkeit gibt es, das Leben deines Sohnes zu retten. Ich könnte versuchen, ihm zur Flucht zu verhelfen."

Ich drehte mich zu Merenptah um, sah ihm erstaunt ins Gesicht.

„Das würdet Ihr wirklich tun? Warum?" fragte ich ungläubig.

„Du solltest wissen, warum ich es tun würde. Ich habe dich einmal sehr geliebt. Damals, als wir jene lausigen Kreaturen beseitigten, da glaubte ich, die Göttin Sachmet vor mir zu sehen. Ich konnte nicht anders, ich musste dich lieben. Das ist lange her. Ich liebe dich nicht mehr, Sarah, aber ich bewundere dich noch immer. Du warst ganz allein damals, umringt von Feinden. Du hast dich tapfer geschlagen und manchen Sieg errungen. Und selbst den großen Ramses, meinen Vater, hast du auf deine Art bezwungen. Schau sie dir an, die Menschen dieser Stadt, die ihre Fahnen in den Wind hängen und immer versuchen, mit dem Erfolg zu schwimmen. Du warst anders. Du bist dir nie untreu geworden, hast dich nie wie die anderen verkauft. Und selbst jetzt, in der Not, brichst du dein Wort nicht. Ich gestehe, ich habe lange überlegt, was ich tun soll, wenn du kommst. Hättest du versucht, mich zu erpressen, ich hätte dich hinausgeworfen. Ich hätte mich enttäuscht von dir abgewandt, denn ich hätte mir eingestehen müssen, dass ich mich geirrt habe. Ich bin froh, dass es nicht so ist. Ich werde versuchen, dir zu helfen. Aber dass es gelingen wird, kann ich dir nicht versprechen."

„Ihr riskiert viel, Hoheit", warnte ich.

„Ich riskiere gar nichts, Sarah. Ich weiß, mein Vater wird herausbekommen, dass ich deinem Sohn geholfen habe. Er wird toben und sich wieder beruhigen."

„Ihr werdet seine Zuneigung verlieren."

Merenptah lachte bitter.

„Du und ich, wir beide kennen ihn. Ramses ist gar nicht fähig, einem Menschen aufrichtige Zuneigung entgegenzubringen. Aber ich bin sein Sohn, der Sohn eines Gottes, und deshalb unantastbar. Geh jetzt, Sarah. Ich verspreche dir, ich werde mein Möglichstes tun. Mehr kann ich dir nicht versprechen."

„Ich danke Euch, Hoheit."

Ich verneigte mich und ging.

Der Morgen graute bereits, als ich nach Hause zurückkehrte. Menna war nicht schlafen gegangen, er erwartete mich.

„Und?" fragte er.

„Wir haben eine kleine Hoffnung, Menna. Wir können jetzt nichts tun als warten."

Ein Tag folgte dem anderen, doch nichts ereignete sich. Wir hatten Tamids Leichnam ins Haus des Todes überführt, denn es war Mennas Wunsch, den Körper seiner Tochter nach ägyptischem Brauch für die Ewigkeit zu erhalten. Ich fügte mich, da ich wusste, dass Tamid im

Grunde ihres Herzens eine reine Ägypterin gewesen war.

Menna und ich sprachen kaum miteinander, aber ich spürte Mennas Blick, der mich verfolgte, und wusste, Benjas Worte nagten wie Gift an seinem Herzen. Er hatte erkennen müssen, dass er Fehler gemacht hatte und dass er von mir, seiner Frau, wirklich fast nichts wusste. Aber er wagte nicht, mich zu fragen, und ich war froh darüber.

Seit meinem Gespräch mit Merenptah war ein Monat vergangen und langsam begann ich, die Hoffnung aufzugeben. Vielleicht hatte man den Fluchtplan entdeckt, vielleicht hatte Merenptah seine Meinung geändert. Zu viel sprach gegen ein Gelingen der Flucht.

Jeden Abend saß ich nach dem Mahl noch eine Weile mit Menna zusammen. Wir tranken warmen, gewürzten Wein, der tiefen, erlösenden Schlaf schenkte. Wir schwiegen. Jeder hing seinen Gedanken nach, und doch lag über dem Schweigen eine Vertrautheit, die uns miteinander verband.

Diese Harmonie wurde eines Abends jäh zerstört. Breits aus der Ferne hörten wir das entsetzte Gemurmel der Dienerschaft, das von einer Stimme übertönt wurde, die wir beide nur zu gut kannten.

„Wo ist deine Herrin? Führe mich zu ihr. Ich will sie sofort sehen."

Es klang wie das wütende Schnauben eines gereizten Stiers. Unwillkürlich wusste ich, dass nun der letzte Kampf meines Lebens vor mir lag, und ganz gewiss auch der schwierigste.

Seketa öffnete beklommen die Tür des Zimmers. Ramses stürmte an ihr vorbei und blieb bebend vor mir stehen. Ich war gerade dabei, aufzustehen und mich vor ihm zu verneigen, da schrie er bereits:

„Wie hast du das geschafft? Wie konntest du es wagen, dich meinem Willen zu widersetzen?"

„Verzeiht, Majestät", erwiderte ich ruhig. „Ich kann Euch nicht ganz folgen. Wovon sprecht Ihr?"

„Du kannst mir nicht folgen. Ich spreche von der Flucht deines Sohnes. Er ist seiner Strafe entgangen, und daran bist du schuld. Aber wenn er auch bereits außer Landes ist, so glaube nicht, dass das Gerichtsverfahren gegen ihn nicht stattfindet. Er wird verurteilt werden und darf es nie wieder wagen, ägyptischen Boden zu betreten."

„Ihr sagt, er ist geflohen, Majestät?"

Die Erleichterung meines Herzens klang deutlich in meiner Stimme durch.

„Du hast es doch gewusst?" fragte er misstrauisch.

„Nein, Majestät. Ihr seid der Überbringer dieser freudigen Botschaft."

„Dafür werde ich dich in Ketten legen lassen, dich und deinen Helfer, meinen Sohn Merenptah, der mein Vertrauen so schändlich missbraucht hat."

„Verfahrt, wie Euch beliebt, Majestät. Legt mich in Ketten, stellt mich vor Gericht, verurteilt mich zum Tode, es ist mir gleich", erwiderte ich gleichgültig. „Für mich ist nur von Bedeutung, dass mein Sohn lebt."

Ich sah, wie Ramses' Augen vor Zorn zu funkeln begannen, aber ich fürchtete mich nicht.

„Sag, wie es dir gelungen ist, Merenptah auf deine Seite zu ziehen?"

„Fragt Euren Sohn, nicht mich."

„Ich habe ihn gefragt. Er sagte, ich solle dich fragen", schnaubte Ramses.

„So muss ich zu meinem Bedauern feststellen, dass Ihr es nie erfahren werdet."

Aus Ramses Augen schoss Feuer.

„Wie kannst du es wagen?"

„Ich kann es wagen, Majestät", antwortete ich kühl. „Es gibt nichts mehr, wovor ich mich fürchte. Tötet mich, Pharao Ramses. Ihr tut mir nur einen Gefallen damit. Aber erinnert Euch zuvor an Hui, den Sterndeuter. Wenn ich sterbe, seid Ihr bereits tot. Vielleicht irrte der weise Hui sich doch. Nur eins kann nicht geleugnet werden. Ich war wirklich ein Schatten in Eurem Leben. Vielleicht wurde ich nur geboren, damit mein

Leben einen Schatten auf den Glanz Eures Horusthrones wirft."

Ramses starrte mich fassungslos an. Ich sah, dass er zwischen Zorn und Entsetzen schwankte. Schließlich fragte er mich bissig:

„Warum hasst du mich so sehr, Sarah? Sag mir, warum du mich immer gehasst hast? Jedes Mal, wenn ich dich in meinen Armen hielt und glaubte, dich endlich ganz zu besitzen, entzogst du dich mir wieder. Und wenn ich dich dann ansah, war alle Leidenschaft von dir gewichen, und in deinen Augen schimmerte nur noch Hass."

„Ihr fragt, warum ich Euch hasse, Majestät? Ich will es Euch sagen, selbst wenn ich Gefahr laufe, Euch mit meiner Geschichte zu langweilen, denn sie passiert täglich in diesem Land, das unter Eurer Gerechtigkeit leidet. Ich war noch ein Kind, da kamen Soldaten und trieben uns fort wie Vieh, machten uns zu Euren Sklaven. Ich sah, wie meine Tante, die mir eine Mutter war, unter den Pferdehufen Eures Streitwagens zertreten wurde. Ich sah, wie Eure Gerechtigkeit meinen Vater ermordete, meinen Bruder niederschmetterte und mich zur Beute eines alten, lüsternen, Ekel erregenden Kerls machte. All das geschah in Eurem Namen, Majestät, und geschieht jeden Tag aufs Neue. Und Ihr selbst, Majestät, Ihr lebt es Euren Untertanen vor. Ihr nehmt, war Ihr braucht. Das Blut, das an Euren Händen und Eurer Gerechtigkeit klebt, ist Euch gleich."

„Bist du jetzt fertig?"

„Noch nicht ganz. Eins will ich Euch noch sagen, bevor mich Eure Soldaten fortschleppen. Glaubt nicht, dass Eure Verbrechen ungesühnt bleiben. Schon seit geraumer Zeit schleicht der Tod durch Eure Familie. Das Unrecht wird sich rächen. Und nun lasst mich ergreifen und unterstellt mich Eurer Gerechtigkeit."

Ramses sah mich durchdringend an.

„Noch nie hat ein Mensch gewagt, so mit mir zu sprechen."

„Es wird auch gewiss keiner mehr wagen, denn jeder fürchtet Euch."

„Du nicht?" fragte Ramses.

„Nein. Es ist meine Bestimmung, Euer Schatten zu sein, und ich folge Euch bis in den Tod."

„Glaubst du etwa, die Prophezeiung dieses alten Mannes würde dich schützen?"

Ramses wollte lachen, doch es gelang ihm nicht so recht.

„Ich glaube nur an eins, Majestät, an meinen Stern. Ihm werde ich folgen, bis mein Licht erlischt. Das Leid, das ich ertragen habe, hat den Krug gefüllt. Es gibt nichts mehr, das mir noch Schmerz bereiten könnte, auch Ihr nicht mit all Eurer Macht."

Ramses sah mich noch immer an. Schließlich sagte er:

„Ich glaube, du bist wirklich mein Schatten. Was du in deinem Dunkel verbirgst, ich will es nicht wissen. Geh! Verlasse diese Stadt und tritt mir nie wieder unter die Augen."

An Menna gewandt fuhr er fort:

„Sei verflucht, denn du hast Seth in mein Leben gesandt. Nimm sie zurück, denn mir graut vor ihr."

Er drehte sich um und ging mit festen Schritten hinaus.

Menna und ich blieben allein zurück. Wir sahen einander tief in die Augen.

„Es gibt so vieles, was ich dir sagen möchte, Sarah", brach Menna endlich das Schweigen. „Ich war ein Narr, denn ich glaubte, auch du wärst dem Glanz seiner Macht erlegen."

„Sage mir nichts, Menna. Jedes Wort wäre zu viel", bat ich.

„Ich werde schweigen. Nur um eins möchte ich dich bitten. Bleib bei mir. Lass uns miteinander alt werden."

Ein wehmütiges Lächeln glitt über meine Lippen.

„Nein, Menna, dazu ist es zu spät. Glaub mir, ich liebe dich, aber ich kann nicht mehr mit dir leben. Die Zeit lässt sich nicht zurückdrehen. Wir haben schöne Zeiten miteinander verlebt, bevor uns das Glück verließ. Wir wollen uns ohne Reue daran zurückerinnern und uns Lebe wohl sagen."

„Aber warum, Sarah?"

„In meinem Herzen war mehr Dunkel als Licht. Ich hätte mit diesem Dunkel leben können und wäre trotzdem bei dir geblieben. Aber jetzt ist das unmöglich geworden. Etwas wird immer zwischen uns stehen, Tamids Schatten. An ihrem Tod trage ganz allein ich die Schuld. Mein Hass hat meine Liebe zu ihr besiegt."

Er schwieg, denn er wusste, dass er mich nicht umstimmen konnte.

So trennten sich unsere Wege für immer. Menna ging zurück auf sein Gut nach Memphis, ich kehrte in mein Haus nach Pithom zurück.

## 15.

Nun gibt es nicht mehr viel, was ich berichten kann.

Im Jahre 55 starb Kronprinz Chaemwese. Mit seinem Tod zerbrach für Ramses ein Traum, und er begann mit zunehmendem Alter immer weltfremder zu werden. Sein Geist verdunkelte sich immer häufiger, ein Gott wurde alt.

Merenptah war nun Kronprinz geworden, etwas, womit er nie gerechnet hatte. Doch noch lagen zwölf Jahre vor ihm, bis das Unglaubliche wahr werden sollte – ein Gott starb.

Im Jahre 58 starb Menna nach einer kurzen, aber schweren Krankheit. Nun oblag es mir, die Güter und Besitzungen der Familie zu verwalten. Ich tat dies gern, denn seit Merenptah Kronprinz geworden war, lebte ich in der Hoffnung, dass Benja nach Ramses' Tod würde zurückkehren dürfen. Dies war mein einziger Trost in den vielen Jahren, die noch vor mir lagen.

Seit Tamids Tod und Benjas Flucht lebte ich zwar noch, aber in mir war alles leer. Ich fragte mich, warum gerade ich dieses Schicksal erdulden musste. Doch irgendwann wurde ich es leid, über diese Frage nachzudenken. Niemand kann sein Schicksal wählen.

Die Bitterkeit saß wie ein Stachel tief in meinem Herzen und verdunkelte meine Tage. Ich wusste, ich hatte Schuld auf mich geladen. Nun musste ich büßen. In meinem Alter empfand ich meine Einsamkeit. Niemand war mir geblieben außer Levi. Er hielt mir die Treue, obwohl ich im Laufe der Jahre immer verhärteter und menschenfeindlicher wurde. Ich kehrte dem Leben den Rücken und wartete sehnsüchtig auf den erlösenden Tod. Aber ebenso wenig wie der Mensch die Stunde seiner Geburt zu bestimmen vermag, genauso wenig kann er die Stunde bestimmen, die ihm seinen Atem raubt.

Ramses lebte, und so lebte ich auch. Ich wusste jetzt, dass sich unsere Wege gekreuzt hatten, um dann nebeneinander zu verlaufen, bis sie irgendwann im Nichts untertauchten, aus dem sie kamen. Wie merkwürdig das Leben doch ist.

Ich litt, und je mehr ich litt, desto sehnsüchtiger wünschte ich mir, dass es ihm ähnlich erging.

Welche Strafe würde wohl den Gott treffen, der kein Erbarmen kannte? Ich wusste es nun. Die Sünden der Väter sühnen die Kinder und Enkel. An ihnen rächen sich die Vergehen der Eltern. Kein Verbrechen blieb ungesühnt.

Dann geschah das Unglaubliche. An 18. Tag des 1. Achet-Monats im Jahre 67 starb Ramses im Alter von neunzig Jahren. Das Herz des Gottes hatte aufgehört zu schlagen. Als mich diese Nachricht erreichte, ahnte ich, dass nun auch meine Stunden gezählt waren. Schon lange fühlte ich die Kraft aus meinem Körper weichen, nun endlich nahte Erlösung. Doch noch hielt mich ein Wunsch am Leben. Ich wollte ihn noch einmal sehen, bevor ich starb.

Und er kam – Benja. Fast hätte ich ihn nicht wiedererkannt. Als Jüngling war er gegangen. Nun stand ein reifer Mann vor mir.

„Benja", flüsterte ich bewegt. „Ich bin so froh, dass ich dich noch einmal sehen darf, bevor meine Augen sich für immer schließen."

„Mutter!"

Er nahm mich in die Arme, und ich glaubte vor Glück zu zerrinnen. Irgendwann lösten wir uns voreinander.

„Geh zu Merenptah. Sprich mit ihm. Er wird dich begnadigen und dir das zugestehen, was dein Recht ist, das Erbe deines Vaters anzutreten. Ich habe es gut für dich verwaltet, denn ich wusste immer, dass du zurückkommen würdest."

„Nein, Mutter", erwiderte Benja. „Ich bin nur gekommen, um dich noch einmal zu sehen. Ich will nicht bleiben. Ich bin viel herumgekommen, seit ich Ägypten verließ. Ich habe viele Länder gesehen und ihre Götter kennen gelernt. Es gibt nur einen Gott, Mutter, den Gott deiner Väter. Du weißt, auch Moses ist zurückgekehrt. Er wird das Volk Israel in die Freiheit führen. Ich werde mit ihm gehen, denn er ist von Gott erleuchtet."

„Du hast den Gott gefunden, der mir stets verborgen blieb. So geh, mein Sohn, und nimm mein Herz mit dir. Ich wünsche dir, dass du das Glück findest, das mir stets den Rücken kehrte", sagte ich schwach.

„Das werde ich bestimmt, Mutter", entgegnete er zuversichtlich.

So gewann ich meinen Sohn zurück, um ihn wieder zu verlieren an einen Gott, an den ich nicht glauben kann. Doch was ist schon der Glaube eines Menschen. Er ist so vergänglich wie das Leben selbst. Die Wahrheit wird uns Menschen immer vorenthalten bleiben. Das sage ich im Angesicht des Todes, und nur daran glaube ich, Sarah, Tochter des Benjamins, die Hebräerin.

## Zu den Personen

Die Geschichte ist in der Regierungszeit Pharao Ramses angesiedelt, der von 1290 bis 1224 v. Chr. über Ägypten regierte. Durch seine lange Lebenszeit, er wurde über 90 Jahre alt, galt Ramses bereits zu seinen Lebzeiten als unsterblich. Aus seinen zahlreichen Liebesbeziehungen gingen 162 Kinder hervor, von denen er viele überlebte. So sind die Prinzen Amunherchopschef, Chaemwese und Merenptah, der schließlich Ramses Nachfolge antrat, authentische Personen.

Auch seine vier Hauptfrauen Nofretari, Isis-Nefert, Bent-Anat (seine Tochter) und Maa-Neferu-Re haben wirklich gelebt. Nicht bewiesen, doch aus unzähligen Fakten herauszulesen ist die Rivalität, die zwischen den Kindern Nofretaris und Isis-Neferts bestand. Nur eine der beiden Familien konnte den künftigen Pharao stellen. Dadurch war der Konflikt vorausprogrammiert. Ebenso war es zu jener Zeit durchaus eine gängige Methode, einen unliebsamen Rivalen durch Mord aus dem Weg zu räumen.

Die in der Bibel beschriebene Knechtschaft der Israeliten wird ebenfalls in die Regierungszeit Pharao Ramses gelegt, der Auszug der Israeliten aus Ägypten Pharao Merenptahs Regierungszeit zugeordnet.

Ramses, der eine rege Bautätigkeit ausüben ließ, benötigte für seine Vorhaben Arbeitskräfte. Was lag da näher, als die herumziehenden hebräischen Nomaden zur Zwangsarbeit heranzuziehen? So ist die Geschichte der fiktiven Sarah und ihrer Familie durchaus den damaligen Gepflogenheiten der herrschenden ägyptischen Elite nachempfunden, die ihre Macht hemmungslos ausnutzte. Der damalige Nationalstolz der Ägypter ist in groben Zügen beinahe mit der Idee des Herrenvolkes unserer jüngsten Geschichte zu vergleichen.

Auch die Person des Wennofer ist authentisch. Er und sein Familienclan hatten unter Sethos (Ramses Vater) und seinem Sohn eine einflussreiche und in höchsten Ämtern vertretene Führungsposition.

Menna, der Wagenlenker Pharao Ramses, war der Begleiter des Pharaos in dessen Streitwagen in einer der ersten großen Schlachten der Weltgeschichte, der Schlacht von Kadesch, deren Verlauf uns aus unzähligen Tempelinschriften überliefert ist. Er war ein einflussreicher Adliger, der am Hof des Ramses großes Ansehen genoss.

Der Roman spiegelt eine der großen Epochen der ägyptischen Geschichte wider. Er zeichnet ein Bild von einem der größten und berühmtesten Pharaonen Ägyptens, nach dessen Ableben der

Verfall langsam aber sicher einsetzte. Aber er verdeutlicht auch, was hinter dem Glanz und der Größe des Ramses stand – Skrupellosigkeit, Ausbeutung, Unmenschlichkeit und nicht zuletzt Größenwahn.